HEYNE <

WIEBKE BUSCH

Familie ist, wenn man trotzdem lacht

Roman

WILHELM HEYNE VERLAG
MÜNCHEN

Sollte diese Publikation Links auf Webseiten Dritter enthalten,
so übernehmen wir für deren Inhalte keine Haftung,
da wir uns diese nicht zu eigen machen, sondern lediglich
auf deren Stand zum Zeitpunkt der Erstveröffentlichung verweisen.

MIX
Papier aus verantwortungsvollen Quellen
FSC® C083411

Penguin Random House Verlagsgruppe FSC® N001967

Originalausgabe 08/2021

Redaktion: Ingola Lammers
Printed in Germany
Umschlaggestaltung: www.bürosüd.de
Satz: Satzwerk Huber, Germering
Druck und Bindung: CPI books GmbH, Leck
ISBN: 978-3-453-42472-2

www.heyne.de

KAPITEL I

»Das ist doch keine artgerechte Haltung, Frau Ruttmann!« Der Mann mit dem Habitus eines adligen Großgrundbesitzers schenkte Steffi ein mitleidiges Lächeln. Seine Wortwahl passte perfekt in die Umgebung. Sie standen zwischen Wiesen und Feldern, mitten im Nirgendwo irgendwo im Hamburger Speckgürtel. Weniger passend war, dass er nicht über Steffis Haustiere sprach, sondern über ihre Familie. Sie lachte trotzdem über den Vergleich mit ihrer aktuellen Wohnsituation, wenn auch leicht gequält. Zugegeben, achtzig Quadratmeter waren für vier Personen nicht gerade üppig. Ihr Mann Arno und sie liefen nicht Gefahr, sich oder ihre beiden kleinen Kinder Lina und Oskar in der Weite ihrer Wohnung zu verlieren. Aber genau deshalb war sie ja hier! Um das zu ändern!

Freundlich, aber mit leisem Trotz in der Stimme erinnerte sie den Makler daran: »Wollen wir dann mal ins Haus gehen?«

Mit *Haus* war ein eindrucksvoller Bungalow aus den Siebzigerjahren gemeint, der in einer kleinen, nur notdürftig geteerten Straße am Rande der Nordheide stand und auf neue Mieter wartete. Herr von Knorp, wie der Immobilienmakler passend zu seinem Einstecktuch und Siegelring hieß, eilte Steffi sogleich voraus, um die Haustür aufzuschließen, die das Ausmaß eines Garagentors hatte und nach dem Öffnen den Blick auf eine Eingangshalle freigab mit, wie Steffi sogleich erfuhr, brasilianischem Flussschiefer als Bodenbelag. Ihre Schritte hallten beim Betreten des Hauses. Steffi staunte. Allein der Flur durfte gut und gerne die Hälfte der Wohnung einnehmen, die sie aktuell bewohnten. Aus taktischen Gründen gab Steffi sich nach außen betont unbeeindruckt. Dieser Makler sollte es nicht zu einfach mit ihr haben. Obwohl man ihr die Verzweiflung ganz bestimmt anmerkte.

Die Suche nach einer geeigneten und vor allem bezahlbaren Wohnung hatte sie inzwischen bis weit über die Hamburger Stadtgrenze hinausgetrieben.

Denn zu ihrem Unglück hatten sich die Immobilienpreise innerhalb der Stadtgrenzen und besonders in ihrem Viertel während der vergangenen sechs Jahre synchron zu der Zahl ihrer Familienmitglieder verdoppelt. Für die neuen Familienmitglieder waren sie natürlich selbst verantwortlich. Naiverweise hatten sie nicht in ihre Familienplanung einkalkuliert, dass eine Wohnung nicht automatisch mit der Kinderzahl mitwuchs. Und so mussten sie mit ansehen, wie vor ihrer Haustür die Quadratmeterpreise explodierten.

Der ursprünglich eher verschlafene Stadtteil, in dem Steffi und Arno seit nun schon zwölf Jahren wohnten, wurde mehr und mehr von besser verdienenden SUV-Fahrern bevölkert. Altbauten wurden luxuriös saniert, Neubaukomplexe entstanden auf dem Grund niedergewalzter Fabrikgebäude, und auf beiden prangten immer öfter gesprayte Parolen wie *Yuppies raus!!!, Wohnraum für alle!* und *Lieber frieren als gentrifizieren.* Am Fortgang dieser Entwicklung änderten die jedoch nichts.

Streng gesehen gehörte Steffi zu denen, die von den Häuserwänden angeklagt wurden. Wenn sie gekonnte hätte, wäre sie selbst sehr gerne in eines dieser schicken, neu errichteten Penthouses gezogen. Leider waren die für alleinstehende Start-up-Gründer und kinderlose Paare mit Hund konzipiert. Weil sich ein unanständiger Haufen Quadratmeter auf nur ein oder zwei Zimmer verteilte und damit das Bewohnen mit Kindern unmöglich machte. Arno und Steffi hatten kein Start-up, keine zwei Einkommen und keinen Hund, dafür aber zwei Kinder. Und zumindest an Letzterem ließ sich nichts mehr ändern. Für Leute wie sie, eine vermeintliche Otto-Normal-Familie, gab es auf dem Wohnungsmarkt nicht viel zu holen. Die wenigen infrage kommenden Wohnungen sprengten entweder ihr eh schon schmerzhaft nach oben gedehntes Budget, oder sie gehörten nicht zu den Glücklichen, die in der Lotterie um eine der raren bezahlbaren Ausnahmen das große Los zogen.

Steffis Graffiti-Parole hätte lauten müssen: *Haut ab, wir waren zuerst hier!* Aber weder war sie geübt im Umgang mit Spraydosen, noch würde es irgendetwas an ihrer Situation ändern. Und nachdem sie jeden Winkel ihres jetzigen Stadtteils, jedes angrenzenden und daran angrenzenden Bezirks nach bezahlbarem Wohnraum abgesucht hatten, blieb ihr nur noch die Flucht nach vorn. Beziehungsweise raus aufs Land.

Die Zeit drängte. Bei ihnen stieg mit jedem Wochenende die Gefahr eines Lagerkollers. An diesen beiden Tagen, an denen sich Menschen eigentlich erholen sollten, herrschte bei den Ruttmanns Ausnahmezustand. Zu viele Menschen auf zu wenig Raum. Und dafür mussten sie sich noch nicht einmal Besuch einladen! Mehr Platz für mehr Ruhe, das war Steffis dringender Wunsch.

Um sich den zu erfüllen, war sie über die Autobahn gerauscht und stand nun vierzig Kilometer von der Innenstadt entfernt vor diesem Haus, das fast viermal so groß war wie ihre Wohnung. Mit einem Garten, der das Ausmaß des Parks hatte, in den sie die Kinder täglich zum Lüften führte.

Beim Besichtigungsrundgang fielen verheißungsvolle Worte wie *Kaminzimmer, Salon, Bibliothek* und *begehbarer Kleiderschrank*. Statt eines schnöden Gästezimmers präsentierte Herr von Knorp gleich einen ganzen Gäste*trakt*, darüber hinaus ein Arbeitszimmer und einen *Hauswirtschaftsraum* von der Größe ihres derzeitigen Wohnzimmers. Bäder gab es gleich drei, und für »die sonntägliche Kaffeeeinladung, das Barbecue oder den Aperitif zum Dinner« konnte man zwischen drei Terrassen in unterschiedlichen Entfernungen zum Haus wählen.

Um genügend Gäste für derartige Veranstaltungen zusammenzukriegen, würden Steffi und Arno sich zwar erst einmal neue Freunde suchen müssen, aber wenn es nötig war, würde Steffi auch das tun.

Für den Moment beschränkte sie sich darauf, mit ernster Miene zu nicken und den Eindruck zu erwecken, sie wäre bereits Profi im Ausrichten derartiger Events.

Irgendwo zwischen *Gästetrakt* und *Badezimmer mit Whirlpool* hatte Steffi ihr Pokerface verloren. Sie staunte nun offen wie ein Waldorfschüler vor einer Playstation über all diese Herrlichkeit. Die war zu einer Kaltmiete zu haben, für die man in der Stadt vielleicht vier spärliche Zimmer in einem heruntergekommenen Nachkriegsbau an einer sechsspurigen Straße in einem Problemviertel bekam.

Eine halbe Stunde später saß Steffi im Auto und wählte aufgeregt die Nummer von Arno. »Ich habe gerade einen artgerechten Stall für uns gefunden!«, rief sie, begeistert den Vergleich des Maklers bemühend. »Also, mehr als artgerecht. Das Ding hier ist der Hammer! Das musst du sehen! Es ist alles noch zwanzigmal besser als auf den Fotos!«

»Was denn für ein Stall? Wo bist du überhaupt?«, wollte Arno wissen.

Offenbar hatte er den Besichtigungstermin vergessen. Was ein echtes Kunststück war, nachdem Steffi seit Tagen von kaum etwas anderem redete. Statt einen müßigen Nie-hörst-du-mir-zu-Streit zu starten, verzichtete Steffi großmütig aufs Meckern. Sie merkte, dass Arno im Stress war. »Erzähl ich dir in Ruhe heute Abend. Ich muss jetzt los, die Kinder abholen. Bis später!«

Der Blick auf die Uhr holte sie wieder vollends zurück in die Wirklichkeit, in der sie in einer knappen halben Stunde ihre Tochter aus der Schule holen musste. Mit einem Seufzer und Blick auf das weite Grün einer Kuhweide gab sie Gas.

»Hui, hallo Landluft!« Schnell drehte Steffi das Autofenster hoch, damit nicht allzu viel davon als blinder Passagier mit ihr über die Autobahn in Richtung Stadt fuhr.

In Gedanken vollzog sie bereits den Umzug in das neue Haus, als ein glücklicherweise sehr wacher Reflex eine Vollbremsung auslöste. Die verhinderte gerade noch, dass sich ihr kleiner Panda auf eine stürmische Liaison mit dem Lieferwagen vor ihr einließ. Zu Steffis Entsetzen befand sie sich am Ende dessen, was man bei Ausflügen wie diesem am meisten fürchtete. Stau war so ungefähr das Letzte, was sie nun gebrauchen konnte. Und endlich, vielleicht ausgelöst durch die Schleuderbewegung, die ihren Kopf beim Bremsen nach vorne katapultiert hatte, fiel ihr wieder ein, was der Grund für die günstigen Immobilienpreise hier draußen und ihre bisherige und nun wieder aufkeimende Landphobie war.

Quälend langsam kroch sie zwischen tonnenschweren Lastern in Richtung Großstadt und versuchte, die Uhr an ihrem Armaturenbrett durch Hypnose zum Stillstand zu bringen. Oder zumindest dazu, langsamer zu ticken. Doch es schien ein umgekehrt proportionales Verhältnis zu bestehen zwischen der Boa constrictor aus Blech, die sie fest in ihrem Würgegriff hielt, und dem Verstreichen der Zeit. Im Gegensatz zu der Schlange, die sich inzwischen überhaupt nicht mehr bewegte, rasten Sekunden- und Minutenzeiger wie im Zeitraffer auf die magische Eins zu. Selbst wenn sich der Stau im nächsten Augenblick in Luft auflöste, würde sie es nicht mehr pünktlich zur Schule schaffen.

Steffi griff nach ihrem Handy. Sie musste eine der Mitschüler-Mütter bitten, Lina Bescheid zu sagen, dass sie sich verspätete. Oder sie im Idealfall mit zu sich nach Hause zu nehmen. Eine andere Möglichkeit war, im Sekretariat anzurufen. Steffi überlegte, bei wem das Outing als inkompetente Mutter, die es nicht fertigbrachte, ihr Kind rechtzeitig von der Schule abzuholen, weniger peinlich war. Als Hausfrau sein armes Kind warten lassen! Das kam einem Verbrechen gleich. Mütter mit Job hatten immer den Superjoker in der Tasche und konnten Meetings, abgestürzte Rechner, zähe Kunden und zur Not auch die kaputte Bürokaffeemaschine als Gründe für ihr permanentes Zu-spät- oder Gar-nicht-Erscheinen bemühen. Aber was hatte Steffi da im Angebot? Nichts. Niemand nickte verständnisvoll, wenn sie schweißgebadet und verspätet egal wo auftauchte mit der Begründung, im Stau gesteckt zu haben. *Warum fährt die dusselige Kuh nicht früher los? Wo fährt sie überhaupt hin so mitten am Vormittag? Hat die nichts zu tun?*

Ihr Sinnieren über die bodenlosen Ungerechtigkeiten der Welt wurde vom Handyklingeln unterbrochen. »Hallo, Helen!«, rief sie in den Hörer und versuchte, fröhlich zu klingen.

»Was ist denn mit dir los?«, kam es halb belustigt, halb besorgt zurück. Ihrer besten Freundin konnte Steffi nichts vormachen. Trotzdem versuchte sie es weiter.

»Nichts! Wieso? Was gibt's?«

»Bist du sicher, dass alles in Ordnung ist? Du klingst wie das berühmte Kaninchen vor der Schlange.«

»Sie hat mich schon verschlungen«, gab Steffi verdrossen und mit Blick in den Rückspiegel, in dem sich Auto hinter Auto hinter Auto reihte, zu. »Ich steh im Stau vorm Maschener Kreuz und flipp gleich aus, weil ich es nicht pünktlich zur Schule schaffe.«

»Beruhig dich! Du kannst gerne in deinem Stau bleiben. Mein Interview wurde abgesagt, und ich bin schon auf dem Weg zur Schule, um Ella abzuholen. Wenn du willst, nehme ich Lina mit, und wir essen bei *Tito* eine Pizza.«

»Ja, ich will!«, erklärte Steffi erleichtert. »Und dich lieben und ehren, bis dass der Tod uns scheidet. Tausend Dank! Du rettest mich! Es geht es keinen Millimeter voran, bestimmt muss ich hier übernachten.«

Steffis Hang zur Übertreibung war an dieser Stelle nicht ganz unberechtigt. Um sie herum verließen Menschen ihre Fahrzeuge, um sich auf der Überholspur die Beine zu vertreten. Helen versprach, alle Kinder abzuholen, auch Oskar aus dem Kindergarten, wenn nötig. »Wie war denn die Besichtigung? Das ist doch der Grund, warum du da in der Pampa feststeckst, oder?« Im Gegensatz zu Arno hatte Helen den Termin nicht vergessen.

Steffi setzte zu einem langen Bericht an, machte aber nach ein paar Sätzen eine Pause, weil es auf der anderen Seite seltsam still geworden war. »Helen?«

Als Antwort kam das hektische Tuten einer unterbrochenen Verbindung. Die schlechte Netzabdeckung in den Landregionen waren also keine Fake News. Zum Glück war mit Helen alles besprochen. Weil ihr sowieso nichts anderes übrig blieb, entspannte sich Steffi und drehte das Radio lauter. Zum ersten Mal an dem Tag fiel ihr auf, was für ein herrliches Wetter herrschte. Ideal, um bei *Tito*, ihrem Lieblingsitaliener gleich neben der Schule, auf der Terrasse zu sitzen und mit einem Glas Rosé auf das ab und an doch ganz erträgliche Dasein anzustoßen. Die Kinder würden auf dem breiten Bürgersteig vor dem Restaurant Hüpfekästchen spielen und Helen und sie eines ihrer Gespräche über Freunde, Kinder, das Weltgeschehen und die Vor- und Nachteile von extra Kapern auf einer Pizza Tonno führen.

Für Steffi war Helen die Schwester, die sie nicht hatte – und umgekehrt. Die zwei waren Freundinnen, seit sie denken konnten. Bis zum Abitur hatten sie unzertrennlich der langweiligen Ödnis von Boostedt getrotzt, das Dorf, in dem sie beide aufgewachsen waren. Einzige Ausnahmen: die schmerzhaft langen Sommerurlaube, die die eine Familie traditionell an der Nord-, die andere an der Ostsee verbrachte. Nach dem Abi, davon hatte Helen Steffi über die Jahre hinweg überzeugt, mussten beide unbedingt nach Hamburg. Von Boostedt aus betrachtet, war das schon die große weite Welt. Viel weiter weg hätte sich Steffi auch nicht getraut. Helen dagegen schon. Die beiden waren mental so unterschiedlich wie Arnold Schwarzenegger und Danny de Vito in *Twins* es optisch sind. Was sie nur umso mehr zusammenschweißte. Was Steffi fehlte – zum Beispiel Draufgängertum und Mut –, hatte Helen im Überschuss. Umgekehrt profitierte Helen von Steffis Besonnenheit. Sie waren wie Yin und Yang, Dick und Doof, Ernie und Bert oder Hähnchen süß-sauer. Die eine war ohne die andere unvollständig und, wenn man ihren Eltern und Mitschülern glaubte, auch ungenießbar. Darum waren alle Beteiligten froh, als beide von der Universität Hamburg ihre Zusagen erhielten. Logo, dass sich beide für dasselbe Fach einschrieben: Journalistik. Bei Helen war es die Überzeugung, dass dieser Beruf der richtige für sie war. Bei Steffi, dass sie mit Helen an ihrer Seite alles werden konnte.

Das war lange her. Inzwischen waren beide Mutter geworden. Doch Steffi wäre nicht Steffi und Helen nicht Helen, wenn beide diese Rolle nicht in zwei völlig gegensätzlichen Lebensmodellen ausüben würden. Aus Steffis Sicht gehörte Helen als freiberufliche Journalistin zur gegnerischen Mannschaft der berufstätigen Mütter. Trotzdem sah Steffi sie nicht als Feindin. Sie und Helen waren ein Team. Gemeinsam teilten sie Kräfte, Nerven und Kompetenzen gerecht untereinander auf. Als Lina geboren wurde, waren sich Steffi und Arno einig gewesen, dass Steffi zumindest die ersten Jahre zu Hause bleiben und nicht arbeiten sollte. Helen dagegen hatte nach der Geburt ihrer Tochter Ella gerade so für die Dauer des gesetzlichen Mutterschutzes stillhalten können, bevor sie wieder auf Sensationsjagd ging. Von Ellas Vater hatte sie sich getrennt, noch bevor das Kind seinen ersten Geburtstag feierte. Auf ihre Helen-typische, unaufgeregte Art: »Jerry ist ein prima Kerl und als Vater ein Hauptgewinn«, wie sie immer wieder betonte. »Aber auf Dauer ist es mit ihm zu langweilig. Wir sind wie Bruder und Schwester, nicht wie ein Liebespaar.« Steffi fand es unverantwortlich und egoistisch von ihrer Freundin, ein Kind in die Welt zu setzen und kurz darauf ohne Not den Vater zu verlassen. Als sie Helen das mitteilte, entfachte sie damit einen der wenigen ernsthaften Streits in ihrer Freundschaft. »Denk an das Kind!«, hatte sie gemahnt.

Helen blieb unbeirrt. »Mach ich ja! Das Kind wird darunter leiden, wenn ich mich eingesperrt und gelangweilt fühle. Glaub mir, Ella ist besser dran mit zwei glücklichen Alleinerziehenden als Eltern.« Zugegebenermaßen bekamen die beiden ihr Child-Sharing-Modell ziemlich gut hin. Ella war eine perfekt fröhliche Erstklässlerin mit Eltern, die sie abgöttisch liebten. Nur eben getrennt voneinander.

Steffi musste außerdem zugeben, dass ihre Kinder ihren Vater Arno auch nicht viel öfter zu Gesicht bekamen als Ella Jerry. Obwohl er bei ihnen wohnte. Arnos Job als Geschäftsführer in einer Werbeagentur war wenig kompatibel mit den Bettgehzeiten von Kindergarten- und Grundschulkindern. Dafür arbeitete das Erzieherteam Steffi–Helen reibungslos zusammen. Und nicht nur die Mütter, auch die Kinder – besonders die fast gleichaltrigen Mädchen – profitierten davon. Mehrmals in der Woche war Ella bei ihnen zu Besuch, während Helen arbeitete. An den Wochenenden startete diese im Gegenzug die wildesten Mädelsabende mit Disney-Filmen, Popcorn und Kissenschlacht, was Steffi, dann mit nur einem Kind, eine kleine Verschnaufpause verschaffte. Dafür übernachtete Ella bei den Ruttmanns, wenn Helen auf mehrtägiger Recherchetour war oder ein Date hatte und Jerry aus irgendeinem Grund als Betreuung ausfiel. Der Fall »Date« trat relativ oft ein. Seit Jerry lebte Helen in einer Art Serienmonogamie. Wobei die jeweiligen Episoden eher Sitcom-Format hatten als die Länge der Harry-Potter-Saga. Keiner der Kandidaten hatte es bisher geschafft, sich lange genug in Helens Gunst sonnen zu dürfen, um mit Ellas Bekanntschaft geehrt zu werden. Denn ihre Mutter war vernünftig genug, ihre Hormone nur in Abwesenheit ihrer Tochter und ohne deren Wissen tanzen zu lassen.

Als der zähe Autostrom Steffi schließlich wieder freigab und ihren kleinen Panda an der Autobahnausfahrt ausspuckte, war sie nervlich wieder vollkommen hergestellt.

Sie parkte fast vor ihrer Haustür, was im gesamten Viertel einem Sechser im Lotto gleichkam, und sah auf die Uhr. Aus den vom Makler angepriesenen zwanzig Minuten bis in die Hamburger Innenstadt waren neunzig geworden.

Warum redeten alle, die auf dem Land wohnten, eigentlich immer von zwanzig Minuten, die sie in die Stadt fuhren? Egal, von woher. Meckelfeld, Sprötze, Wedel … Immer hieß es: zwanzig Minuten.

Bei Oskar in der Kita war gerade Kekspause. Ihn jetzt dort abzuholen galt bei den Erziehern als schwere Straftat. Also schnell noch die Wohnung saugen, die Wäsche aufhängen oder einkaufen gehen? Alles war dringend nötig, aber Steffi verspürte nicht die geringste Lust dazu. Vielleicht war ihre Chance auf einen mittäglichen Rosé noch nicht ganz vertan? Hunger hatte sie auch, fiel ihr plötzlich auf. Also rief sie Helen an, die tatsächlich noch bei *Tito* saß.

Eine Pizza und ein halbes Glas Wein später war Steffi satt und Helen auf den neuesten Stand gebracht. Steffis Begeisterung für das Haus, das sie vorhin noch am liebsten direkt bezogen hätte, war inzwischen mehr als abgekühlt. »Unsere Wohnung ist winzig im Vergleich zu diesem Palazzo Prozzi.

Aber was nützt das, wenn einen dann zig autoverstopfte Asphaltkilometer von *dem hier* trennen!?« Etwas zu übermütig schwenkte Steffi ihr Glas mit gestrecktem Arm einmal im Halbkreis um sich herum, um zu verdeutlichen, dass damit *Tito* und der ganze Stadtteil gemeint waren. »Was machen die da in Never-gonna-go-there-again-Land, wenn sie Lust auf eine Pizza bekommen? Jaha. Doof gucken nämlich!«, triumphierte sie.

»Dann gibt's eine Tiefkühl-Pizza«, konstatierte Helen trocken. »Diese riesigen Häuser beherbergen monströse Tiefkühltruhen in ihren Kellern. Und in jeder zweiten befindet sich neben dem kompletten Bofrost-Sortiment und Coppenrath & Wiese-Sahnebomben ganz sicher auch die eine oder andere nervige Erbtante«, fantasierte Helen und winkte den Wirt heran. »Tito, wir möchten zahlen!«

Steffi schüttelte sich und spann Helens gruselige Gedanken weiter: »Oder der Gärtner, der dabei erwischt wurde, wie er der einsamen Hausfrau die langen Vormittage versüßt, in denen ihr Mann auf dem Weg zur Arbeit im Stau stand. Weißt du, was ich gelesen habe? Weltweit bewältigen die Menschen an jedem Werktag insgesamt achthundert Mal die Strecke zum Mond und zurück! Arno wäre dann einer davon.«

Steffi verzog nachdenklich das Gesicht und sah sich selbst in der Rolle des verlassenen Hausmütterchens, das sich vor lauter Langeweile einen Liebhaber zulegte und schon am frühen Morgen Eierlikör aus Bleikristallgläsern schlürfte.

»Du hast es verstanden«, lobte Helen. »Also bitte versprich mir: keine Ausflüge mehr zu den Tantenmördern in Suburbia. Auch wenn du dort Platz für zwei ganze Fußballmannschaften hättest, es wird niemand kommen, um dich zu besuchen. Also, ich jedenfalls nicht. Ihr gehört hier in die Stadt. Wo bleibt denn jetzt Tito?« Helen sah sich um nach der kleinen, runden Gestalt des Patrons ihres Stammlokals.

Der kam mit seinen kurzen Beinen und den wie immer amüsiert aus seinem gutmütigen Gesicht herauslachenden Augen auf sie zugeeilt. »Schone jetze gehe? Warum nicht noch ein bisschen bleibe? Noch eine Glase Rosé? Gehte aufe misch!«

»Ja!«, rief Steffi.

»Nein«, bestimmte Helen. Sie vertrug berufsbedingt deutlich mehr als Steffi und war daher noch klar genug im Kopf, um sich nicht zu Alkoholexzessen am helllichten Tag hinreißen zu lassen. Steffi, die sich nach dem einen Glas bereits im Egal-Modus befand, quengelte: »Warum denn nicht? Es ist doch gerade so lustig hier!«

»Weil du a) schon einen sitzen hast und b) dein Sohn irgendwann gerne aus dem Kindergarten abgeholt werden möchte. Ich glaube nicht, dass du das torkelnd und lallend tun möchtest.«

»Du übertreibst maßlos, meine Liebe. Und bist eine spießige Spielverderberin.«

In dem Moment piepte Helens Handy, und während Steffi mit beleidigt hervorgeschobener Unterlippe die über den Tisch verteilten Stifte, Schlüssel und Sonnenbrillen zusammensuchte, bekam Helens Miene einen konzentrierten Ausdruck. Sie beendete das Gespräch, seufzte und verkündete mit einem bedauernden Blick in Richtung Ella: »Ich muss noch mal in die Redaktion. Kann Ella …«

»Klar!«, beruhigte sie Steffi. »Sie kann auch bei uns schlafen, wenn es später wird.«

Am Abend stand Steffi in der Küche und sah leicht ungeduldig auf die Uhr. Aus dem Kinderzimmer schallte lautes Gekicher, das in unregelmäßigen Abständen von schrillem Gekreische unterbrochen wurde. Zusammen ergab das eine klare Botschaft: Hier schläft so bald niemand. Dabei sollten alle drei Kinder inzwischen längst im Traumland sein. Aber es war nicht ihre Schuld. Sie hatten das Programm aus Abendbrot, KiKa und Zähneputzen brav und ohne besondere Vorkommnisse absolviert.

Bei der extralangen Gutenachtgeschichte waren Oskar schon die Augen zugefallen, die Mädchen hatten sich ebenfalls kaum noch gerührt – und dann war Arno nach Hause gekommen. Genau in dem Moment, als Steffi das Buch zugeklappt und innerlich ihren Feierabend eingeläutet hatte. »Oh, was ist denn hier los? Pyjamaparty? Ohne mich?!«, hatte er entrüstet gerufen und sich mit allem, was er an sich trug, in die Kissen geworfen. Sehr zur Freude der Kinder, die sich – plötzlich wieder hellwach und voller Energie – mit Geschrei auf ihn gestürzt hatten. Mit der herrlichen Ruhe war es augenblicklich vorbei. Steffi ließ einen erschöpften Seufzer verlauten und informierte den wild gewordenen Vater knapp darüber, dass es nun seine Aufgabe war, die Kinder zurück in den Schlafmodus zu versetzen.

Eine Viertelstunde später endete das Gekreische und Gejauchze abrupt, und Arno erschien in der Küche. Er küsste nun auch Steffi zur Begrüßung, die ihn staunend ansah. »Wie machst du das nur immer?«

Arno gab sich ahnungslos: »Was meinst du? Ach so: die Kinder! Tja …« Selbstgefällig lehnte er sich an den Türrahmen, verschränkte die Arme und dozierte: »Mit Kindern muss man einfach nur vernünftig reden und ihnen erklären, wie wichtig Schlaf für sie ist. Auf Augenhöhe, wenn du verstehst, was ich meine.«

Im selben Moment öffnete sich die Kinderzimmertür, und Oskar kam mit rot glühenden Wangen und vom Toben verschwitztem Haar zu ihnen in die Küche gelaufen. »Kaputt!« Vorwurfsvoll streckte er Arno sein iPhone entgegen. Auf dem Display leuchtete die Warnung vor der demnächst leeren Batterie.

Steffi grinste schadenfroh: »Das mit dem wichtigen Schlaf haben sie noch nicht ganz verstanden, glaube ich. Erklär es ihnen noch mal. Und achte darauf, dass deine Argumente voll aufgeladen sind. Ich bin auf dem Balkon, wenn du mich suchst.«

Als Arno sich eine gute halbe Stunde später mit einem großzügig gefüllten Weinglas seufzend neben sie auf den Balkonstuhl fallen ließ, hatte Steffi bereits ein Glas Wein Vorsprung – das vom Mittagessen nicht mitgezählt.

»What a day! Aber erzähl du erst mal: Was war das für ein wirrer Anruf heute Vormittag? Wo warst du?«

Steffi verkniff sich den dezenten Hinweis, dass sie ihn darüber mehrmals im Vorfeld informiert hatte. Sie berichtete kurz von dem Palazzo Prozzi, dem Stau auf der Rückfahrt und ihrer damit verknüpften Entscheidung gegen eine Umsiedelung der Familie aufs Land. »Du verbringst dein halbes Leben auf der Autobahn, wenn du jeden Tag in die Stadt und wieder zurückfahren musst! Das war mir überhaupt nicht bewusst. Nicht in diesem Ausmaß!«

»Dann such ich mir einen Job auf dem Land«, war Arnos trockener Kommentar.

Steffi reagierte nicht darauf, die Vorstellung war einfach zu absurd. Stattdessen erzählte sie weiter von Helens Rettungsaktion und ihrem Essen bei *Tito*. »Später musste Helen doch noch mal weg, darum schläft Ella heute hier.«

»Siehst du: Platz ist in der kleinsten Hütte«, resümierte Arno, woraufhin Steffi zu ihrer berühmten Ja, aber-Rede ansetzte. Die beinhaltete, dass Kinder wachsen und sich irgendwann nicht mehr ein winziges Zimmer teilen konnten und dass der Tag nahte, an dem die Mädchen Oskar gnadenlos aus dem Zimmer werfen würden, und dass diese ganze Umzieherei spätestens vor Linas Wechsel aufs Gymnasium vollbracht sein musste. Doch an diesem Abend bremste sie sich nach wenigen Sätzen selbst. Nach den jüngsten Erfahrungen war sie des Themas zum ersten Mal richtig und nachdrücklich müde. Die Wohnungssuche beschäftigte sie, seit Lina ein Jahr alt war, und hatte an Dringlichkeit zugenommen mit dem Tag, an dem Oskars Ankunft sich durch zwei Striche auf dem Schwangerschaftstest ankündigte. Bis zur Geburt seines Sohnes zeigte Arno sich allerdings uneinsichtig. »Drei Zimmer, drei Personen. Passt doch«, war sein Argument, mit dem er alle Vorschläge abblockte, die Steffi ihm präsentiert hatte. Auch Steffi fiel die Vorstellung schwer, aus der Wohnung auszuziehen, in der sie ihre kleine Familie gegründet hatten. Aber sie war auch diejenige, die am Morgen zu Hause zurückblieb und das Chaos, das der mangelnde Platz zur Folge hatte, tagtäglich bezwingen musste. Dank Oskar hatte sie die Trumpfkarte in der Hand und konnte Arno mit seiner eigenen Logik schlagen: Bei vier Personen mussten vier Zimmer her. Theoretisch hatte sie ihn damit auf ihre Seite gezogen, die Praxis überließ er größtenteils ihr. Wenn es sich einrichten ließ, kam er mit zu den Besichtigungen, von denen Steffi sich besonders viel versprach. Leider waren sie bisher immer enttäuscht wieder nach Hause zurückgekehrt. Außer einmal. Und da hatte dann der Besitzer der Wohnung einem ihrer Mitbewerber sein Jawort gegeben. Steffi hatte Wochen gebraucht, um darüber hinwegzukommen. *Was haben die anderen bloß, was wir nicht haben?*, hatte sie sich immer wieder gefragt, wie ein unglücklich verliebter Teenager.

»Lass uns einfach über was anderes reden. Wie war dein Tag?«, beendete Steffi schließlich das leidige Thema. Arno wirkte müde, was sicher an dem fortgeschrittenen Abend und sehr wahrscheinlich an der wilden Toberei im Kinderzimmer lag. Oder war da noch etwas anderes? Sie brauchte nicht lange zu raten.

»Die sind alle verrückt geworden«, brach es aus Arno heraus. Mit *die* waren üblicherweise die Kunden der Agentur gemeint. Heute aber meinte er wirklich alle, die Kollegen inklusive. Der Werbespot, den sie für einen Kunden seit Monaten entwickelten und der nächste Woche gedreht werden sollte, war in letzter Instanz vom Oberboss auf Kundenseite abgeschmettert worden. »Weil keiner dieser feigen Jasager sich traut, rechtzeitig eine Freigabe einzuholen! Wir stehen wieder vollkommen am Anfang. Und was macht der Rest? Schmeißt hin! Peter hat mir heute gesteckt, dass er zur Konkurrenz nach Düsseldorf geht. Nächste Woche macht er es offiziell.«

»Ist nicht wahr!«, rief Steffi, was nicht gerade ermutigend war, wie sie gleich danach feststellte. Sofort überlegte sie, was sie Aufbauendes beitragen könnte. Dabei verstand sie Arnos Verzweiflung gut.

Sie hatte nie wie ursprünglich geplant als Journalistin gearbeitet. Weil sie während eines Praktikums feststellen musste, dass es ihr nicht lag, Menschen mit zuweilen unangenehmen Fragen zu konfrontieren. Stattdessen wurde sie Texterin in einer Werbeagentur, wo Arno und sie sich später kennenlernten.

Aus eigener Erfahrung wusste Steffi daher, dass man verlässliche Kollegen brauchte, wenn der Kunde verrücktspielte. Keine Adios-Amigos, die sich zur Konkurrenz verabschiedeten. Mitfühlend berührte sie Arnos Arm.

Eine Weile saßen sie schweigend nebeneinander und schauten auf den Hinterhof. Einige Fenster waren beleuchtet, aber hinter den meisten war es dunkel. Wahrscheinlich genossen die Bewohner in einem der tausend Restaurants des Stadtteils den ungewöhnlich milden Abend. Auf einem der gegenüberliegenden Balkons leuchteten schwach ein paar Windlichter. Und jetzt, wo sie selbst nicht sprachen, drangen leise Stimmen und verhaltenes Gelächter zu ihnen rüber.

Steffi fragte sich, ob es an einem anderen Ort – in einer größeren Wohnung oder gar einem Haus – schöner wäre, so neben Arno zu sitzen und mit ihm zu schweigen. Sie beantwortete sich die Frage selbst und lehnte ihren Kopf mit einem wohligen Schnurren noch schwerer an seine Schulter. »Peter hat mich übrigens gefragt, ob wir Interesse an seiner Wohnung haben, wenn er nach Düsseldorf zieht«, unterbrach Arno die Stille. Und, zack, war die friedliche Ruhe in Steffis Kopf dahin und ihr Jagdtrieb wieder hellwach.

Obwohl Peter sie als Nachmieter vorgeschlagen hatte, mussten sie den offiziellen Weg über die Hausverwaltung gehen. Herr Staubitz nahm seine Sache sehr ernst und pries Steffi jeden Raum und jedes Detail mit geschäftstüchtiger Begeisterung an. Was gar nicht nötig war. Die Wohnung, die im gleichen Stadtteil wie ihre lag, entpuppte sich als eine dieser Altbauwohnungen, die man sonst nur in Architektur-Zeitschriften und auf einschlägigen Instagram-Profilen zu sehen bekam. Typische Stilelemente wie Stuck, ein gemauerter Kamin, die wunderschönen Dielen und der originale Hamburger Fliesenspiegel in der Küche waren aufwendig restauriert worden. Das durch eine herrschaftliche Schiebetür von der Wohnküche getrennte Wohnzimmer, drei Schlafzimmer, ein Arbeitszimmer, zwei Bäder und sogar ein kleiner Hauswirtschaftsraum ließen nichts zu wünschen übrig. Im Flur konnte man locker eine Tischtennisplatte unterbringen und hätte immer noch Platz für einen Garderobenschrank, der nun endlich alle Jacken, Mützen, Schals, Taschen, Schuhe, Helme, Stiefel und Gummistiefel der Ruttmänner verschwinden lassen würde. Das Ganze verteilte sich auf hundertachtzig Quadratmeter – mitten in der Stadt!

Arno war leider mal wieder im letzten Moment ein Termin dazwischengekommen. Also hörte Steffi allein zu, wie der Makler über die Lage, den Grundriss, die Nebenkosten und frisch verlegte Breitbandkabel referierte.

Steffi hätte den Mietvertrag auch sofort und ohne Besichtigung unterschrieben und ihre Seele gleich mit verkauft. Von ihrer Seite aus gab es nichts mehr zu besprechen. Sie knipste noch ein paar Alibi-Fotos für Arno, doch für sie war die Sache geritzt. »Wir nehmen die Wohnung. Schicken Sie uns den Mietvertrag einfach zu!«

»Das freut mich ganz außerordentlich, Frau Ruttmann. Mir war schon nach unserem Gespräch am Telefon klar, dass Sie eine Frau mit Stil sind und die Wohnung Ihren Ansprüchen gerecht wird. Darum habe ich den Mietvertrag gleich mitgebracht. Wollen wir uns kurz setzen und ihn gemeinsam durchgehen?«

Der Vertrag beinhaltete nichts Besonderes, sie waren schnell fertig. Ohne Umschweife hielt Herr Staubitz Steffi den Kugelschreiber hin und tippte auf die Linie für ihre Unterschrift.

»Vielen Dank. Ich nehme den Vertrag gerne mit und schicke ihn Ihnen so schnell es geht zu«, erklärte sie.

Ein kaum merkliches Zucken durchfuhr den Makler. Er strich sich die unnatürlich glänzenden Haare zurück. Sein

Lächeln war unverändert, wirkte jedoch eine Spur angestrengt. »Machen wir doch gleich Nägel mit Köpfen, Frau Ruttmann. Eine Unterschrift, und die Wohnung gehört Ihnen!« Wie ein Messer auf die Brust hielt er Steffi den schwarzen Montblanc hin.

»Ich versichere Ihnen, dass wir die Wohnung nehmen. Aber unterschreiben kann ich jetzt nicht.« Steffi neigte entschuldigend den Kopf. »Mein Mann und ich haben die Abmachung, dass keiner so bedeutende Entscheidungen allein trifft. Darum möchte ich den Vertrag gerne mitnehmen. Ich kann ihn Ihnen gleich morgen ins Büro bringen.«

»So leid es mir tut, das ist nicht möglich.« Herr Staubitz verzog bedauernd das Gesicht. Er informierte Steffi darüber, dass, während sie hier sprachen, mit Sicherheit schon zwanzig weitere Interessenten im Büro anriefen, die den Vertrag sofort unterzeichnen würden, und sein Chef es gar nicht gerne sah, wenn er ohne Abschluss von der Besichtigung kommen würde. »Mir sind die Hände gebunden«, schloss er, zuckte hilflos mit den Schultern und drehte die Handflächen gen Himmel.

»Aber Sie bekommen doch Ihre Unterschrift! Gleich morgen!«, versuchte Steffi es noch einmal.

»Tut mir leid.« Herr Staubitz steckte mit großer Geste den Mietvertrag in sein edles Kalbsledermäppchen zurück.

Steffi überlegte, ob sie nicht einfach doch unterschreiben sollte. Abmachung hin oder her. Sie waren sich ja eigentlich einig, Arno und sie. Gerade wollte sie *Stopp!* rufen, da hielt Herr Staubitz ganz von selbst in seiner Bewegung inne, sah nachdenklich an die stuckverzierte Decke und meinte: »Eine Möglichkeit gäbe es noch …«

»Ja?!« Steffi sah ihn hoffnungsvoll an.

»Wir reservieren die Wohnung für Sie, dann können Sie sich mit dem Mietvertrag so lange Zeit lassen, wie Sie brauchen.«

Steffi nickte begeistert. »Abgemacht. Vielen Dank!« Steffi streckte ihm die Hand entgegen, aber Herr Staubitz zog ein weiteres Papier aus seiner Mappe.

»Bitte unterschreiben Sie hier.«

Schon wieder unterschreiben? Na gut, dachte Steffi. Das war ja nicht der Mietvertrag, warum also nicht? Ohne richtig hinzusehen, setzte sie ihren Namen auf die Linie, auf die Herr Staubitz mit einem abgekauten Fingernagel zeigte. Der mochte so gar nicht zu seiner Porschefahrer-Attitüde und den Lederslippers passen.

Kaum hatte Steffi den Stift abgesetzt, zog der Makler ihr das Blatt weg und gratulierte: »Eine gute Entscheidung, Frau Ruttmann. Wann wollen Sie das Geld übergeben?«

»Geld?« Steffi verstand nicht.

»Für die Reservierung«, erklärte der Mann mit einer Selbstverständlichkeit, als informiere er sie darüber, dass es im Winter kälter war als im Sommer. »Fünftausend Euro, die dann mit der Kaution für die Wohnung verrechnet werden.« Herr Staubitz hielt Steffi das Papier, das sie eben unterschrieben hatte, wieder vor die Nase und tippte auf eine Stelle im Text. Steffi sah die Ziffern: fünf, null, null, null. Ihr wurde schwindelig. Was hatte sie da angestellt?

KAPITEL II

Eilig rannte Helen das Treppenhaus des Altbaus hinunter, in dem Ellas Vater wohnte. Sie hatte dort einen Teddy abgeliefert, ohne den ihre Tochter unmöglich zwei Tage überleben konnte. Dabei fehlte ihr für derartige Kurierdienste komplett die Zeit! Es war einer dieser Momente, in denen sie das Elternmodell, das sie mit ihrem Exmann Jerry lebte, doch ein wenig anzweifelte, obwohl sie es während der vergangenen Jahre nahezu bis zur Perfektion optimiert hatten. Alle Dinge des täglichen Lebens gab es in zweifacher Ausführung. Bei Zahnbürsten, Unterhosen und den meisten Spielsachen klappte das auch hervorragend. Doch hin und wieder gab es eben *das eine* Kuscheltier, das weicher war als sein ansonsten zu hundert Prozent identischer Zwilling oder von dem es trotz aller Vorsichtsmaßnahmen keine zweite Ausgabe gab. Und immer wieder waren es Schulbücher oder -hefte, die sich natürlich nur ein Mal in Ellas Besitz befanden.

Helen hatte absolut keine Zeit, sich ausgerechnet heute mit einer dieser Ausnahmen herumzuschlagen. Ihr saß die

Deadline für den Artikel, an dem sie seit ein paar Wochen arbeitete, bedrohlich im Nacken. Die Dead-Deadline, um genau zu sein. Und bis dahin war noch eine ganze Menge zu tippen.

Gerade hatte sie sich wieder aufs Rad geschwungen, da klingelte ihr Handy. Sie hielt an, um es aus der Jackentasche zu fummeln, und wurde fast von einem Fahrradkurier umgefahren, dessen Schimpftiraden noch zu hören waren, als er schon um die nächste Ecke verschwunden war. »Hey!«, keuchte sie in den Hörer, und sogar eine an Autismus leidende Grönlandkrabbe hätte das Gehetzte in ihrer Stimme wahrgenommen. Steffi aber schien dafür taub zu sein.

»Ich hab was Blödes gemacht!«, jammerte sie los, ohne sich lang mit Begrüßungsformeln aufzuhalten. »Können wir uns kurz treffen?«

»Okay, aber wirklich nur kurz. Ich muss dringend arbeiten. Stattdessen fahre ich Teddys spazieren.«

»Hä?«

»Egal. In zehn Minuten bei mir!«

»Danke!«

Steffi klang wirklich erleichtert. Was war denn bloß passiert, das sie ihr nicht am Telefon sagen konnte?

Helen trat wieder in die Pedale. Dieses Mal achtete sie darauf, niemandem in die Quere zu kommen.

Wenn Steffi darauf bestand, sie zu treffen, musste es ernst sein. Hoffentlich war das Problem nicht zu zeitaufwendig! Ihr Artikel war auch unter normalen Umständen eigentlich nicht bis zum Abend fertig zu bekommen. Helen konnte es sich nicht leisten, ihre Zeit weiterhin im mobilen

Katastrophenschutz zu verplempern. Wenn sie es bis morgen früh nicht schaffte, sechstausend irgendwie sinnvoll zusammenhängende Zeichen zum Thema *Risiko Silikon* in den Computer zu tippen, konnte sie den Ausnahmezustand einläuten. Sie hatte monatelang über unseriöse Schönheits-OPs und deren Opfer und Profiteure recherchiert. Schon zweimal musste die Veröffentlichung verschoben werden, weil eine ihrer Quellen sich doch dagegen entschieden hatte, sich öffentlich über das Thema zu äußern. Helen musste alles noch einmal umbauen, neue Quellen auftun und aus einem anderen Blickwinkel berichten. Aber es hatte sich gelohnt, die Geschichte würde umso besser werden. Wenn nicht noch etwas dazwischenkam! Vielleicht eine Spontangeburt in ihrem Hausflur, bei der sie als Hebamme einspringen musste? Das Schicksal hielt ja manchmal die absurdesten Überraschungen bereit. Grundsätzlich hatte Helen ja nichts dagegen, die Welt zu retten. Der Verlag würde ihr bei Nichtliefern allerdings so schnell keinen neuen Auftrag erteilen. Was bedeutete, dass eine ihrer Haupteinnahmequellen wegbrechen würde. Von ihren eigenen Gedanken angetrieben, radelte sie noch schneller. Vielleicht brauchte Steffi länger, um zu ihr zu kommen, und sie konnte vorher noch etwas schaffen! Doch als sie atemlos und verschwitzt vor ihrem Haus hielt, war sie schon da. Zusammengesunken saß sie vor der Haustür und kaute nervös an ihren Nägeln.

»Und du hast keine Quittung?!« Ungläubig zog Helen die Augenbrauen in die Höhe, sodass sie unter ihrem braunen Pony verschwanden.

»Und wenn du mich noch hundertmal fragst: nein!«, gab Steffi trotzig zurück. »Das ist ja das Blöde.«

Darauf fiel Helen auch nichts Ermutigendes ein. Sie verzog gequält das Gesicht und überlegte. Was würde sie dazu bewegen, einem Unbekannten fünftausend Euro bar in die Hand zu drücken, ohne dafür einen Beleg zu verlangen? Die Antwort war leicht: nichts. »Jetzt sag nur bitte noch mal ganz genau, was ihr besprochen habt«, forderte Helen Steffi auf, die mit dem Telefon in der Hand rastlos in der Küche auf und ab lief. Steffis Stimme bebte vor Aufregung, als sie erneut erzählte, was passiert war.

»Danke und Tschüss hat er gesagt und war weg. Und mit ihm mein Geld«, schloss sie jammernd.

»Und was sagt Arno dazu?«

»Der weiß das natürlich nicht! Er muss ja nicht immer alles wissen.«

Helen sah Steffi skeptisch an, die trotzig zurückblickte. Helen wusste, dass es Steffis wunder Punkt war, kein eigenes Geld zu verdienen. Dafür hatte Helen vollstes Verständnis, wahrscheinlich würde es ihr ähnlich gehen. Andererseits wünschte sie sich manchmal, an Steffis Stelle zu sein und die Verantwortung für Ellas und ihren eigenen Lebensunterhalt abgeben zu können. Am Ende überwog dann aber doch der Wunsch nach Unabhängigkeit.

»Ruf ihn an!«, forderte Helen Steffi auf.

»Wen? Arno?« Steffi riss vor Schreck die Augen auf.

»Nein! Den Makler natürlich!«

»Wozu?«

»Um dich mit ihm zu einem Rendezvous im Kerzenschein zu verabreden«, spottete Helen und verdrehte die Augen. »Mensch, um ihm zu sagen, dass du den Beleg brauchst!«

»Jetzt?«

»Nee, nächste Woche« Helen war fassungslos über Steffis Begriffsstutzigkeit. »Natürlich jetzt!«

»Ich weiß nicht«, druckste Steffi rum.

Helen führte Steffis Hand mit dem Telefon in Richtung ihres Ohres. Widerstrebend löste die sich aus dem Griff und wählte die Nummer.

Beide lauschten dem Freizeichen, dann flötete eine Frauenstimme den Namen des Maklerbüros.

»Ich möchte gerne Herrn Staubitz sprechen«, brachte Steffi mit zitternder Stimme hervor.

»Der ist leider nicht im Haus. Worum geht es denn?«.

Diese Frage hasste Helen, sie hatte ihr bei Recherche-Telefonaten schon so oft den Weg in die Chefetagen und zu wichtigen Informationsquellen versperrt. Genervt verzog sie das Gesicht und äffte die Frau am anderen Ende stimmlos nach. Um sich nicht ablenken zu lassen, drehte Steffi ihr den Rücken zu, atmete einmal tief durch und antwortete dann ruhig in den Hörer: »Es geht um die Wohnung in der Brunnenstraße.«

»Tut mir leid, die ist leider schon vermittelt.«

»Genau! Die Wohnung wurde von Herrn Staubitz gestern für uns reserviert«, erklärte Steffi, woraufhin sie von der Telefonstimme korrigiert wurde.

»Das muss ein Missverständnis sein. Wir haben von den Mietern heute den unterschriebenen Mietvertrag zurückerhalten.«

Steffis Gesichtsfarbe war schon vorher nicht die gesündeste gewesen. Nun war sie kaum von der gekalkten Wand in Helens Küche zu unterscheiden.

Helen hatte sich größte Mühe gegeben, Steffi gut zuzureden, dass ihnen schon etwas einfiele, um diesem Herrn Staubitz das Handwerk zu legen. Dann hatte sie ihre am Boden zerstörte Freundin schweren Herzens und in Begleitung vielfacher Entschuldigungen aus der Wohnung geschoben. Sie musste dringend an den Schreibtisch.

Jetzt versuchte sie, sich auf den Artikel zu konzentrieren. Was ihr nur mäßig gelang. Hoffentlich merkte man ihm am Ende nicht an, dass sie beim Schreiben ihre Gedanken ganz woanders als bei aufgespritzten Lippen und Brustimplantaten gehabt hatte. Nämlich bei der Frage, ob ein Mitarbeiter eines der renommiertesten Maklerbüros der Stadt es tatsächlich wagte, mit derartig verbrecherischen Methoden sein Gehalt aufzubessern. Beschweren war sicher zwecklos, niemand würde ihnen glauben. Ob Steffi als Einzige darauf reingefallen war? Mit ihrer Verzweiflung stellte sie ein leichtes Opfer dar. Aber von ihrer Sorte gab es in dieser Stadt doch sicher noch mehr. Das musste sie herausfinden! Als Helen diese Erkenntnis ereilte, war es schon weit nach Mitternacht, sie aber viel zu aufgewühlt, um zu schlafen. Zum Glück musste sie sich am nächsten Morgen nicht aus dem Bett quälen, um Ella zu einer menschenverachtenden Zeit zur Schule zu bringen. Dieses Vergnügen wurde Jerry zuteil, und Helen war an der Reihe, ihr Nachtmenschendasein zu leben. Was sie auch tat: Mit einem großen Glas Rotwein neben sich tippte sie die ganze Nacht durch.

Das Erwachen am nächsten Morgen war entsprechend unerfreulich. Der Rotwein hinterließ seine Spuren, und irgendwie hatte sie sich verlegen. Nur langsam schaffte es ihr Kopf, sich im richtigen Winkel über ihren Schultern einzurichten. Aber es war Helens Lebensphilosophie, solchen stotternden Starts in den Tag mit einem umso breiteren Lächeln zu begegnen. Sie grinste ihr Spiegelbild an und machte sich daran, die Spuren des langen Abends eine nach der anderen auszuradieren. Frischer Minzgeschmack vertrieb den Rotwein-Pelz auf ihrer Zunge, die heiße Dusche die Nackenschmerzen. Mit einem Handtuch auf dem gewaschenen Haar machte sich Helen einen Kaffee. Jerry hatte bei der Trennung das alleinige Sorgerecht für ihre geliebte La Pavoni erstritten. Helen hatte gedacht, nicht ohne ihre Kaffeemaschine leben zu können, aber dann vermisste sie sie doch nicht genug, um ein Vermögen für eine neue hinzulegen. Stattdessen schraubte sie auch an diesem Morgen wieder wie in Studentenzeiten ihre Bialetti Moka Express zusammen und stellte sie auf den Herd. Während sie darauf wartete, dass es in der Kanne zu brodeln begann und der süß-herbe Duft des frischen Kaffees sich in der Küche ausbreitete, machte sie Milch heiß, schäumte sie auf und toastete die zwei letzten Scheiben Brot, die dadurch gerade noch so genießbar wurden. Helen schrieb *Brot* unter den Punkt *Einkaufen* auf ihrer To-do-Liste und sah auf die Uhr. Sicher wartete Steffi schon ungeduldig auf ihren Anruf. Sie in der Ella-freien Zeit am Vormittag selbst anzurufen würde ihrer Freundin niemals in den Sinn kommen. Zu genau wusste sie, wie sehr Helen das Ausschlafen nach ihren Nachtschichten nötig hatte und auch genoss. Gerade weil Steffi selbst so gut wie nie die Gelegenheit dazu bekam. Arno war ebenfalls passionierter Langschläfer und kam offenbar nie auf die Idee, den Frühdienst bei den Kindern zu übernehmen. Steffi beschwerte sich darüber; allerdings immer nur bei Helen, nicht bei ihrem Mann. Sie war der Meinung, der müsse von selbst darauf kommen. Helens Hinweis, Männer seien für derartig sensible Gedankengänge nicht gemacht, änderte daran nichts.

Also wählte Helen Steffis Nummer, die antwortete, kaum dass das erste Freizeichen ertönte. Ohne Zeit zu vertrödeln, weihte sie sie in ihre nächtlichen Überlegungen ein: »Zur Polizei gehen bringt nichts. Wir haben keine Beweise. Der Typ wird alles leugnen und dich als hysterische Stalkerin hinstellen.«

»Wie bitte!?«

Helen sah Steffi vor sich, wie sie entrüstet die Faust in die Seite stemmte, und beschwichtigte sie: »Das sag ja nicht ich! Das wird er sagen – wenn er schlau ist. Davon sollten wir ausgehen. Und noch schlauer sein!«

Nur eine halbe Stunde später saß Steffi wieder bei Helen in der Küche. Vor ihr stand ein Kaffee, den sie vor lauter Aufregung noch nicht angerührt hatte.

Helen wählte die Nummer des Maklerbüros und stellte das Telefon auf laut. Die Arroganz ihrer gesamten Branche perfekt intonierend, fragte die Telefondame auch Helen nach dem Grund ihres Anrufes.

»Herr Staubitz ist mir von einem sehr zufriedenen Kunden von Ihnen empfohlen worden. Ich möchte ihm und niemand anderem mein Anliegen anvertrauen«, log Helen in zuckersüßem Ton. Nur mit Mühe konnte sie ihren Ärger verbergen. Es schien zu wirken. Mit knappen Worten wurde Helen zum Warten aufgefordert. Eine ziemlich lange Weile durften Steffi und sie Beethovens »Für Elise« lauschen, was Steffi schön fand, von Helen dagegen sofort als einfallslos entlarvt wurde. Dann war Herr Staubitz höchstpersönlich am Apparat und wollte natürlich wissen, wer ihn denn so freundlich empfohlen hatte. Steffi sog bei dieser Frage erschrocken die Luft ein, Helen aber war darauf gefasst und nannte, ohne zu zögern, einen Fantasienamen. Als es daraufhin einen Moment lang still am anderen Ende war, machte Steffi ein gequältes Gesicht und biss vor Spannung geräuschvoll ein winziges Stück ihres Daumennagels ab. Hatte er sie durchschaut? Helen blieb gelassen und wartete geduldig.

»Ah, der Herr Stockmann! Natürlich!«, ließ sich der Makler darauf ein. »Es war eine Freude, ihn kennenzulernen. Hat er sich gut eingelebt?«

Helen setzte alles auf die eine Karte und ging auf den dreisten Bluff des Maklers ein: »Ja, wunderbar! Die ganze Familie ist sehr glücklich mit dem neuen Haus, und ich soll Ihnen nochmals ihren herzlichsten Dank aussprechen.«

Wieder war es still am anderen Ende. Helen bereute schon, dass sie so dick aufgetragen hatte. Dann aber lachte Herr Staubitz selbstgefällig und ging zum Geschäft über: »Wie kann ich ihnen helfen, Frau … äh …«

»Sommer«, nannte Helen ihr Pseudonym, das sie immer für verdeckte Recherchen verwendete. »Heide Sommer.«

Wie sich nach dem Gespräch herausstellte, war Herr Staubitz noch viel dreister, als Helen und Steffi es sich jemals hätten ausmalen können. Entweder war die Sache mit dem verschickten Mietvertrag am Tag zuvor eine Lüge oder ein Irrtum der Dame im Maklerbüro. Oder der Mann wollte sich die Gelegenheit nicht entgehen lassen, mithilfe des ausgewiesenen Schmuckstücks von Wohnung noch einmal seinen gemeinen und hochprofitablen Trick durchzuziehen. Und er hatte es eilig! Nur eine Stunde später traf sich Helen mit ihm in der Wohnung, in der sich Steffi zwei Tage zuvor am Ziel ihrer Träume gewähnt hatte.

Ganz den seriösen Makler mimend, präsentierte Herr Staubitz Helen die Vorzüge des Objekts ausführlich. Zu ausführlich für Helens Empfinden. Mit dem auf Aufnahme geschalteten Handy in ihrer großen Stofftasche gab sie trotzdem die begeisterte Interessentin und versuchte, ihm den Eindruck zu vermitteln, alles für diese Wohnung tun zu wollen.

Als sie am Ende bereits wieder im riesigen Flur standen, lehnte Herr Staubitz sich lässig und etwas zu dicht vor ihr an die Wand. Sein teures und vor allem zu großzügig aufgetragenes Aftershave verschlug ihr fast den Atem. Mit einem Lächeln, das andeutete, dass er die Antwort bereits kannte, fragte er: »Und, Frau Sommer, was sagen Sie?«

»Fantastisch!«, schwärmte Helen. »Die Wohnung ist genau das, was ich gesucht habe! Das Angebot ist ja nun wirklich alles andere als üppig in dieser Stadt. Und leider ist es mir auch schon passiert, dass mir ein Objekt vor der Nase weggeschnappt wurde. Was für ein Glück, dass dieses Schätzchen noch zu haben ist! Ist es doch, oder?« Mit einem bedeutungsvollen, tiefen Blick sah sie Herrn Staubitz in die Augen. Dann holte sie den Zaunpfahl heraus, winkte kurz damit und schlug ihn dem Makler schließlich auf sein mit Pomade durchtränktes Haupt. »Was kann ich tun, damit ich die Wohnung bekomme?«

Zugegeben, das war nicht sehr elegant, aber Helen wollte nicht noch mehr Zeit verlieren. Wenn er jetzt nicht auf die Idee kam, aus ihrer gespielten Begeisterung Profit zu schlagen, dann war ihm nicht mehr zu helfen. Und ihr auch nicht. Doch sie hatte Glück: Die arglose Schmierwurst von Makler tappte in die Falle. Leider nicht wie geplant.

Statt Helen den Deal mit der Reservierungsgebühr anzubieten, verzog er das Gesicht zu etwas, das er wohl für ein verführerisches Lächeln hielt: »Da würde mir in der Tat etwas einfallen.« Dabei glitt seine Hand von Helens Arm in Richtung ihrer Hüfte.

Einen winzigen Moment lang erstarrte sie überrumpelt. Dafür rasten die Gedanken umso lebendiger durch ihren Kopf:

Wieso hielt dieser Immobiliencasanova mit der Betonfrisur sich nicht an den Plan? Was sollte sie jetzt tun? Dem Schmierlappen eine schmieren? Damit konnte sie sich zwar persönlich Genugtuung verschaffen, einen Beweis für seine kriminellen Machenschaften lieferte das jedoch nicht. Helen verzichtete darauf, dem Makler mit gewetzten Krallen ins Gesicht zu springen, und schaltete vom Angriffsmodus in den des schnurrenden Kätzchens: »Und das wäre?«, fragte sie in der Hoffnung, Herr Staubitz würde seine Idee verbal konkretisieren.

Prompt tat er ihr den Gefallen: »Gehen wir doch noch einmal ins Schlafzimmer. Dort kann ich Ihnen die Vorzüge meines Objektes anschaulich machen.«

Angewidert und gleichzeitig höchst zufrieden über diesen eins a O-Ton, den sie nun auf ihrem Diktiergerät mitnehmen konnte, wand sie sich aus der unangenehmen Halbumarmung heraus und gab schmallippig zurück:

»Ich denke, ich habe genug gesehen.« Damit wandte sie sich zum Gehen und konnte gerade noch hören, wie Herr Staubitz seinem Unmut über die Abfuhr Ausdruck verlieh:

»Dann eben nicht, spröde Kuh! Die Bude hier ist eh schon längst vermietet!« Helen unterdrückte den Impuls, ihm das immer noch aufnehmende Handy unter die Nase zu halten, und lief die Treppe hinunter zum Ausgang.

Steffi, die in der Nähe in einem Café gewartet hatte, sprang auf, als sie Helen durch die großen Scheiben angelaufen kommen sah. »Und?«, fragte sie, sobald Helen ihren Tisch erreichte. Beide setzten sich, und Steffi sah Helen erwartungsvoll an.

»Es könnte lustig sein, wenn es nicht so eklig wäre«, schloss diese ihren Bericht. Dann präsentierte sie Steffi den neuen Plan, den sie auf dem kurzen Weg von der Wohnung bis zum Café ausgeheckt hatte. »Der Typ sitzt in der Falle. Wir haben seine widerwärtige Tour auf Band. Jetzt müssen wir es ihm nur noch erzählen. Ich wette, er gibt dir das Geld freiwillig zurück!«

»Meinst du wirklich? Und wie? Ich will mich nicht noch mal mit dem treffen. Und du solltest das auch nicht! Wer weiß, wozu der fähig ist! Es tut mir wirklich leid, dass du das erleben musstest.« Steffi machte ein gequältes Gesicht.

»Ach«, winkte Helen ab. »Es ist doch nichts passiert. Und von so einem als spröde Kuh betitelt zu werden, fasse ich glatt als Kompliment auf. Trotzdem hast du recht. Wir brauchen eine Strategie für die Geldübergabe.«

»Wenn sie denn überhaupt zustande kommt«, zweifelte Steffi.

»Klaro wird sie das!« Helen dachte kurz nach und rief schließlich, begeistert von ihrem eigenen Einfall: »Er gibt das Geld als Päckchen getarnt bei Üzi ab!«

Üzi nannten Steffi und Helen den Besitzer des kleinen türkischen Lebensmittelladens, der ziemlich genau auf halber Strecke zwischen ihren Wohnungen lag und der mit seinem breiten Sortiment und den laxen Öffnungszeiten schon die eine oder andere Versorgungslücke geschlossen hatte. Dort gab es alles, was Menschen zwischen null und neunundneunzig Jahren benötigten: von Babybrei über Windeln bis hin zu Zigaretten und Alkohol. Über die Jahre war Uzgur, wie er eigentlich hieß, zu einer festen Größe in ihren Leben geworden. Was auch daran lag, dass er neben dem Lebensmittelhandel gleichzeitig einen Paketshop betrieb, den sie regelmäßig in Anspruch nahmen. Uzgur kannte die Kinder von Geburt an – und den Weg in ihre Herzen. Im Sommer verwöhnte er sie mit Eis, im Winter mit heißem Kakao aus seinem Automaten. Der nebenbei bemerkt auch ganz ordentlichen Cappuccino produzierte, mit dem man sich die Zeit auf dem gegenüberliegenden Spielplatz verkürzen konnte. Lina, Oskar und Ella hatten wie alle Kinder eine ungleich größere Ausdauer als ihre Eltern, wenn es um Schaukeln, Wippen und Buddeln ging.

Kurz: Uzgur genoss Helens und Steffis vollstes Vertrauen, was ihn zum idealen Komplizen ihrer Mission machte. Allerdings musste er nicht allzu genau wissen, wobei er ihnen half.

»Müssen wir ihn einweihen?«, fragte Steffi, die noch nicht hundertprozentig überzeugt von Helens Superstrategie war.

»Nö, warum auch? Er nimmt ein Paket an und gibt es uns. Hat er schon tausendmal getan. Das ist nichts Besonderes und damit perfekt unauffällig.«

Die Nachricht erreichte den nichts ahnenden Immobilien-Menschen mitten in der Nacht über seine Mailbox. Weil Steffi sich schlecht heimlich aus dem Ehebett schleichen konnte, um erpresserische Drohanrufe zu tätigen, übernahm Helen das für sie. Die Aktion musste unbedingt nachts stattfinden, weil sie Herrn Staubitz auf keinen Fall persönlich erreichen wollten. So viel Mut hatten sie dann doch nicht. Mit einem Taschentuch vor dem Mikrofon ihres Handys sprach sie den Text, den sie sich vorher überlegt hatten: »Sie sind ein Betrüger, und wir haben Beweise. Geben Sie das Geld, das Ihnen nicht zusteht, in einem Paket beim Gemüsehaus Demir ab. Sonst gehen wir an die Öffentlichkeit.«

Als Helen aufgelegt hatte, wurde ihr mulmig. Sie hatten wohl zu viel TKKG mit ihren Kindern gehört! Wie konnten sie es nur wagen, dem Mann zu drohen? Was, wenn er sich nicht von zwei Hobby-Detektivinnen wie ihnen einschüchtern ließ und wirklich gefährlich war? Er konnte sich doch nur allzu leicht denken, wer sie waren! Er kannte Steffis richtigen Namen! Und ihre Adresse! Da nützte ihr das alberne Taschentuch vor dem Mund beim Telefonieren herzlich wenig. Doch jetzt war es zu spät. Sie konnte nur warten und hoffen, dass es gut ging.

Es verging eine Woche, und sie hörten von Herrn Staubitz genauso viel wie von Trump vernünftige Vorschläge zum Klimaschutz. Nicht nur deshalb saß Helen schlecht gelaunt an ihrem Arbeitsplatz im Wohnzimmer. Eigentlich hätte sie an diesem Abend ein Date gehabt. Aber der Typ war freier Journalist wie sie und musste wegen einer Story spontan verreisen. Ella war bei ihrem Vater, und so nutzte Helen den ohnehin verkorksten Abend dafür, endlich die Steuer zu erledigen. Wenn schon blöd, dann richtig. Was nicht hieß, dass man es sich nicht ein bisschen nett machen durfte! Also ließ sie den Berg aus Quittungen, Rechnungen, Behördenpost und Kontoauszügen auf ihrem Schreibtisch kurz allein und ging in die Küche, um sich ein Glas Wein zu holen. Doch die Flasche, die geöffnet auf der Arbeitsplatte stand, war leer. »Super«, dachte Helen. Der letzte Großeinkauf mit Steffis Auto war auch schon eine Weile her. In der ganzen Wohnung fand sich kein einziger Tropfen Alkohol. Sie überlegte kurz, sich stattdessen einen Tee zu kochen, verwarf die Idee aber.

Es war wieder kühler geworden. Der kurze und viel zu frühe Sommerhauch der vergangenen Woche war nur noch Erinnerung, und Helen bereute, keine Handschuhe mitgenommen zu haben, als sie so kurz entschlossen das Haus verlassen hatte, um zu Üzi zu radeln. Zum Glück war es nicht weit. Der Händler räumte gerade seine Obstkisten in den Verkaufsraum, und Helen packte wie selbstverständlich mit an. Als alles verstaut war, suchte sie sich ihren Wein aus und ging an den Verkaufstresen.

»Hast du schon gegessen?«, fragte Uzgur.

»Nein!«, rief Helen, der erst jetzt auffiel, wie hungrig sie war. Uzgur steckte vier Börek-Röllchen aus der Auslage in eine Papiertüte und hielt ihr mit der Zange ein Brötchen mit Ziegenkäse hin.

»Das muss auch weg. Soll ich es dir noch schnell warm machen?«

»Oh, gerne. Vielen Dank! Du bist der Beste.« Helen holte ihr Portemonnaie hervor, aber der Händler winkte ab.

»Geht aufs Haus.«

»Aber der Wein doch nicht!«, protestierte Helen und streckte ihm einen Schein entgegen. Als er keine Anstalten machte, ihn zu nehmen, legte sie ihn auf den Tresen. »Ich bestehe darauf.«

Uzgur zuckte ergeben mit den Schultern. Dann fiel ihm etwas ein: »Siehst du die andere Chefin heute noch?« Er nannte Helen und Steffi beide *Chefin,* was eine charmante Art war zu vertuschen, dass er sich ihre Namen nicht merken konnte.

»Nee. Das Einzige, was ich heute Abend noch sehe, sind Zahlen. Ich mach meine Steuer!«, jammerte Helen und unterstrich ihr Leid, indem sie auf die Weinflasche zeigte. Ohne darauf einzugehen, hielt Uzgur ihr einen großen gefütterten weißen Umschlag entgegen und erklärte:

»Das hat vorhin jemand abgegeben. Ein Mann. Ich glaube, es ist wichtig. Die andere Chefin hat schon mehrmals nachgefragt. Willst du es mitnehmen?«

Natürlich nahm sie das Päckchen mit! Und natürlich fuhr sie nicht nach Hause, sondern direkt zu Steffi. Erst als sie vor ihrem Haus angekommen war, fragte Helen sich, was sie Arno erzählen sollten, wenn sie um diese Zeit unangekündigt, mit einem Notfall-Wein von Üzi und einem ominösen Paket im Arm vor der Ruttmann'schen Höhle stand. Steffi war bei ihrer Entscheidung, ihrem Mann nichts von dem verschwundenen Geld zu erzählen, geblieben. Helen fand das nicht richtig, aber Steffi meinte, Arno habe derzeit genug um die Ohren und müsse nicht auch noch mit ihrer Dummheit belastet werden. Und wenn sie es überhaupt nicht erwähnte, wäre es keine Lüge. Anders, wenn er nachfragen würde. Dann würde sie ihm selbstverständlich alles erzählen. Das Versprechen hatte Helen ihr abgenommen, doch bisher war es offenbar nicht dazu gekommen.

Helen rief oben bei Steffi an, um die Lage zu checken. Müde ging ihre Freundin ans Telefon. Arno war noch nicht zu

Hause und würde auch so bald nicht kommen. »Ich hab was für dich! Von Üzi!«, verkündete Helen schließlich mit verheißungsvoller Begeisterung, und Steffi war sofort hellwach.

»Komm hoch!«

Es war tatsächlich die komplette Summe in dem Paket, wie sie nach eiligem Zählen feststellten. Fünfzig glatt gebügelte Hunderter in einem Bündel, das aus unerfindlichen Gründen mehrmals in Zeitungspapier eingewickelt war. »Voll gangstermäßig!« Helen war angesichts dieser Menge an bedrucktem Papier vollkommen geplättet. Sie konnte sich nicht erinnern, jemals in ihrem Leben so viel Bargeld auf einmal gesehen zu haben. Außer im Fernsehen natürlich. »Ich kapier echt nicht, wie du dich auf diesen Wahnsinn einlassen konntest!«, holte sie dann doch noch den erhobenen Zeigefinger hervor und sah Steffi streng an. Auch um ihre Erleichterung darüber zu überspielen, dass die Sache so gut ausgegangen war. Um sie nicht mit ihrer Sorge anzustecken, hatte Helen Steffi nichts von ihren verspäteten Bedenken erzählt. Die warf gerade berauscht vor Erleichterung Scheine in die Luft und duschte in dem hinabsegelnden Geldregen.

»Du spinnst ja!«, lachte Helen. »Was sollen die Kinder denken, wenn sie uns hier sehen? Oder Arno?!«

Darüber hatte Steffi in ihrem Freudentaumel nicht nachgedacht. Schnell sammelte sie das Geld wieder ein.

»Aber irgendwas Verrücktes müssen wir jetzt damit machen. Ich bin so froh, dass es wieder da ist. Vielen Dank! Ohne dich wäre es weg gewesen! Hast du Hunger? Ich hab auch noch nichts gegessen, weil ich eigentlich auf Arno warten wollte. Aber die bestellen gerade Pizza in der Agentur.

Es wird wohl wieder Mitternacht werden, bis er nach Hause kommt.« Steffi seufzte. Helen hielt ihr daraufhin die Almosentüte mit dem übrig gebliebenen belegten Brötchen von Üzi hin. Die rümpfte die Nase. »Och nö. Lass uns Sushi bestellen!« Während die beiden die Karte studierten, aß Helen das getoastete Brötchen schon mal als Vorspeise. Steffi sah sie tadelnd an.

»Was ist?«, verteidigte sie sich. »Ich hatte kein Mittagessen! Keine Angst, dein Sushi schaff ich auch noch!«

Das allerdings war gelogen. Steffi hatte aus lauter Übermut so viel bestellt, dass die beiden unmöglich alles aufessen konnten. Sie hielten sich die Bäuche und lümmelten auf dem Sofa, die Wangen gerötet vom Champagner, den Steffi zur Feier des Tages auch noch liefern lassen hatte. »Auf unseren Freund Herrn Staubitz!«, proklamierte sie. Woraufhin Helen sich und vor allem ihren Kopf schüttelte.

»Niemals trinke ich auf dieses Ekelpaket. Lieber trinken wir auf uns – und die süße kleine Rache!«

»Und auf deinen heldenhaften Einsatz!«

»Ist ja nichts passiert«, wiegelte Helen ab. »Lass uns die Sache einfach vergessen.«

»Meinst du, wir bekommen die Wohnung trotzdem?«, fragte Steffi plötzlich unvermittelt, nachdem beide einige Minuten champagnersediert vor sich ins Leere gestarrt und ihren Gedanken nachgehangen hatten.

Fassungslos sah Helen sie an und suchte nach optischen Anzeichen dafür, dass bei ihrer Freundin jetzt sämtliche Sicherungen rausgeflogen waren. Sie holte tief Luft und wollte gerade fragen, ob sie einen Arzt rufen solle, da kam Steffi ihr zuvor:

»War ein Witz. Ich würde ja in jeder Ecke diese Schmierwurst sehen. Und du würdest uns wahrscheinlich niemals besuchen. Das kann ich auf keinen Fall riskieren.« Nach einer Pause schob sie dann allerdings doch noch ein »Aber schade ist es schon« hinterher.

Viel später lag Helen in ihrem Bett und beobachtete mit geschlossenen Augen ihre Hirnzellen, die sich inzwischen vom Champagnerbad erholt hatten, bei ihrer Arbeit. Musste sie sich Sorgen um Steffi machen, die es allen Ernstes immer noch in Erwägung zog, in diese Wohnung einzuziehen? Nach allem, was passiert war? Helen glaubte ihr nicht, dass sie nur Witze machen wollte. Wenn dieser Herr Staubitz morgen mit einem Mietvertrag vor Steffis Tür stand, würde sie ihn ohne Zögern unterschreiben. Und wenn er es nur halbwegs glaubhaft verargumentierte, ihm auch noch arglos lächelnd den doppelten oder dreifachen Betrag überlassen. Das war so sicher, wie die Erde eine Kugel war. Gab es da draußen noch mehr Menschen, die diese kriminellen Machenschaften hinnahmen? War dieser Staubitz das berühmte schwarze Schaf unter den ansonsten durchweg frommen Immobilienmaklern, oder war es inzwischen inoffiziell Teil der Gehaltsgestaltung, den offenkundigen Mangel an Wohnraum in der Stadt derart zu Geld zu machen? Helen musste diesen Fragen auf den Grund gehen. Oder hatte das schon jemand vor ihr getan, ohne dass sie es mitbekommen hatte? Gleich am nächsten Tag wollte sie mit Lutz darüber sprechen. Der Chefredakteur des Hamburger Morgenblattes war seit Unizeiten ihr Mentor und begleitete sie seit ihrem Einstieg ins Berufsleben. Darüber hinaus war er ein väterlicher Freund geworden, dessen Rat und Urteil sie über alle Maßen schätzte. Helen stand noch einmal auf und ging zu ihrem Schreibtisch, wo sich anklagend der Berg aus Belegen für ihre Steuererklärung vor ihr auftürmte. Aber Papier ist geduldig, hieß es doch immer. Sie schob den Haufen beherzt beiseite und notierte sich einige Gedanken zum Thema Maklermachenschaften. Vielleicht wurde eine echte Story daraus! Mit einem Glas Wasser ging sie zurück ins Bett, wo sie sich hoffentlich trotz des tobenden Neurotransmitter-Karnevals in ihrem Kopf noch ein paar Stunden Schlaf abholen konnte.

Es war einfach superpraktisch, einen guten Draht zum Chefredakteur der größten Tageszeitung der Stadt zu haben. Helen rief Lutz gleich am Vormittag an, nachdem sie den Artikel grob angerissen hatte und ungefähr abschätzen konnte, wie viel Platz er einnehmen würde.

»Schick mir deinen Entwurf rüber, und ich entscheide«, versprach Lutz. Er wirkte etwas unkonzentriert, wahrscheinlich saß ein Ressortleiter wegen irgendeinem Anliegen in seinem Büro, während der Nächste schon draußen im Gang darauf wartete, gehört zu werden.

»Hab ich schon!«, triumphierte Helen. »Du kannst es dir direkt anschauen.«

Lutz seufzte, schien dann aber ihre Mail zu überfliegen. Er sagte einige Augenblicke nichts. »Alles klar. Mach es so, wie du es hier aufgebaut hast. Für die Samstagsausgabe brauchen wir noch was.«

Helen juchzte und setzte gerade zu einer überschwänglichen Dankesrede an, da verabschiedete er sich schon von ihr.

»Danke, Helen. Wir sehen uns!«

Von mir aus, dachte sie erleichtert. Sie hatte erwartet, dass mehr Überzeugungsarbeit nötig sein würde.

Jetzt musste sie sich ranhalten. Samstag war übermorgen! Weil sie jedoch genau wusste, was sie schreiben würde, war das kein Problem. Der Text musste nur noch aus ihrem Kopf in den Computer.

KAPITEL III

Flora legte die Zeitung beiseite und blickte in die Flammen, die an den Buchenholzscheiten im Kamin des großen Wohnzimmers nagten. Nicht mehr lange, und das Feuer würde ausgehen. Sie nahm den letzten Schluck des inzwischen eiskalten Tees aus ihrem Becher, bevor sie sich aus dem großen Sessel erhob, den sie so dicht wie möglich an die einzige Wärmequelle des Hauses geschoben hatte. Mit jedem Schritt, den sie sich vom Kamin entfernte, sank die Temperatur merklich. In der Küche war es eisig! Dort konnte man es nur aushalten, wenn man in Bewegung blieb. Was ihr im Gegensatz zum Schlafzimmer, wo sie sich mit mehreren Lagen Decken behelfen musste, nicht schwerfiel. Seit die alte Ölheizung ihren Dienst versagte, musste Flora sich, so gut es ging, mit alternativen Wärmequellen behelfen, um es einigermaßen aushalten zu können. Ein kleiner elektrischer Heizlüfter wärmte das Bad für die paar Minuten, die sie sich täglich darin aufhielt. Und im Wohnzimmer gönnte sie sich ein Kaminfeuer am Morgen, um gemütlich die Zeitung zu lesen.

Dann ließ sie es ausgehen und entfachte erst zum Abendessen ein neues. In den übrigen Räumen des Hauses mussten zusätzliche Jacken, Decken oder eben körperliche Arbeit sie vor dem Frieren bewahren. Immerhin hatte ihr die Heizung den Gefallen getan, erst im Frühjahr den Geist aufzugeben. Draußen hatte schon der eine oder andere sonnig-warme Tag die Herzen der Menschen nach dem langen Winter gewärmt. Allerdings brauchte es einige Grade auf dem Thermometer mehr, um auch auf dieser Seite der dicken Hausmauern die Kälte zu vertreiben.

Flora lebte seit über dreißig Jahren in der Jugendstilvilla, inmitten eines Viertels, das größtenteils mit Mehrfamilienhäusern aus der Gründerzeit bebaut war. Die längste Zeit davon natürlich mit Heizung. Und mit ihrem Heino. Inzwischen aber war sie schon im vierten Jahr allein mit den knapp zweihundert Quadratmetern voller Erinnerungen an vergangene Tage. Die auch aus dem Grund nichts an ihrer stetigen Präsenz einbüßten, da es keine wirklich bedeutenden neuen Ereignisse gab. In Floras Leben passierte nichts mehr, was es wert war, es in ihren Gedanken oder ihrem Herzen zu speichern. Die meisten ihrer Erinnerungen waren schön. So sehr, dass es manchmal wehtat. Mehr als ein Mal hatte sie nach Heinos viel zu frühem Tod darüber nachgedacht, das Haus mit all seinen Bildern und Filmen, die in ihrem Kopf bei jedem Dielenknarzen auftauchten, zu verkaufen. Aber dann brachte sie allein die Vorstellung, von dort wegzuziehen, fast um. Dieser Ort war einfach schon so lange ihr Zuhause! Um sich an einen neuen zu gewöhnen, blieb ihr nicht genug Zeit auf dieser Welt. Davon war sie überzeugt.

Als Heino und sie damals das Haus kauften, war es in einem erbärmlichen Zustand. Andernfalls hätten sie es niemals bezahlen können. Fast alle Renovierungsarbeiten hatten sie selbst durchgeführt. Eine harte Zeit war das, in der ihr Mann neben seinem Job als Assistenzarzt im Krankenhaus und Flora nach ihrer Arbeit im Blumengeschäft, die oft sehr früh morgens mit der Fahrt zum Großmarkt begann, Steine geschleppt, Wände verputzt und Dielen abgeschliffen hatten. Heino hatte mit Arbeiten auf dem Bau sein Studium finanziert und kannte sich ganz gut aus. So war er der Meister für alles Grobe gewesen, während Flora das Zepter übernommen hatte, sobald es um gestalterische Fragen ging. Um den Garten hatte sie sich von Beginn an komplett alleine gekümmert, jeden Baum und jeden Strauch eigenhändig gepflanzt. Eine der wenigen Maßnahmen, die sie in die Hände eines Profis gegeben hatten, war der Einbau einer Zentralheizung. Und genau die gab seit zwei Wochen trotz guten Zuredens keinen Mucks mehr von sich. Jeden Tag wartete Flora bangend auf den Kostenvoranschlag der Heizungsfirma, die sich die Sache angesehen hatte. Man hatte ihr wenig Hoffnung gemacht, dass es sich um eine Lappalie handelte. Mit nur mäßigem Erfolg verdrängte Flora das ungute Gefühl, die Handwerker könnten recht behalten und die angedrohten Kosten ihre finanziellen Möglichkeiten übersteigen. Flora fühlte sich nicht arm. Sie brauchte nicht viel und konnte von ihrer Rente gut leben. Für größere Anschaffungen dagegen war nur ein sehr dünnes Polster vorhanden. Zwar hatte Heino als Arzt gut verdient, und auch Flora selbst hatte ein gutes Einkommen gehabt mit ihrem kleinen Blumenladen. Trotzdem: Heino und sie hatten nicht viel zurückgelegt. Der Kredit fürs Haus schluckte lange Jahre den Großteil ihrer Gehälter. Und danach war ihnen beiden anderes wichtiger gewesen, als Geld anzuhäufen. Wurde ihr das jetzt zum Verhängnis, und sie musste am Ende das Haus doch aufgeben?

Flora sah durch das Küchenfenster, wie der Postbote gerade wieder auf sein Rad stieg, um seine Runde fortzusetzen. Ihr Herz machte einen Hüpfer, leider nicht aus Freude. Mutig und mit dem festen Vorsatz, der Wahrheit ins Gesicht zu sehen, schlüpfte sie in ihre Gartenschuhe. Die standen immer an der Terrassentür bereit, denn auch im Winter war Flora lieber draußen als im Haus. Sie ging über die Terrasse und den Rasen zu dem kleinen, quietschenden, schief in den Angeln hängenden Gartentor, wo sich auch der Briefkasten befand. Flora fand es einfach höflicher gegenüber dem Menschen, der ihr die Post nach Hause brachte. So musste er oder sie nicht durch den Garten zur Haustür laufen, sondern wurde die Briefe und Päckchen um einiges schneller los. Zudem nutzte Flora jede Gelegenheit, in ihrem Garten zu sein, der auch im Winter nicht wie bei vielen anderen Häusern verlassen oder verwahrlost wirkte.

Das Grundstück, auf dem sich die Villa befand, hatte es Heino und ihr sofort angetan, als sie es eines Tages auf einem ihrer Spaziergänge entdeckt hatten. Besonders Flora hatte sich in das kleine Stückchen Welt verliebt: in die verwachsenen

Sträucher, in die Hunderte von Löwenmäulern, die die Beete übersäten, und ganz besonders in den riesigen alten Baum, der hinter dem Haus stand und schützend seine Äste darüberzubreiten schien. Der Wind ließ seine tausend Blätter wie zur Begrüßung rascheln, und Flora stellte sich vor, wie ein Kind auf einer Schaukel saß, die an einem der starken Äste der Buche mit langen, dicken Tauen befestigt war, und ihnen lachend zuwinkte. In Heinos Blick hatte Flora gesehen, dass er ähnlich dachte, und für beide war klar: Hier wollten sie leben und alt werden.

Jetzt war Flora alt, und Heino lebte nicht mehr. Und das Haus? Würde sie es schaffen, ihm wieder Leben einzuhauchen?

Flora riss den Briefumschlag von *Heizung & Sanitär Eschmann* auf, faltete das Papier auseinander und suchte in dem Gewirr aus Ziffern und Buchstaben nach der alles entscheidenden Zahl. Als sie sie endlich fand, griff sie Halt suchend nach dem Gartentor. In dem Schreiben stand fast bis auf das Komma exakt die Summe, die sich als harte Reserve auf ihrem Sparkonto befand. Nachdem sie tief durchgeatmet hatte, stieg Wut in ihr auf. Warum war es beinahe auf den Cent genau das Geld, das ihr zur Verfügung stand? Damit wurde ihr die Entscheidung nicht abgenommen! Natürlich hatte sie gehofft, die Heizung ließe sich mit ein paar tausend Euro reparieren. Doch wenn nicht, so sollte es doch bitte so teuer werden, dass sich jegliche Überlegung, es schaffen zu können, erübrigte. So aber blieb die Frage: Konnte sie das Risiko eingehen und ihre kompletten Ersparnisse in die Reparatur stecken? Schaffte sie es bis an ihr Lebensende, mit der monatlichen Rente auszukommen? Flora war keine übervorsichtige Person, und ihr Glas stets halb voll statt halb leer. Aber was, wenn nach der Heizung auch noch das Dach altersschwach das Handtuch warf? Oder sie umbauen musste, weil sie irgendwann keine Treppen mehr steigen konnte? Je länger sie darüber nachdachte, desto klarer wurde: Der Kostenvoranschlag lieferte eine sehr deutliche Antwort auf die entscheidende Frage. Er war ein in Zahlen formuliertes überdeutliches, unumstößliches und grausames *Nein*.

Zurück im Haus, strich Flora mit der Hand über die abgenutzte Armlehne ihres Sessels. Bevor es ihr Lieblingsplatz wurde, war es der von Heino gewesen. Er hätte niemandem gegenüber, der es sich dort bequem gemacht hatte, irgendwelche Besitzansprüche angemeldet oder ihn gar gebeten aufzustehen. Es hatte sich einfach so ergeben. Wenn sie abends im Wohnzimmer saßen und fernsahen, lasen oder redeten, tat Heino das in dem Sessel, während Flora es sich immer auf dem großen Cordsofa gegenüber gemütlich gemacht hatte. Doch mit dem Tag von Heinos Tod hatte sich das geändert. Man hätte meinen können, Flora habe darauf gewartet, endlich auch mal im Sessel Platz nehmen zu dürfen. Aber so war es nicht. Sie fühlte sich ihm dort näher als an allen anderen Orten des Hauses. Als wäre während der Jahrzehnte, in denen Heinos Körperwärme den Stoff des Möbels durchzogen hatte, ein Teil von ihm ins Polster übergegangen.

»Soll ich?«, fragte sie laut, und ihre Stimme zitterte. »Du musst es mir verzeihen«, bat sie. »Ich würde es nicht tun, wenn ich nicht müsste. Das weißt du.« Flora lauschte. Und als wäre tatsächlich eine Antwort aus den alten Federn des Sessels zu ihr hochgedrungen, stand sie seufzend auf und ging in die Diele. Dort, in dem Korb, in den sie die Post warf, die sie irgendwann einmal lesen wollte – oder einfach wegwerfen würde –, musste sie noch sein. Sie hatte gehofft, sie niemals brauchen zu müssen. Aber nun war sie froh, dass ihr wenigstens die Entscheidung darüber, welcher Makler ihr Zuhause verkaufen sollte, abgenommen wurde. *Braun & Ehrlicher* prangte in schnörkeligen Buchstaben oben auf der großformatigen Karte aus dickem Papier, die sie aus dem Körbchen fischte. Darunter wurde Flora in einem scheinbar persönlichen Anschreiben Honig um den Bart geschmiert. Wie wunderschön ihr Haus und besonders die Lage sei. Sie wurde beglückwünscht, und schließlich bot man ihr an, das Objekt, sollte sie es jemals verkaufen wollen, für sie zu schätzen. Natürlich ganz unverbindlich! Selbstverständlich sei man auch bei der Suche nach einem neuen Heim gerne bereit zu unterstützen.

»Vielen Dank für den Hinweis!«, brummelte Flora mit dem ironischen Ton in der Stimme, mit dem sie Heino seinerzeit immer wieder in den Wahnsinn getrieben hatte. Dieses Mal gab es allerdings für Ironie keinen Grund. Tatsächlich hatte sie noch nicht einen Gedanken daran verschwendet, wohin sie gehen sollte, wenn sie nicht hierbleiben konnte. »Dann helfen Sie mir mal, Herr Braun. Oder von mir aus auch Herr Ehrlicher.«

Nach einer kleinen Pause fügte sie hinzu: »Na, wahrscheinlich bemüht sich keiner von euch beiden persönlich, hab ich recht?« Floras Angewohnheit, mit Personen zu sprechen, die überhaupt nicht im Raum waren – oder gar in dieser Welt –, mochte ein Grund zur Sorge sein. Die Sache war nur: Es war niemand da, der sich welche machen konnte. Flora war in ihrem großen Haus ganz allein.

»Frau Blum, ich möchte ganz ehrlich zu Ihnen sein …«

»Davon gehe ich aus bei Ihrem Namen.«

»Wie bitte? Ach so! Haha!« Der Makler lachte etwas zu laut, um es natürlich klingen zu lassen. Es war tatsächlich Herr Ehrlicher höchstpersönlich, der zwei Tage später bei Flora vorsprach. Den Witz über seinen Namen hörte er sicher nicht zum ersten Mal. Aber wieso sollte es ihm besser gehen als Flora? Ihr Vorname und die Liebe zu Blumen boten schon in ihrer Jugend unendlichen Stoff für Witze und Sprüche aller Art. Als sie dann mit Heino auch noch den Mann mit dem passenden Nachnamen gefunden hatte, spielten die Menschen geradezu verrückt. Und jedes Mal kamen sie sich dabei unheimlich originell vor. Bei Flora hatte das über die Jahre dazu geführt, ebenfalls vermeintlich lustige Bemerkungen zu den Namen anderer zu machen, sobald sich die Gelegenheit bot. Man konnte es Hobby nennen. Oder auch als kleine Schrulligkeit bezeichnen.

»Allein durch die Lage Ihres Objektes haben Sie bei einem Verkauf bis zum Ende Ihres Lebens ausgesorgt.« Stolz, als wäre das sein Verdienst, blickte Herr Ehrlicher auf die zwei Köpfe kleinere Flora hinab.

»Guter Mann, damit locken Sie eine über Siebzigjährige nicht aus ihrem Häuschen. Es ist nicht mehr genug Leben übrig, um diese Aussicht attraktiv wirken zu lassen«, nahm sie ihm gnadenlos den Wind aus den Segeln.

»Ich meine damit, dass Sie hier einen unheimlichen Wert besitzen, Frau Blum. Das ist Ihnen hoffentlich bewusst!«, beharrte Herr Ehrlicher.

»Das ist ja das Verrückte! Emotional gesehen gebe ich Ihnen vollkommen recht. Wirtschaftlich gesehen ist dieses Objekt in meinem Fall allerdings eher der Grund für meinen persönlichen Ruin. Darum habe ich Sie ja angerufen. Mir bleibt nichts anderes übrig, als zu verkaufen. Das ist schon ein bisschen grausam, finden Sie nicht auch? Dass man es sich nicht leisten kann, etwas zu behalten – und wenn man es verkauft, ist man so reich, dass man das Geld gar nicht in einem Leben ausgeben kann.«

»Nun ja …« Der Makler schien kurz irritiert, ließ sich dann aber doch nicht zum Philosophieren hinreißen. »… Sie müssen ja weiterhin irgendwo wohnen. Je nachdem, wo, werden Sie einen großen Teil des Erlöses aus dem Hausverkauf reinvestieren müssen.«

»Und da, lieber Mann, ist der Haken an der ganzen Geschichte: Ich will überhaupt nirgendwo anders wohnen. Ich will hierbleiben, allerdings mit einer intakten Heizungsanlage. Mehr will ich gar nicht!« Der letzte Satz geriet ihr dann doch etwas verzweifelter als sie es sich eingestehen wollte. Was vielleicht der Grund war, warum Herr Ehrlicher sich zu dem Angebot hinreißen ließ, das er ihr daraufhin unterbreitete:

»Es gibt noch eine andere Möglichkeit, wie man in Ihrem Fall verfahren kann.«

»Und die wäre?« Nicht, dass Flora große Hoffnungen hatte, von Herrn Ehrlicher – oder von irgendwem sonst – etwas geschenkt zu bekommen. Aber es interessierte sie doch sehr, was es neben *verkaufen* und *nicht verkaufen* noch für Optionen geben sollte.

»Sagen wir, wir fänden einen Käufer ohne akuten Bedarf.« Flora sah den Mann gespannt an und runzelte fragend die Stirn, als er eine längere Pause einlegte, um die Spannung zu erhöhen. Schließlich fuhr er fort: »Ich meine jemanden, der nicht auf der Suche nach Wohnraum ist, sondern …«

»Einen Investor?«, versuchte Flora sich auf die Frequenz zu bringen, auf der Herr Ehrlicher sendete.

»Ja, wenn Sie so wollen: einen Investor. Er …«

»Oder sie«, unterbrach Flora erneut. Ihr ging der Geschäftston des Maklers langsam auf die Nerven. Wie er dort in seinem teuren Anzug vor ihr stand und seinen einstudierten Vortrag hielt! Sie fand zunehmend Spaß daran, ihn ein wenig aus dem Konzept zu bringen. Was ihr auch gelang. Nach dem Faden suchend, nestelte Herr Ehrlicher an den Goldknöpfen seines Jacketts, fand ihn und setzte seinen Verkaufsmonolog fort. Dabei betonte er nachdrücklich und gänzlich ohne Ironie die Feminina:

»Also, wenn bei dem Käufer – oder der Käufer*in* – kein aktueller Eigenbedarf besteht, kann man Ihnen, verehrte Frau Blum, vertraglich ein lebenslanges Wohnrecht zusichern. Ergo: Sie bekommen Geld für Ihr Haus und können darin wohnen bleiben, bis Sie … äh, nun ja … solange Sie leben. Das wirkt sich allerdings auf die Höhe des Brutto-Kaufpreises aus.«

Letzteres war mit Sicherheit der Grund, warum Makler mit dieser Möglichkeit nicht hausieren gingen. Ein geringerer Kaufpreis bedeutete eine geringere Provision. Das war allerdings nicht das, was Flora an der Idee störte. Es war der höchst beunruhigende Gedanke, dass es dann jemanden gab, der auf ihren Tod wartete. Womöglich würde er, wenn es ihm nicht schnell genug ging, sogar etwas nachhelfen! Das war kein gutes Gefühl. Selbst nicht in Floras fortgeschrittenem Alter, in dem einem Menschen klar war, dass das Leben nicht ewig so quicklebendig weiterging.

»Denken Sie darüber nach, Gnädigste! Sie haben alle Zeit der Welt!« Auch dieser Satz kam dem Makler gänzlich ohne Ironie über die Lippen. »Und wenn Sie sich entschieden haben, rufen Sie mich an.« Mit diesen Worten hielt Herr Ehrlicher Flora seine Visitenkarte hin, die sie mechanisch annahm, und wandte sich zur Tür. Offensichtlich war seine Zeit begrenzt. Es war ihm deutlich anzumerken, dass er nach seinem Geschmack schon mehr davon investiert hatte, als ihm lieb war.

Flora war es recht. Froh, ihn los zu sein, schloss sie die schwere Holztür hinter ihm und sah dem Davoneilenden noch bis zum Gartentor durch eine der beiden Doppelglasscheiben nach. Wegen deren altersbedingten Unebenheiten sah man alles, was draußen geschah, verschwommen. Und als der dunkle, wabernde Fleck aus ihrem Blickfeld verschwunden war, blieb Flora noch eine ganze Weile unschlüssig in der Diele stehen. »Was soll ich denn nur machen?«, fragte sie laut in die Stille hinein, die mit einem Mal nichts Friedliches mehr hatte. Durch den Besuch des Maklers war ihr die Unschuld geraubt worden. Die vielen leeren Zimmer strahlten plötzlich etwas Anklagendes aus und vermittelten Flora das Gefühl, hier nicht mehr hinzugehören. Als würde bereits jetzt schon jemand darauf warten, dass sie endlich abtrat. »Heino, was würdest du tun?« Um eine Antwort von ihrem Mann zu bekommen, ging sie ins Wohnzimmer und setzte sich in seinen Sessel. Der Raum war seit dem frühen Morgen schon wieder empfindlich kühl geworden und ließ Flora, nachdem sie eine ganze Weile regungslos ihren Gedanken nachgehangen war, schließlich erschauern vor Kälte. Sie erhob sich wieder und machte sich daran, den Kamin erneut anzufeuern. Dafür war eigentlich noch nicht die richtige Zeit, wie Flora mit einem Blick auf die große Standuhr feststellte. Es war gerade mal Nachmittag. »Du hast recht!«, stimmte sie Heino zu, die Unterhaltung, die sie in Gedanken mit ihm geführt hatte, nun laut fortsetzend. »Besondere Situationen erfordern besondere Maßnahmen. Dann verkaufen wir eben. Irgendwo wird es schon einen Platz für uns geben.«

Zum Entfachen des Feuers nutzte sie wie gewöhnlich die Zeitung vom Vortag. Sie ging immer großzügig damit um, sodass es ihr den Gang zum Altpapiercontainer, der für sie zunehmend beschwerlich wurde, ersparte. Ein Doppelblatt nach dem anderen zog sie aus dem Stapel, knüllte es zusammen und steckte die Papierkugel zwischen die zu einem kleinen Wigwam aufgestellten Scheite im Kamin. Bis ihr eine Schlagzeile auffiel, die ihr bei der Lektüre entgangen sein musste. Jedenfalls konnte sie sich nicht erinnern, sie zuvor schon einmal gelesen zu haben. Vielleicht legte das heutige Erlebnis einen anderen Filter auf ihre Umwelt.

Wohnsinn auf dem Immobilienmarkt, stand dort auf der ersten Seite des Lokalteils. Der Artikel nahm zwei Drittel der Seite ein. Vollkommen unverständlich, wie Flora ihn am Vortag überlesen konnte. Er handelte von der Schwierigkeit, in dieser Stadt geeigneten Wohnraum zu finden. Besonders das Schicksal junger Familien wurde in den Vordergrund gehoben. Im Großen und Ganzen, hieß es, war ein harter Kampf um Immobilien in zumutbarer Entfernung zum Stadtzentrum entbrannt, was sich in schwindelerregend hohen Miet- und Kaufpreisen niederschlug. Darüber hinaus schien das ungleiche Verhältnis aus Angebot und Nachfrage sich auf die Schamgrenze einiger Makler auszuwirken. Von Betrugsfällen und unmoralischen Angeboten war die Rede. Gespannt las Flora bis zum Ende. Als der Makler ihr den möglichen Verkaufspreis für ihr Haus genannt hatte, hatte sie ihn für einen Aufschneider gehalten. Es war ein Vielfaches dessen gewesen, was Heino und sie damals bezahlt hatten. Und selbst das hatte sie schon an ihre Grenzen gebracht. Wer konnte jetzt so viel Geld aufbringen – und wollte das auch – für einen baufälligen alten Kasten, der nur noch von den Emotionen seiner Bewohnerin zusammengehalten wurde? Wenn man dem Artikel Glauben schenken durfte, so war die preisliche Einschätzung von Herrn Ehrlicher tatsächlich jedoch gar nicht so weit hergeholt. Trotzdem! Diese Idee von ihm, die Villa mitsamt ihrer selbst als Inventar auf den Markt zu bringen, war und blieb gruselig. Erneut erschauerte Flora bei dem Gedanken und fragte sich, ob diese Art des Hauskaufs da draußen bereits zum Alltag gehörte. Wie viele alte Menschen saßen in Häusern, vor denen Jüngere darauf lauerten, dass sie endlich auszogen? Am liebsten mit den Füßen voran! Ganz neu war das Phänomen nicht, fiel ihr ein. Nur war es üblicherweise die eigene Familie, die darauf wartete, endlich ihr Erbe in die Finger zu bekommen. Dass das nun auch unter Nicht-Verwandten so gehandhabt wurde, hatte sie nicht gewusst.

Als sie noch täglich in ihrem Blumenladen stand, war sie besser darüber informiert gewesen, was die Menschen in ihrem Viertel bewegte, als jeder Bürgermeister es je von sich behaupten konnte. Heinos Praxis, in der er sich nach seiner Zeit im Krankenhaus als Hausarzt niedergelassen hatte, lag direkt gegenüber von der *Zauberblume*. So hieß ihr Geschäft, mit dem sie sich ihren Kindheitstraum verwirklicht hatte.

Oft kamen die Patienten nach dem Arztbesuch bei ihr vorbei. Heino heilte die körperlichen Wunden und Krankheiten der Menschen, bei Flora bekamen sie ein Pflaster für ihre Seelen. Sie hatte immer ein offenes Ohr und eine Tasse Tee für jeden, der den Weg in ihren Laden fand.

Es war bereits dunkel, als Flora in ihrem Sessel wieder aufwachte. Frierend und mit einem schmerzenden Nacken. Der Sessel war bequem, aber nicht für ein Nickerchen mit Überlänge gemacht. Und dieses musste so eines gewesen sein. Das Feuer war ausgegangen, wie Flora feststellte, als sie nach Orientierung suchend um sich sah. Aus irgendeinem Grund fühlte sie sich nicht so, wie sie sich angesichts der Umstände fühlen sollte. Was sie spürte, war eindeutig Zuversicht. Sie horchte in sich hinein und fand den Gedanken, der sie so zufrieden hatte einschlummern lassen, tatsächlich wieder. Im Halbschlaf hatte sie eine Idee gehabt, die sie aus ihrer Misere retten konnte. Und nicht nur das! Wenn ihre Idee funktionierte, würde ihr großer Traum, in diesem Haus mit Kindern zu leben, kurz vor Schluss doch noch wahr – und gleichzeitig eine Familie aus ihrem Wohntrauma erlöst werden.

Floras Wangen glühten. Sie konnte sich nicht erinnern, wann sie das letzte Mal derartig voller Tatendrang gewesen war. In ihrem Alter gab es nur noch wenige Botschaften oder Ereignisse, die etwas anderes als Trauer oder Wehmut auslösten. Aufgeregt stemmte sie sich aus dem Sessel. Sie hatte einen wirklich guten Plan, der jedoch einige Schritte erforderte, um in die Tat umgesetzt zu werden. Also lieber gleich damit beginnen! Sie holte Stift und Papier und ging hinüber zu dem großen Esstisch in der Küche, an dem seit einer Ewigkeit nicht mehr alle Stühle besetzt gewesen waren. Ihre steifen Finger machten es ihr schwer, leserliche Buchstaben aufs Papier zu bringen. Noch ein Grund, endlich aktiv zu werden!

KAPITEL IV

Helen rutschte sich auf der mit Kunstleder gepolsterten Bank ihres Stammcafés zurecht, lehnte sich zurück und schloss kurz die Augen. Endlich Ruhe! Auf dem Tisch stand ihr Frühstück, das aus einem extragroßen Cappuccino und einem Croissant bestand. Etwas ähnlich Gutes hätte sie auch bei Frank bekommen, mit dem sie am Vorabend das geplatzte Date nachgeholt hatte. Nach dem Restaurant waren sie noch zu ihm gegangen, und Helen war geblieben. In aller Frühe hatte sie sich davongemacht und dabei »Dringende Termine!« gemurmelt. Frank hatte verschlafen gegen ihren Exodus protestiert, was Helen dazu antrieb, sich umso mehr zu beeilen, aus der Wohnung zu kommen. Jetzt tat es ihr fast ein bisschen leid. Eigentlich mochte sie Frank. Er war ein erfolgreicher und tougher Journalist, dessen Arbeit sie wirklich bewunderte. Und es passte ganz und gar nicht zu ihrem Bild von ihm, dass er sich von einem kompetenten Gesprächspartner in einen Hampelmann mit Dackelblick verwandelte, kaum dass sie miteinander geschlafen hatten.

Es schien, als hätte sie versehentlich einen Knopf bei ihm gedrückt oder einen Hebel umgelegt, wodurch sein männlich sonorer Bass, der Helen so besonders gefiel, durch eine Babystimme ersetzt worden war, in der er überwiegend Diminutive von sich gab. Nicht zum ersten Mal fragte sich Helen, was mit ihr nicht stimmte. Es gab da draußen einfach keinen Mann, der es ihr recht machen konnte. Entweder gehörten sie zu der Kategorie *zu nett*, zu der auch Jerry und Frank zählten. Oder sie entpuppten sich nach kürzester Zeit als ignorante Egozentriker, die sich durch ihre Selbstbezogenheit ebenso schnell disqualifizierten wie die *zu Netten* mit ihren einfallslosen Kosenamen und den Anwandlungen, sie zu einer Prinzessin zu erhöhen. Das mochte für einen Großteil aller Frauen traumhaft klingen. Für Helen war es der Albtraum. Sie nahm sich trotzdem vor, Frank am Abend noch cinc Chance zu geben. Vielleicht hatte er bis dahin wieder zurück zu seinem normalen Ich gefunden. Doch ihr guter Vorsatz wurde im nächsten Augenblick durch eine Sprachnachricht von ihm selbst torpediert. Darin säuselte er etwas von Vermissen und dem Wunsch, sie am Abend …

»Kein Interesse«, motzte sie ihr Telefon an und drückte die Nachricht weg. Einen Klotz am Bein konnte sie nicht gebrauchen. Weder an diesem Abend noch sonst irgendwann.

Nach dem Frühstück fuhr Helen mit dem Rad in die Redaktion des Morgenblattes. Am Wochenende war ihr Artikel zur Wohnungssituation in der Stadt erschienen. Inzwischen war Mittwoch. Obwohl sie nur freie Mitarbeiterin war, konnte sie sich auf ihr gutes Netz im Verlagshaus verlassen. Darum wusste sie, dass das Thema eingeschlagen war wie die Nachricht von Freibier in einer Eckkneipe auf St. Pauli. Es waren Hunderte Anrufe und E-Mails von Lesern eingegangen, in denen von ähnlichen Erlebnissen berichtet wurde. Helen wollte sich die Leserbriefe genauer ansehen und mit Lutz besprechen, wie sie mit dem Thema weiterhin umgehen wollten. Wenn sie einen Nerv getroffen hatten, dann mussten sie ihre Berichterstattung vertiefen! Abgesehen davon, dass es sie als Journalistin freute, eine derartige Resonanz auf ihre Arbeit zu erhalten, waren die vielen Zuschriften der Leser ein Beweis dafür, dass Steffi nicht als Einzige daran verzweifelte, für sich und ihre Familie ein Zuhause zu finden.

So einfach es gewesen war, Lutz von der Idee zu dem Artikel zu überzeugen, so sehr war Steffi anfangs dagegen gewesen. Arno würde stinksauer sein, wenn er von ihrer Dummheit mit dem Bestechungsgeld und den schmierigen Avancen des Maklers aus der Zeitung erfuhr. Zu Recht, wie Helen fand. Einen ganzen Abend hatte sie auf Steffi eingeredet, dass sie ihrem Mann erzählen musste, was passiert war. Gleichzeitig versprach sie ihr, dass niemand erfahren würde, um wen es in dem Artikel ging. Aber es musste dringend verhindert werden, dass die Makler mit ihren Methoden weitermachten und Erfolg hatten. »Wir müssen andere warnen und schützen«, hatte Helen an Steffis Gerechtigkeitssinn und Herz appelliert. Am Ende war sie, wenn auch unter Protest, einverstanden gewesen.

»Wie meinst du das: Das Thema ist ausgeschöpft?!« Helen wollte einfach nicht verstehen, wovon Lutz sprach. Hunderte von Geschichten warteten da draußen nur darauf, dass man sie einsammelte! In Helens Verständnis war das für eine Zeitung die bequemste Art, Auflage zu machen. Ein Thema, das die Menschen in Massen dazu bewegte, sich mitzuteilen, war ein hundertprozentiger Verkaufsgarant. Abgesehen davon, dass niemand für langwierige und damit teure Recherche bezahlt werden musste. Fassungslos sah Helen ihren Freund und Auftraggeber an. Er war ein erfahrener Zeitungsmann, der seinen derzeitigen Posten jedoch als Altersruhesitz betrachtete. Was er gemessen an dem, was Lutz in jungen Jahren gemacht hatte, auch war. Er war unter anderem als Kriegsberichterstatter dort unterwegs gewesen, wo es ungemütlich war. Dabei hatte ihn immer seine Überzeugung vorangetrieben, dass die Menschen Informationen ebenso sehr benötigten wie Nahrung. Ohne Information, so sein Credo, war keine Meinungsbildung möglich. Als Dozent an der Uni hatte er Helen damals mit dieser Einstellung fasziniert. Mit einer Semesterarbeit, die sie in seinem Seminar geschrieben hatte, zog sie seine Aufmerksamkeit auf sich. Seitdem begleitete er ihre Karriere als Mentor und Förderer – und hatte ihr schon die eine oder andere Tür geöffnet. Warum nun das Gegenteil der Fall war und er ihr trotz idealer Bedingungen weismachen wollte, die Story sei gelaufen, war ihr ein Rätsel. Es musste einen triftigen Grund dafür geben. Jedoch klang alles, was er ihr auftischte, wie lahme Ausreden. »Was sind denn die anderen Themen, die deiner Meinung nach wichtiger sind? Das Wohnungsding brennt!

Und zwar lichterloh! Lass uns weitermachen. Ich bitte dich!«

»Die Entscheidung liegt doch nicht allein bei mir!«, versuchte Lutz die aufgebrachte Helen zu beruhigen.

»Bei wem denn dann? Ah, jetzt verstehe ich! Die Makler verbieten dir den Mund!« Das wusste Helen eigentlich besser: Lutz war durch nichts beeinflussbar außer durch Fakten. Und genau das machte sein Verhalten für sie so schwer nachvollziehbar.

»Du weißt genau, dass das nicht wahr ist«, entgegnete Lutz. Er kniff die Lippen zu einem schmalen Strich zusammen, alles Freundliche war aus seinem Gesicht verschwunden.

»Dann sag mir, was wahr ist!«, forderte Helen ihn kampflustig auf. Doch für Lutz war das Gespräch beendet.

»Ich habe einen Termin«, erklärte er knapp, nahm eine Dokumentenmappe vom Tisch, ging zur Tür, die er weit geöffnet hielt, und blickte Helen mit unbewegter Miene abwartend an.

»Wie du willst«, schnaubte sie und ging ohne ein weiteres Wort aus dem Raum.

Das war also schon der zweite Abgang des Tages, der eine gewisse Harmonie vermissen ließ. Stolz war Helen nicht darauf. Im Fahrstuhl überlegte sie, ob sie wieder hochfahren und sich für das entschuldigen sollte, was sie in dem kurzen Streit gesagt hatte. Doch sie entschied sich dagegen. Was sollte sie sagen? Natürlich glaubte sie nicht wirklich, was sie ihm an den Kopf geworfen hatte. Aber solange er ihr keine andere triftige Erklärung lieferte, musste eben das als Begründung herhalten.

Kurz vorm Hauptausgang hatte Helen eine Idee. Sie machte noch einmal kehrt und bog in den linken Seitenflügel des Gebäudes ein. Dort im Erdgeschoss befand sich die Poststelle. Helen hegte dank häufiger und reichlicher Kuchen- und Spirituosenspenden eine hervorragende Beziehung zu den beiden Herren, die dort das Regiment führten. Um möglichst beschäftigt zu wirken, eilte sie mit einem Stift und Block, den sie schnell aus ihrer Umhängetasche gezogen hatte, in den mit Kästen voller ungeöffneter Briefe vollgestellten Raum. Zunächst konnte sie niemanden entdecken, doch dann kam hinter einem fast mannshohen Turm aus gelben Plastikboxen ein Kopf hervor. »Moin, Knut!«, rief Helen fröhlich. »Alles klar?«

»Keen Tid!«, schnaufte der, und Helen sah gleich darauf, warum. Vor dem eh schon gewaltigen Bauch trug er einen Wäschekorb, ebenfalls mit Post gefüllt. Ächzend stellte er ihn vor Helen ab.

»Oha, was ist das?«, fragte sie.

»Alles für *Lokales*«, maulte Knut. »Keine Ahnung, was die da wieder zusammengepinselt haben. Aber die Leude drehen vollkommen durch. Das ist alles zum Stichwort *Wohnsinn* reingekommen. Glaubt man das?«

»Echt?«, tat Helen überrascht. Und schwindelte: »Da komm ich ja gerade recht. Ich soll den Kram abholen.«

»Waren wir wieder nicht schnell genug für die Herrschaften?« Knut war ehrlich beleidigt. Er und sein Kollege Ingo litten unter der Vorstellung, dass sie für *die da oben* nur die Handlanger waren, die ihre Arbeit nicht zufriedenstellend erledigten. Das kam nicht vollkommen aus dem Blauen.

Viele Mitarbeiter der Zeitung waren, wenn auch aus Zeitdruck, ihnen gegenüber meist wenig freundlich. Umso mehr bemühte Helen sich, die beiden immer mit besonderem Respekt zu behandeln. Sie dankten es ihr mit Hilfsbereitschaft, wann immer es sich anbot. So auch jetzt:

»Das alles, Mädchen? Das ist doch viel zu schwer für dich. Wir fahren es dir mit dem Wagen hoch!«

Das hatte sie nun davon! Die beiden wollten ihr einen Gefallen tun. Nur kam ihr das gerade sehr ungelegen. Sie wollte die Post heimlich mit nach Hause nehmen, um dort in Ruhe zu überlegen, was man damit anstellen konnte. Angesichts der Menge schien ihr das jetzt eine ziemliche Schnapsidee gewesen zu sein. Sie überlegte, wie sie wenigstens einen Teil abzwacken könnte, und vermeldete unter Vortäuschung großer Eile: »Super, vielen Dank. Aber wenn ich schon mal da bin, nehme ich den hier gleich mit.« Sie schnappte sich den Korb, den Knut gerade vor ihr abgestellt hatte.

»Von mir aus«, brummte der und war schon damit beschäftigt, einen Rollwagen mit Boxen zu beladen. Sich fröhlich verabschiedend, lief Helen aus dem Raum den Flur hinunter in Richtung Hauptausgang. Nach einigen Metern jedoch machte sie eine Vollbremsung. Wie sollte sie mit dem riesigen Korb beladen am Empfang vorbeikommen? Die Leute auf dem Posten dort waren nicht nur dazu angehalten, Fremde am Betreten des Gebäudes zu hindern. Genauso passten sie auf, dass niemand unbefugt etwas mit hinausnahm. Helen könnte genauso gut im Tutu und mit rosa Luftballons am Arm versuchen, unbemerkt zum Ausgang zu gelangen.

Sobald sie auf der Bildfläche auftauchte, würden sie nach der Genehmigung fragen, einen Postkorb nach draußen zu befördern. Die sie nicht hatte. Wenn dann auch noch Lutz davon Wind bekam, wäre das wirklich das Ende ihrer Freundschaft. Helen blickte sich um und überzeugte sich, dass sie alleine auf dem ellenlangen Gang stand. Kein Mensch weit und breit. Schnell stellte sie den Wäschekorb ab, holte eine alte Plastiktüte, die sie zufällig in der Tasche hatte, heraus und stopfte so viel Post hinein, wie es nur ging. Dann klemmte sie sich ihr Handy zwischen Schulter und Ohr, schaffte es irgendwie, in dieser unvorteilhaften Haltung den nun nicht mehr ganz so vollen Korb hochzuheben, und kehrte um. Kurz vor der Tür zur Poststelle begann sie, in ihr Handy zu sprechen.

»Ja, kein Problem. Ich mache mich sofort auf den Weg. Vielen Dank für Ihren Anruf. Wiederhören.« Mit einem theatralisch lauten Seufzen stellte sie den Korb wieder auf seinem alten Platz ab und informierte den gebückt über Kästen stehenden Knut: »Ein Blitztermin ist mir dazwischengekommen, ich muss den Korb leider hierlassen. Nehmt ihr ihn dann mit nach oben?« Ohne eine Antwort abzuwarten, rief sie: »Danke, ihr seid die Besten!«, und beeilte sich, nun endlich aus dem Zeitungsgebäude herauszukommen.

Von der Angst, ihr könnte doch jemand auf den Fersen sein, und gleichzeitig von unbändiger Neugier angetrieben, radelte Helen mit waghalsigen Manövern und begleitet von schimpfenden Menschen durch die wie immer verstopften Straßen der Innenstadt. Wie gewöhnlich musste sie mehreren Autotüren ausweichen, die sich plötzlich öffneten, und wegen missachteter Vorfahrt diverse Vollbremsungen hinlegen, bis sie vor ihrem Haus angekommen war. Sie schulterte ihr Rad; nachdem ihr fünf Fahrräder innerhalb kürzester Zeit gestohlen worden waren, parkte sie ihr jetziges nur noch oben in der Wohnung. Auch wenn das bedeutete, das sperrige Ding mehrmals täglich in den dritten Stock und wieder herunterschleppen zu müssen. Als sie oben ankam, erinnerte sie ein bekanntes Geräusch daran, dass seit dem Croissant nichts mehr in ihren Magen gelangt war. Unwillig ging sie in die Küche und riss eine Tüte Knabbereulen auf, die eigentlich für Ellas Brotdose gedacht waren. Zum Essenmachen war jetzt keine Zeit! Kauend schüttelte sie die gestohlenen Briefe aus der Plastiktüte auf den Dielenboden vor ihrem Schreibtisch. Na ja, vielleicht war *gestohlen* nicht das richtige Wort. Genau genommen war die Post ja nur geliehen. Nach dem Lesen hatte sie keine Verwendung mehr dafür und eigentlich vor, sie zurückzubringen. War aber vielleicht doch keine gute Idee! Niemandem würde auffallen, dass statt vier Kisten mit Post nur noch dreidreiviertel in der Redaktion ankamen. Dafür würde ein Haufen bereits geöffneter Umschläge Fragen aufwerfen. Im Grunde konnten die Kollegen froh sein, dass Helen ihnen die unbeliebte Arbeit mit der Leserpost so zumindest teilweise abnahm. Dieser Gedanke zeigte seine beruhigende Wirkung, Helen konnte endlich mit dem Lesen beginnen. Ihre Hoffnung, einige halbwegs spannende Einsendungen erwischt zu haben, wurde nicht enttäuscht.

Liebe Redaktion,
vielen Dank für Ihren Artikel, den wir mit großem Interesse gelesen haben. Auch unserer Familie ist etwas passiert, was man mit gutem Recht als Albtraum bezeichnen darf. Am Tag unseres Umzuges standen wir vor dem neuen Haus plötzlich einem riesigen Möbelwagen gegenüber. Und es war nicht unserer! Eine Familie wie unsere, zwei Erwachsene und drei Kinder, waren im Begriff, in genau dasselbe Haus einzuziehen wie wir. Sie hatten – wie wir – einen unterschriebenen Mietvertrag, und es stellte sich heraus, dass das Maklerbüro das Objekt zweimal vermietet hatte. Natürlich hatten sie auch zweimal Provision kassiert. Bis die Sache geklärt war, mussten beide Familien ihre Möbel kurzfristig einlagern und in ein Hotel ziehen. Auf eigene Kosten, natürlich. Auf eine Entschuldigung des Maklers warten wir bis heute.

Maria Stellshagen

Helen fragte sich, warum der Besitzer des Hauses nichts gemerkt hatte, und machte sich eine Notiz. Ihr Plan war, die Menschen mit den vielversprechendsten Geschichten aufzusuchen und zu interviewen. Sie öffnete den nächsten Umschlag und las weiter.

Die wissen ganz genau, wie hoch ihre Provision ausfällt, mehr aber auch nicht. Egal, was Sie fragen, die Antwort lautet: Da muss ich nachfragen. Und wenn Sie doch eine Antwort bekommen, können Sie davon ausgehen, dass es eine Lüge ist. Nebenkosten sind auf Maklerisch nur halb so hoch wie in Wirklichkeit und schwarze Flecken an den Wänden auf gar keinen Fall Schimmel, sondern etwas, das den Mietpreis noch weiter in die Höhe treibt. Abstrakte Kunst oder so … Bei einer Besichtigung fragte ich, wie hoch das Gebäude werden sollte, das direkt vor dem Wohnzimmerfenster errichtet wurde. Die Maklerin hatte angeblich keine Ahnung. Auf der Website der Baufirma waren die entsprechenden Informationen schnell gefunden. Traumaussicht ade!

Martin Gumpert

Schon mal was von Flüsterschienen gehört? Wenn man Maklern glauben kann, sind sie im gesamten Hamburger Stadtgebiet verlegt! Ein Schlafzimmer direkt an der Bahn? Kein Problem dank Flüsterschienen! Und sollten Sie bei der Besichtigung Straßenlärm wahrnehmen, seien Sie beruhigt! Das liegt nur am Wind, der gerade an dem Tag aus einer Richtung kommt, aus der er sonst nie weht! Außerdem, darauf kann man wetten, werden demnächst Lärmschutzfenster eingebaut. Das rumplige Treppenhaus, in dem es nach Muff, Müll und der Zigarre des Nachbarn stinkt? Wird garantiert demnächst gemacht. Und der paffende Nachbar zieht aus. Echt wahr!

Thomas Berg

Besichtigung? Wohl eher Bewerbung! Ich gehe zu Wohnungsterminen nur noch als Millionärin verkleidet. Auch wenn es sich um eine renovierungsbedürftige Studentenbude im Souterrain handelt! Meine Bewerbungsmappe habe ich perfektioniert und stets aktualisiert: Schufa-Auskunft, Gehaltsnachweis und ein Empfehlungsschreiben des letzten Vermieters sind Standard. Trotzdem habe ich bisher keine Wohnung bekommen. Vielleicht sollte ich noch eine notariell beglaubigte Erklärung, dass ich niemals Kinder bekommen werde, hinzufügen. Und als Hobbys Schlafen und Mietezahlen angeben.

Petra Menzel

Mir hat man zu verstehen gegeben, dass sich meine Chancen deutlich erhöhen würden, wenn ich mich bereit erklärte, dem senilen Eigentümer bei Tätigkeiten im Haushalt behilflich zu sein. Darauf folgte die Frage nach Erfahrungen und Referenzen in der Altenpflege, und ob ich über handwerkliches Geschick verfüge.

Melanie Frank

Ein Brief amüsierte Helen, weil er zusammen mit einer ausgedruckten E-Mail kam, die die Absenderin auf eine Wohnungsanfrage erhalten hatte. Warum sie die Mail nicht direkt an die Redaktion weitergeleitet hatte und umständlich von digital zu analog gewechselt war, war Helen schleierhaft. Der Inhalt jedenfalls war unglaublich:

Gute Tag, lieb Frau!
Sie interessiere sich fur men Haus. Ihc leben mit mein Familie und eine suße Labrador Hünd in UK und nur manhcmal bin in Hamburg. Wenn du wolle sehen Haus interior, ich schiken Schlussel shnell. Bitte sein Sie Vestandnis, das ihc fur Sihherheit von meine Familie benotigen ein Deposit.
Bitte shicken Euro 500 zu mein Bank. Wenn Geld, sie bekommen Schlussel und weiter Information.

Freundlihc Guüße,
Shirley O'Harris

Die Frau, die diese Mail ausgedruckt hatte, war zum Glück nicht auf den Trick hereingefallen. Helen glaubte auch nicht, dass irgendjemand so blöd war. Aber dann fiel ihr Steffi ein, die sogar ein Zehnfaches von dem, was hier gefordert wurde, ohne mit der Wimper zu klimpern bezahlt hatte.

Zwischen dem ganzen Frust gab es auch eine Erfolgsmeldung. Ein junger Mann berichtete von einer Massenbesichtigung, an der er gemeinsam mit gut hundert weiteren Interessenten teilgenommen hatte. Während er zwei Stunden auf der Straße und später im Treppenhaus in der Schlange wartete, erzählte er jedem in seiner Nähe von dem gruseligen Leichenfund in der Wohnung. Das sei ja überhaupt erst der Grund, warum ein neuer Mieter gesucht werde, hatte er allen erklärt, die es nicht hören wollten. In der Wohnung zeigte er sich dann begeistert, dass von der großen Blutlache auf dem Dielenboden nichts mehr zu sehen und auch der Verwesungsgeruch spurlos aus den Räumen entfernt worden sei. Das alles war zwar frei erfunden, aber höchst wirkungsvoll. Am nächsten Tag bekam er den Anruf, dass man ihm gerne den Mietvertrag zuschicken würde. Der Makler hatte es dann auch ziemlich eilig – es fehlten die alternativen Bewerber.

Auch diesen Typen setzte Helen auf die Liste mit den Kandidaten, die sie gerne treffen wollte. Männer mit einem derartig schrägen Humor weckten allerdings nicht nur ihr berufliches Interesse. Sie war sehr neugierig, was das für ein Typ war, der sich mit solchen Methoden beschaffte, was er brauchte.

Als hätte er es geahnt, bekam Helen genau in dem Moment, in dem sie so intensiv über den Fremden nachdachte, eine

Nachricht von Frank – mit der er sich endgültig ins Aus schoss. Sein unverzeihliches Vergehen: das Überschreiten der männlichen Höchstgrenze für Emojis in WhatsApp-Nachrichten. Diese lag in Helens Augen bei null. Frank verzierte seine Einladung zu einem selbst gekochten Candle-Light-Dinner mit einem Glas Wein, einem rosa und einem blauen Herz, einer Rose, einem Blumenstrauß und zum krönenden Abschluss vier küssenden Smileys!

Genervt warf Helen das Handy in die Sofakissen und ging in die Küche. Die Knabbereulen hatten ihren Magen nur kurzfristig besänftigt, inzwischen knurrte er wieder und umso lauter. Doch Kühlschrank und Vorratsregal waren ebenso leer wie Helens Bauch. In den Tagen, in denen Ella bei ihr wohnte, waren sie durch die Schule zu einem halbwegs geregelten Tagesablauf gezwungen. Alleine verlor Helen gerne mal den Bezug zu Raum und Zeit. Oft wurde die Nacht zum Tag, der darauffolgende Tag aber aufgrund von Terminen nicht zur Nacht. Helen machte einfach durch und fiel irgendwann, wenn es gar nicht mehr ging, in einen komatösen Zustand, in dem sie dann gerne mehr als zwölf Stunden am Stück fernab der Welt verblieb. Meistens weckte sie ein überwältigender Hunger, den sie nicht stillen konnte, weil sich nach solch einer nahezu manischen Phase üblicherweise keine Vorräte in der Wohnung befanden. Wie jetzt. Helen wog mit einem Blick auf die Uhr ihre Optionen ab. Es war noch nicht spät, und Üzi hatte noch geöffnet. Sollte sie losflitzen und ein paar seiner lebensrettenden Ziegenkäsebrötchen zum Mittagessenabendbrot holen? Aus Faulheit fiel die Antwort negativ aus, und sie entschied sich für den Pizzaservice. Für seine Stammgäste in der Nachbarschaft schickte Tito gerne seinen Neffen Massimo mit der klapprigen Ape los, um ihnen eine warme Mahlzeit nach Hause zu bringen. »Aussenahmewaiise«, hörte er nicht auf zu betonen. Aber Helen oder Steffi hatten noch nie auf ihre Lieblingspizza verzichten müssen. Als Helen gerade ihre Bestellung abgeschlossen und aufgelegt hatte, klingelte ihr Telefon.

Es war Frank, der seiner Essenseinladung Nachdruck verleihen wollte. Damit begann er den zweiten unverzeihlichen Fehler: Er nervte Helen mit mehr als einem Kontaktversuch innerhalb von vierundzwanzig Stunden. Und wenn sein dämliches Candle-Light-Dinner das Einzige wäre, was sie in nächster Zeit zu essen bekäme! Seine Suppe – oder was auch immer er ihr aufzutischen gedachte – musste er selber auslöffeln. Jetzt und für alle Zeit. Helen war raus. Lieber hatte sie keinen Typen als einen, der sie mit albernen Emojis überhäufte und ihr hinterherrannte.

Jerry hätte so etwas nie gemacht, dachte sie. Ohne Wehmut allerdings. Die Trennung war lange her und sehr freundschaftlich verlaufen. Sie hatten einfach gemerkt, dass sie zu verschieden waren, um gemeinsam unter einem Dach zu leben. Helen mit ihrem Hang zum Chaos war ein zu krasser Gegensatz zu Jerry, der als Pilot berufsbedingt alles extrem genau nahm und viel Wert auf geregelte Verhältnisse legte. Er war durch seine Einsätze auf Langstreckenflügen oft mehrere Tage, manchmal Wochen unterwegs. Wenn er dann nach Hause kam, hatte ihn stets der Ausnahmezustand erwartet. Eine Trennung war die einzige Lösung für diesen Konflikt gewesen.

Glücklicherweise bekam Helen das, wogegen sie sich bei einem Lebenspartner vehement weigerte, für Ella inzwischen einigermaßen auf die Reihe. Wenn ihre Tochter bei ihr war, lebte sie das in ihren Augen spießige Lebensmodell perfekt. Hielt Termine ein, kaufte Essen, kochte für sie beide, kümmerte sich um die Wäsche und putzte die Wohnung. Kaum war Ella bei ihrem Papa, zelebrierte sie exzessiv den helenistischen Lebensstil. Bis sie sich damit selbst auf die Nerven ging und freiwillig zurück in den Mama-Modus schaltete. Mit diesem Wechsel zwischen den Extremen hatte Helen das perfekte Modell für sich gefunden. Den Mann, der sowohl den einen als auch den anderen Zustand mitzumachen bereit war – und zwar genau zur richtigen Zeit –, hatte Helen bisher nicht gefunden. Was daran liegen mochte, dass sie das gar nicht wollte. Sie hatte ein Kind und den perfekten Vater dazu, der ihr als Freund erhalten geblieben war. Für die anderen Bedürfnisse reichten Kurzzeitbekanntschaften vollkommen aus. Jerry und Helen achteten beide darauf, dass Ella nie zu lange von einem von ihnen getrennt war. Einerseits. Andererseits stellten sie aber auch sicher, dass sie dort, wo sie war, ankommen konnte. Sie sollte nicht jede Nacht das Bett wechseln müssen. Da Helen und Jerry nur wenige Hundert Meter Luftlinie voneinander entfernt wohnten, klappte das bisher ohne Ausfälle. Ella war ein ganz normales Kind, allerdings in der luxuriösen Lage, zwei voll ausgestattete Kinderzimmer ihr Eigen nennen zu dürfen.

Neben sich die geöffnete Schachtel mit der rettenden Salamipizza und ein Glas von dem Nero d'Avola, den Tito Massimo wohlweislich für sie mitgegeben hatte, hockte

Helen wieder inmitten ihrer Leserpost und las so vertieft, dass sie weder die Pizza noch den Wein wirklich schmeckte. Wenig später waren der Karton und ihr Glas leer, aber auch das bekam Helen nicht wirklich mit. Mit ihren fettigen Fingern Spuren auf dem Papier hinterlassend, nahm sie Seite um Seite auf, las, machte sich Notizen und hatte schon eine beachtliche Liste an Leuten, die sie näher zu ihren Erlebnissen befragen wollte, als ein Brief ganz besonders ihr Interesse weckte. Schon das Papier des Umschlages war ein anderes. Dicker und irgendwie altmodisch, die mit ausladenden, ein wenig eckigen Buchstaben geschriebene Adresse verstärkte den Eindruck. Letztlich aber war es der Inhalt, der diesen einen Brief so von den anderen Einsendungen unterschied. Nach all den lustigen, anklagenden oder zum Teil sehr wütenden Texten, die Helen in den vergangenen Stunden gelesen hatte, enthielten die Worte dieser Absenderin so viel Wärme und Positivität, dass es selbst sie, die in dieser Hinsicht berufsbedingt einigermaßen abgehärtet war, berührte. Und wenn die Zeilen bei Helen schon eine derartige Wirkung hervorriefen, was würde erst Steffi dazu sagen?

Liebe Redaktion,
mit atemlosem Interesse habe ich den Artikel »Wohnsinn auf dem Immobilienmarkt« in der Samstagsausgabe Ihrer Zeitung gelesen.
Genau zur richtigen Zeit! Vor wenigen Minuten habe ich einen Mann aus meinem Haus verabschiedet, der mir ein ungeheuerliches Angebot gemacht und mich damit beinahe überzeugt hat.

Ich war bereit, die größte Dummheit meines Lebens zu begehen. Ihr Artikel hat mich zum Glück davor bewahrt!
Doch ich will Sie nicht langweilen, sondern komme zu dem Grund meines Schreibens: Häuser dürfen nicht zu einem Mittel werden, mit dem Leute einander betrügen. Sie haben eine Seele. Zumindest dann, wenn sie Menschen beherbergen, die ein gutes Herz haben.
Mein Mann und ich haben unser Haus gekauft, um es zu einem Zuhause für viele zu machen. Das ist lange her, und die Zeiten haben sich geändert. Inzwischen bin ich allein, und das Haus ist zu einem Kühlschrank geworden. Aus Mangel an dem Leben, für das es gebaut wurde. Ja, es ist sicher kein Zufall, dass es gerade eine kaputte Heizung ist, die mich dazu zwingt, endlich aus meiner Lethargie zu erwachen und zu handeln! Eine teure Reparatur kann ich nicht bezahlen. Dieses Haus verlassen aber auch nicht. Lieber würde ich sterben.
Ich suche eine Familie, die hier gemeinsam mit mir leben möchte und das Haus wieder zu dem macht, wofür es steht: einem Zuhause. Bitte helfen Sie mir, sie zu finden!

Herzlichst,
Ihre Flora Blum

Inzwischen war es nach Mitternacht und Steffi garantiert längst im Land der Träume. Sollte Helen ihr trotzdem noch eine Nachricht schreiben? Damit riskierte sie, am nächsten Morgen zu einer sehr ungemütlichen Zeit geweckt zu werden. Aber dieses Opfer brachte sie gern. Es sah ganz so aus, als würde die Idee dieser alten Dame Steffis Wohntrauma ein für alle Mal heilen. Helen tippte ihre Nachricht ins Telefon und legte es eingeschaltet neben ihr Bett. Wie erwartet klingelte es am nächsten Morgen sehr früh.

KAPITEL V

»Was ist los? Hast du im Lotto gewonnen, oder was gibt es für gute Nachrichten?« Steffi hatte ihr Telefon an diesem Morgen erst eingeschaltet, als sie auf dem Weg vom Kindergarten nach Hause war. Kurz hatte sie gezögert, Helen um diese Uhrzeit anzurufen. Deren schlechte Laune, wenn sie vor ihrer natürlichen Zeit geweckt wurde, war legendär. Doch Helen hatte ausdrücklich um sofortigen Rückruf gebeten. Und es war inzwischen immerhin neun.

»Ich nicht, aber du!«, kam es müde, aber zu Steffis Erleichterung freundlich zurück. Helen erzählte von dem Postklau im Zeitungsgebäude, nachdem sie Steffi den Brief von Flora Blum vorgelesen hatte. »Wenn ich das richtig verstanden habe, möchte sie einen Teil des Hauses verkaufen, um mit dem Geld die Reparatur ihrer Heizung zu finanzieren«, schloss sie.

»Und da ist der Haken.« Steffi blieb trotz Helens Euphorie skeptisch. »Sicher will sie richtig viel Geld dafür haben. Und dann gehört einem das Ganze noch nicht einmal komplett.«

»Mann, Steffi! Wo ist denn dein Optimismus geblieben? Vom Preis war noch gar nicht die Rede. Dafür klingt das alles wirklich sympathisch, findest du nicht? Zumindest ansehen solltest du dir die Sache. Du musst der Frau ja nicht gleich dein gesamtes Erspartes in die Hand drücken.«

»Haha.«

»Entschuldigung. Aber im Ernst, Steffi! Lass uns die Frau …« Es raschelte, bevor Helen weitersprach. Sie suchte nach dem Namen. »… Blum besuchen und uns anhören, wie sie sich das vorstellt. Ich mach uns einen Termin aus.«

Zehn Minuten, nachdem Steffi aufgelegt hatte, klingelte das Telefon wieder. »Heute um elf«, rief Helen in den Hörer.

»So schnell? Warum hat die es so eilig?«, wollte Steffi wissen.

»Werden wir herausfinden. Heute um elf«, gab Helen mit ungebremster Fröhlichkeit zurück. »Und du freust dich jetzt gefälligst. Das wird toll! Ich hab ein gutes Gefühl!«

Steffi gelang nicht ganz, was Helen ihr aufgetragen hatte, als sie auf dem Weg zu der Adresse war, die Helen ihr diktiert hatte. Dieser Herr Staubitz hatte sie vorsichtig werden lassen mit seiner miesen Tour. Seitdem schrillten bei Steffi die Alarmglocken, wenn irgendetwas zu verlockend oder einfach erschien. Wenn auch leiser als noch direkt nach dem Telefonat mit Helen. Inzwischen hatte sich auch eine Portion Neugier unter Steffis Skepsis gemischt. Helen hatte recht, gucken kostete nichts. Zumindest nicht, wenn sie sich nicht wieder auf krumme Deals einließ. Und davon war sie lebenslang geheilt. Ganz bestimmt hatte auch die Lage des Hauses etwas damit zu tun, dass Steffi es auf einen Versuch ankommen ließ.

Es befand sich nur fünf geradelte Minuten von ihrer jetzigen Wohnung entfernt. Sie kannte die ruhige kleine Seitenstraße, die von Mehrfamilienhäusern und ein paar Einzelhäusern gesäumt war. Mit jedem Pedaltritt nahm ihre Spannung zu, welches der Häuser es war. Als sie um die letzte Ecke bog, sah sie Helen, die in der Mitte der kleinen Straße bereits auf sie wartete und mit weit ausladenden Bewegungen winkte. Steffi bremste direkt vor ihr, schaute über den schiefen und von allerlei Gestrüpp fast unsichtbaren Gartenzaun auf das Grundstück und konnte nicht anders als restlos begeistert sein.

»Das ist es?«, rief sie atemlos. Während ihrer Spaziergänge mit dem Kinderwagen war sie schon einige Male hier vorbeigekommen. Niemals hätte sie die Möglichkeit in Betracht gezogen, hier einmal wohnen zu dürfen. Die Jugendstilvilla war unbestreitbar nicht in bestem Zustand. Von den Mauern blätterte an vielen Stellen der Putz ab, das Gartentor und die Fensterläden hingen schief in den Angeln. Doch statt abweisend und verlassen zu wirken, strahlte das Gebäude etwas aus; ein warmes Gefühl, das einen denken ließ: *Alles wird gut. Komm erst mal rein, und dann wird alles gut.*

Als die beiden Freundinnen auf dem Treppenabsatz standen und klingelten, flatterten einige zarte Schmetterlinge in Steffis Bauch herum. Wer würde ihnen öffnen? Lange musste sie sich das nicht fragen. Auch die Hausbewohnerin schien äußerst gespannt auf die Besucher zu sein und öffnete, noch bevor das Klingelgeräusch verstummt war.

Zwei erstaunlich wache Augen sahen ihnen aus einem von schneeweißem Haar eingerahmten Gesicht erwartungsvoll entgegen. »Schön, dass Sie da sind! Ich bin Flora Blum. Kommen Sie doch herein!«

Steffi hatte es die Sprache verschlagen, weshalb Helen die Vorstellung für sie beide übernahm.

Flora Blum führte sie in ein großzügiges Esszimmer und bot ihnen einen Platz an. »Ich habe Tee gemacht, möchten Sie eine Tasse?«

»Gern!«, kam es von Helen und Steffi gleichzeitig. Beide blickten sich interessiert und beeindruckt um.

»Wunderschön haben Sie es hier, Frau Blum«, erklärte Steffi, die endlich ihre Fähigkeit, Gedanken in Worte zu fassen, zurückerlangt hatte.

»Bitte nennen Sie mich Flora.« Sie sah die beiden jüngeren Frauen aufmerksam an. »Wollen wir uns duzen?«

Natürlich wollten sie das! Auch wenn es sie ein bisschen wunderte, war es für Menschen in Floras Alter doch eher unüblich, sich schon nach so kurzer Zeit mit Du anzureden. Nicht nur in dieser Hinsicht schien diese Frau, die ja eher der Generation von Helens und Steffis Eltern angehörte, ungewöhnlich zu sein. Steffi schätzte sie auf ungefähr siebzig. Aber mit den Menschen in diesem Alter, denen Steffi sonst begegnete, hatte diese Frau wenig gemein. Sie sprühte vor Witz und Energie, ihr Händedruck war fest, sie kleidete sich modisch-elegant.

Kein Wunder, dachte Steffi. Jemand, der in so einem Haus wohnen darf, hat keine Probleme, die ihn alt, runzlig und verbittert werden lassen. Eine einzige Person lebte in so einem riesigen Haus! Das war so was von ungerecht. Wenn ich so viel Platz hätte, würde ich auch den ganzen Tag vor mich hin strahlen. Doch bevor Steffi Flora ihr Feindbild ganz überstülpen konnte, kam die auf den Grund ihrer Zusammenkunft zu sprechen, und bei Steffi setzte augenblicklich die Instant-Scham ein.

»So, ihr zwei habt also diesen Artikel geschrieben.«

»Nur Helen«, korrigierte Steffi. »Ich bin die, über die geschrieben wird. Unter anderem.«

»Richtig. Und wir haben erst nach dem Artikel gemerkt, wie vielen es ebenso geht wie Steffis Familie. Ihr … entschuldige, dein Fall, Flora, ist allerdings einzigartig.«

Helen lächelte.

»Das glaube ich gar nicht. Eher schämen sich alte Leute wie ich dafür, arm und einsam in ihren alten Kästen zu hocken. Wie ich selbst bisher kommen sie gar nicht auf die Idee, dass es auch eine andere Lösung gibt, als sich von einem Immobilienhai abspeisen zu lassen. Mit gerade mal genug Geld, um die letzten Lebensjahre traurig in einem Altersheim aufs Sterben zu warten.«

»Genau!«, rief Helen. Sie war in ihrem Element und führte Floras Ausführungen fort: »Und auf der anderen Seite wird das Haus zu einem Wahnsinnspreis an eine Familie verkauft, die sich bis an ihr Lebensende dafür verschulden muss. Und wer profitiert? Die Makler!«

Steffi wand sich fast unmerklich auf ihrem Stuhl. Ihr wurde die Sache ein wenig heikel. Helens Auffassung in solchen Dingen war oft sehr radikal. Vielleicht zu radikal für Flora?

Die aber lachte und stellte fest: »Wir verstehen uns! Möchte jemand Kuchen? Ich hab extra welchen gebacken, mit Äpfeln aus dem Garten.«

Helen und Steffi sahen irritiert nach draußen, wo sich gerade die ersten grünen Blätterspitzen nach dem Winter ans Tageslicht kämpften.

Flora bemerkte es und erklärte amüsiert: »Vom letzten Jahr! Ich lagere sie im Keller ein. Dort halten sie sich perfekt, und ich habe einen Vorrat, der bis zur nächsten Ernte reicht. Obwohl ich immer Unmengen davon verschenke! Sahne?«

Eine Weile aßen sie schweigend ihren Kuchen.

»Und ihr sucht also ein neues Zuhause«, nahm Flora schließlich den Faden wieder auf.

»Schön, dass du das so nennst«, freute sich Steffi. »Ich möchte etwas finden, das sich hundertprozentig richtig anfühlt. Bisher wären leider immer Kompromisse nötig gewesen. Oder es war unbezahlbar.«

»Oder du wurdest übers Ohr gehauen«, meldete Helen sich zu Wort und erzählte Flora, was nicht in dem Artikel gestanden hatte.

»Dann ist übers Ohr hauen noch viel zu harmlos ausgedrückt!«, echauffierte Flora sich. »Das war höchst kriminell! Ihr müsst den Mann anzeigen!«

»Nein!«, rief Steffi etwas lauter als nötig. Dann fast unhörbar: »Bitte nicht. Ich will das einfach nur vergessen.«

»Wie du meinst. Dann müssen wir uns eben selbst helfen.« Flora erzählte Helen und Steffi mehr von ihrer Idee, das riesige Haus zu teilen. »Ich möchte hier nicht weg. Weil ich hier vor vielen Jahren gefunden habe, was du nun für dich und deine Familie suchst, Steffi. Ein Zuhause, in dem ich alt werden kann.« Sie merkte, was sie gesagt hatte, und schob lachend hinterher: »Noch älter!« Dann wurde sie wieder ernst:

»Leider kann ich mir das nicht mehr leisten. Nicht ohne Hilfe. Und da kommt ihr ins Spiel!« Flora erzählte von der kaputten Heizung und den vielen kleinen Reparaturen, die nötig waren. Dann berichtete sie ihrerseits von ihrem Erlebnis mit dem Makler und dass sie auf keinen Fall das Haus mit sich als Inhalt verkaufen wollte.

»Das ist wirklich eine komische Vorstellung«, pflichtete Steffi ihr bei.

Sie fragte sich, ob Flora Kinder hatte, die das Haus einmal erben würden. Was würden die zu Floras Plänen sagen? Sollte sie sie danach fragen? Oder war das indiskret? Während sie noch überlegte, hörte sie Helen ihre Gedanken laut aussprechen.

»Und was sagen deine Erben dazu?«

»Es gibt keine«, antwortete Flora.

Sie schien sich um Haltung zu bemühen, aber ihr war eine gehörige Anstrengung anzuhören. Das Thema schien sie nicht unberührt zu lassen. Steffi schlug beschämt die Augen nieder.

Helen war weniger zimperlich und fragte ungeniert: »Du hast keine Kinder?«

»Nein.« Die Antwort wurde von einem tapferen Lächeln begleitet.

»Danke für den Kuchen, er ist wirklich köstlich!« Steffis Ablenkungsversuch war plump, aber er wirkte.

»Möchtest du noch ein Stück?« Flora machte sich sofort daran, noch ein riesiges Stück abzuschneiden.

»Nein danke! Ich kann nicht mehr«, wehrte Steffi ab.

»Na schön. Ihr könnt ja nachher noch etwas mitnehmen. Wollen wir dann mal das Haus ansehen?«

»Au ja, gern!« Steffi sprang auf. Weil sie auf die anderen Räume gespannt war, aber auch, weil sie froh war, der Situation am Tisch zu entkommen.

Helen stand ebenfalls auf. »Ich wäre gern dabei, aber leider muss ich los.«

Steffi sah auf die Uhr. Wie die Zeit verflogen war! Als Helen gesagt hatte, dass sie später noch einen Termin hatte, war Steffi davon ausgegangen, dass sie gemeinsam aufbrechen würden. Aber nun wollte sie unbedingt die ganze Villa sehen. Also verabschiedeten sie Helen, bevor Flora und sie die Sightseeingtour starteten.

Und es war wirklich eine! Steffi staunte und juchzte abwechselnd. Gleich neben dem Esszimmer, getrennt durch eine wunderschöne Flügeltür, lag das Wohnzimmer. Ein offener Kamin mit einem abgewetzten Sessel davor weckte sofort den Wunsch in ihr, sich dort mit einem Buch und einer Tasse Kakao vor dem Feuer einzukuscheln. Lesestoff gab es genug. Gleich um die Ecke erstreckte sich das restliche Wohnzimmer, in dem deckenhohe Bücherregale die Wände säumten. Mit einer Bibliotheksleiter konnte man auch die obersten Regale jederzeit erreichen.

»Darf ich?«, fragte Steffi und streckte schon die Hand nach dem ersten Buch aus. Es reihten sich sämtliche Klassiker deutsch- und englischsprachiger Literaturgeschichte aneinander. Dazu Enzyklopädien, Bildbände und zeitgenössische Autorinnen und Autoren. Kurzgeschichtensammlungen und Romane, die Steffi ebenfalls gelesen hatte. Ihr eigenes Bücherregal zu Hause war bis auf den letzten Zentimeter vollgestopft. Aus Platzmangel musste sie sich regelmäßig von Büchern trennen. Das hier war ihr absoluter Traum!

»Bitte achte nicht auf den Staub«, bat Flora. »Ich war schon seit Jahren nicht mehr hier, um sauber zu machen.«

Die Führung ging weiter, und eine weitere Flügeltür trennte das Wohnzimmer von einem Arbeitszimmer mit Erker. Von dem riesigen Schreibtisch aus sah Steffi in den herrlichen Garten und über den überwucherten Gartenzaun hinweg auf die Straße. Der schönste Arbeitsplatz, den sie je gesehen hatte!

»Hier macht ja sogar die Steuererklärung Spaß.«

»So weit würde ich nicht gehen«, lachte Flora. »Aber du hast recht, es ist schön. Mein Heino hat hier oft nächtelang in seinen Fachzeitschriften gelesen. Er hat auch selbst Artikel veröffentlicht.«

»Dein Mann? Was hat er denn gemacht?«

»Er war Arzt«, erklärte Flora nicht ohne Stolz. »Seine Praxis war in der Eulenstraße. Aber die Buchhaltung hat er am liebsten hier erledigt, wo er den Kindern beim Spielen im Garten zusehen konnte. Es konnte ihm gar nicht laut genug sein!« Floras Augen bekamen einen verklärten Glanz.

Kinder? Nun doch? Steffi mochte nicht nachhaken. Als sie eben davon gesprochen hatten, hatte Flora so verletzlich gewirkt. Wenn es eine Wunde gab, wollte sie lieber kein Salz hineinstreuen.

»Wollen wir nach oben gehen?«, schlug Flora vor.

»Unbedingt! Wie lange wohnst du eigentlich schon hier?«

Flora musste nicht lange überlegen.

»Seit neunundvierzig Jahren.«

»Wow«, entfuhr es Steffi. Sie nahm all ihren Mut zusammen: »Und wie lange davon schon alleine?«

»Mein Heino ist vor drei Jahren gestorben. Genau gesagt vor drei Jahren, vier Monaten, zwei Wochen und einem Tag.«

»Das tut mir leid«, war alles, was Steffi dazu sagen konnte. Stumm folgte sie Flora nach oben, wo sie ihr die drei geräumigen Schlafzimmer zeigte. Außerdem das große Bad, das imposant, aber sehr in die Jahre gekommen war. Fast war es schon wieder hip mit seinen orangen Fliesen und Sanitärobjekten.

»Es waren die Siebziger«, zuckte Flora entschuldigend mit den Achseln.

»Ich find's toll!«, sagte Steffi und meinte es ehrlich. »Wie hast du dir das eigentlich vorgestellt? Möchtest du unten wohnen oder lieber oben?«

»Darüber habe ich ja überhaupt noch nicht nachgedacht!«, wunderte sich Flora über sich selbst. »Mir ist alles recht, wenn in dieses Haus nur endlich wieder die Wärme zurückkehrt. Und damit meine ich nicht nur die Heizung.« Flora zog ihre grobe Strickjacke enger um sich. »Ein Engel muss mir die Heizung zerdeppert haben. Wenn die nicht ausgefallen wäre, wäre ich wohl nie von dem Schlauch gestiegen, auf dem ich seit Heinos Tod stand. Die Einsamkeit hat mir vom ersten Tag an zu schaffen gemacht, aber auf die Idee, hier Menschen einziehen zu lassen, bin ich erst durch die eisige Kälte gekommen. Und durch euch!« Sie strahlte Steffi an.

Für die fühlte es sich an, als würde sie sich mit fremden Federn schmücken. »Es war Helens Idee, mit der ganzen Geschichte an die Öffentlichkeit zu gehen.«

»Ist doch wurscht! Die Hauptsache ist, dass wir uns getroffen haben. Ich weiß nicht, wie es dir geht, aber ich kann mir vorstellen, dass wir uns hier gut verstehen.« Erwartungsvoll sah sie Steffi an. Als die zu zögern schien, schob sie schnell hinterher: »Es ist noch sehr früh, das ist mir klar! Wir kennen uns gerade mal«, sie sah auf die Uhr, »eineinhalb Stunden. Aber die waren sehr angenehm, und ich würde dich und deine Familie gerne näher kennenlernen. Dann finden wir mit Sicherheit eine Möglichkeit, den alten Kasten hier so umzumodeln, dass wir alle darin glücklich werden. Du wirst sehen!« Nach einer klitzekleinen Pause fügte sie ernst hinzu: »Und ich will ganz ehrlich sein: Nur wenn jemand bereit ist, mir einen Teil des Hauses abzukaufen, kann ich mir meinen größten Wunsch erfüllen, hier wohnen zu bleiben.«

Steffi musste überhaupt nicht weiter überredet werden. Für sie war klar, dass diese Jemande Arno und sie sein mussten, und sie hätte an Ort und Stelle jeden Vertrag unterschrieben. Zum Glück hielt ihr Flora nichts Derartiges unter die Nase.

Als Steffi begeistert nickte, jubelte Flora: »Großartig! Dann sollten wir keine Zeit verlieren und uns ganz schnell besser kennenlernen. Bring beim nächsten Mal bitte deine Kinder mit. Und deinen Mann natürlich auch!«

»Die Kinder werden das hier lieben! Sie werden dich lieben!«, versprach Steffi. Bei Arno war sie sich nicht so sicher, was er von dem Vorhaben halten würde.

Das nächste Problem war, einen Termin zu finden. Arno arbeitete wie ein Verrückter. Und nachts konnten sie ja kaum zum Kennenlernbesuch bei Flora antanzen. Die letzten Wochenenden hatte Arno ebenfalls mit Arbeit verbracht. In der wenigen Zeit, die ihm samstags oder sonntags blieb, wollte er bestimmt keine baufälligen Häuser begutachten. Und das war ja nur der Anfang! Wie sollte sie ihm beibringen, dass sie den Umbau selbst verantworten würden? Während Steffi sich blauäugig in alles Mögliche stürzte, war er derjenige, der die Dinge mit Bedacht und größter Vorsicht anging. Selbst beim Wochenendeinkauf folgte er nicht seiner Intuition oder gar seinem Appetit. Seinem Handeln lag immer ein Plan zugrunde, Angebote wurden hinterfragt und verglichen. Steffi machte sich meistens überhaupt keine Gedanken darüber, wie etwas funktionieren sollte. Wenn sie sich erst einmal für etwas entschieden hatte, wurde es einfach gemacht. Arno sah als Erstes, was schiefgehen konnte. Allein die Entscheidungsfindung über den Kauf eines Billy-Regals konnte Wochen in Anspruch nehmen. Wie sollte Steffi ihn jemals dazu bewegen, sich zu der Sanierung einer zweihundert Jahre alten Villa zu entschließen?

Sie war noch mit ihren Gedanken beschäftigt, da stand Flora schon mit gezücktem Kalender vor ihr.

»Nicht, dass ich so viele Termine hätte«, lachte sie. »Wenn man so viel mit sich alleine ist wie ich, verliert man schon mal den Überblick über die Zeit. Manchmal weiß ich nicht einmal, welchen Monat wir haben!«

Steffi äugte in Floras Kalender, in dem tatsächlich jede Seite weiß war.

»Wie sieht es denn am Sonntag bei euch aus? Oder lieber Samstag?«

Flora sah von ihrem Büchlein auf, und Steffi schluckte ihre Bedenken schnell hinunter. Irgendwie würde sie Arno schon herzerren. Eine Absage brachte sie nicht übers Herz.

»Samstag ist prima! Wieder so um elf?«

»Wunderbar!« Flora kritzelte etwas in den Kalender und klappte ihn motiviert zu. »Ich freu mich drauf!«

»Ich mich auch!«

Die beiden verabschiedeten sich, und Steffi lief den Gartenweg hinunter durch das quietschende Tor. Mit jedem Schritt wurde ihr Wunsch, in dieses Haus einzuziehen, größer.

Zu Hause schloss sie die Wohnungstür auf und hätte sie am liebsten gleich wieder zugemacht. Von außen. Durch den überstürzten Aufbruch zu dem in Windeseile vereinbarten Treffen mit Flora lag das allmorgendliche Chaos unverändert vor ihr. Seufzend machte sie sich an die Arbeit, räumte den Tisch ab und sortierte herumliegende Wäsche. Der Hang, hundert Kleidungsstücke aus dem Schrank zu reißen und schließlich nur drei oder vier davon tatsächlich anzuziehen, war bei Familienmitgliedern jedes Alters gleichermaßen ausgeprägt. Ihre Handgriffe liefen mechanisch ab, in Gedanken war Steffi noch immer bei Flora in der Villa. Das Klingeln des Telefons holte sie in die Wirklichkeit zurück.

Es war eine Nachricht von Arno: er war zuversichtlich, heute Abend eine Pause in seinem seit Wochen anhaltenden Überstundenmarathon einlegen zu können. Das war die Gelegenheit, ihn in ihre Pläne zum Wohnprojekt mit Flora einzuweihen! Bei dem Gedanken wurde Steffi nervös. Wie sollte sie es anstellen? Dann hatte sie eine Idee: Auch in einem nach außen hin modern erscheinenden Mann wie Arno verbarg sich ein, wenn auch domestizierter, Macho. Wenn Steffi es geschickt anstellte, konnte sie den in Arno wecken und ihn damit wesentlich offener für die Idee machen. Im Klartext: Sie würde ihn am Abend mit dem perfekten Dinner empfangen und ihm, wenn er satt und zufrieden war, ihr Anliegen zum Dessert servieren. Dafür bedurfte es allerdings einiger Vorbereitung.

Daher ging Steffi am Nachmittag mit den Kindern ins Schwimmbad, was diese erfahrungsgemäß so müde machte, dass sie abends nahezu freiwillig ins Bett gingen. Um sich nach dem Heimkommen nicht mit deren Abendbrot aufzuhalten, gab es für beide je eine Portion Pommes im Schwimmbadcafé.

»Eine *ganze*? Für *jeden*?« Lina konnte ihr Glück kaum fassen.

Angesichts des Jubelgeschreis schämte Steffi sich ein wenig vor den anderen Eltern, die sie bestimmt entweder für geizig oder für eine Ernährungsfanatikerin hielten. Die halbe Portion, die die Kinder am Ende jeweils übrig ließen, bestätigte jedoch ihre sonstige Methode, Lina und Oskar sich ihre Pommes teilen zu lassen. Wieder im Reinen mit ihren erzieherischen Fähigkeiten, bewältigte sie auf der Heimfahrt auch noch die große Herausforderung, Oskar am vorzeitigen Einschlafen zu hindern: mit einer Überdosis Hexe-Knickebein-Liedern, die sie lauthals mitsang. Auf den Strecken mit weniger Verkehr lenkte sie den Wagen ruckartig nach links und rechts, was die Kinder vergnügt kreischend in ihren Kindersitzen hin- und herschleudern ließ.

Um halb acht saßen zwei Schlafanzugträger mit glasigen Augen und geputzten Zähnen in ihren Betten. Oskar bekam nicht mal mehr das Ende der Gutenachtgeschichte mit. Auch

Lina verzichtete auf den üblichen Protest, als Steffi das Buch zuklappte. Um neun wollte Arno kommen. Er schaffte es immer, seine Prognosen fast bis auf die Minute pünktlich einzuhalten. Wie er das machte, war Steffi ein Rätsel. Egal. Demnach hatte sie eineinhalb Stunden Zeit zum Kochen.

Mit routinierten Bewegungen zog sie Schubladen auf, holte Schneidebretter hervor, stellte Töpfe auf den Herd, rührte, schnippelte, schmeckte ab und entkorkte eine Flasche Rotwein. Schließlich deckte sie den Tisch und tauschte das vom langen Tag schwer in Mitleidenschaft gezogene T-Shirt gegen eine Bluse aus, die sie sogar irgendwann einmal gebügelt hatte. Noch ein geübter glättender Griff in die Haare, dann stand sie mit einem strahlenden Lächeln im Flur. Im selben Moment klackte der Schlüssel in der Tür, und Arno kam herein.

»Huch!«, begrüßte er leicht erschrocken seine Frau, die er nicht hier, sondern irgendwo in Küche oder Kinderzimmer erwartet hatte.

»Hallo!«, flötete Steffi, seine Irritation ignorierend, und streckte sich, um ihn zu küssen, während er sich aus der Jacke schälte.

»Alles in Ordnung?«, wollte Arno mit leicht beunruhigtem Unterton wissen.

»Alles bestens. Ich dachte, wir machen uns einen schönen Abend.«

»Und die Kinder?« Arno sah an Steffi vorbei ins Wohnzimmer.

»Schlafen«, klärte Steffi ihn auf, nur mit Mühe ihre Zufriedenheit darüber verbergend.

»Schade.«

Geht so. Dann kannst du sie mir wenigstens nicht wieder wach toben, dachte Steffi. Laut sagte sie: »Ja, schade. Aber sie waren so müde nach dem Schwimmen, ich hab sie nicht länger wach halten können.«

Als Arno den gedeckten Tisch sah, stutzte er erneut. »Wirklich alles in Ordnung?!«

Steffi verzog sich in die Küche, um die Spaghetti zu holen. »Darf ich meinem Mann denn kein Abendessen kochen, wenn er schon mal vor Mitternacht hier aufschlägt?«

»Dagegen habe ich absolut nichts einzuwenden. Aber du siehst so …« Arno sah sie an, überlegte.

Steffi schenkte ihm Wein ins Glas und blieb selbst bei Wasser, um einen klaren Verstand zu bewahren. Den brauchte sie heute Abend noch.

Offenbar interpretierte Arno ihre Abstinenz anders. »Du bist schwanger!«, rief er entsetzt.

Steffi schluckte. Hatte sie Arno in den letzten Monaten so vernachlässigt, dass ein simpler Topf Nudeln einen derartigen Ausnahmezustand bedeutete?

»Wie kommst du denn darauf?«

»Ich weiß nicht. Du leuchtest so. Und dann das.« Arno zeigte auf ihr Wasserglas.

»Ach so!«, lachte Steffi. »Nee, bin ich nicht. Sollte ich?«

»Ich weiß nicht. Willst du?«

Steffi verlor kurz den Fokus auf ihr Vorhaben und schmunzelte über diese nachgelagerte Familienplanung. Im nächsten Moment besann sie sich wieder auf ihr eigentliches Thema. In Floras Villa hätte durchaus noch ein Kind mehr Platz, dachte sie, behielt es aber für sich. Immer schön langsam. Sie kannte ihren Mann gut genug, um zu wissen, dass das Timing darüber entschied, ob man offene Türen einrannte oder auf Granit biss. Sie reichte ihm einen gefüllten Teller. »Wie war dein Tag?«

Als die Teller leer waren, holte Steffi tief Luft und erzählte Arno, was sich zugetragen hatte seit Helens Artikel. Den hatte er gelesen, ohne zu ahnen, dass es darin um seine Frau ging. Dieses Detail behielt Steffi auch jetzt noch für sich. »Es ist unsere einzige Chance, wenn wir in Ottensen wohnen bleiben wollen«, erklärte sie stattdessen.

Schweigend nahm Arno sein Weinglas, trank, schluckte, schwieg und wiederholte die Prozedur. Endlich sprach er: »Es ist eine Möglichkeit.«

Steffi glaubte nicht, was sie da hörte. Aufgeregt sprang sie vom Stuhl auf. »Denkst du wirklich?«

»Eine Möglichkeit, sich finanziell komplett zu ruinieren. Und die Ehe gleich mit.« Enttäuscht ließ Steffi sich zurück auf ihren Sitz fallen. Klar, dass Arno wieder ironisch werden musste. Es wäre ja auch zu einfach gewesen. Immerhin stellte ihr Mann die Unterhaltung nicht komplett ein. »Warum baut sie selbst nicht um, und wir zahlen Miete?«

»Keine Ahnung!« Die Frage hatte Steffi sich tatsächlich noch nicht gestellt. Sicher, Flora hatte nicht mal das Geld für eine neue Heizung. Aber Arno und sie hatten ja auch nicht so viel auf der hohen Kante, dass sie mal eben einen Umbau stemmen konnten. Auch sie mussten zur Bank und sich das Geld leihen. Aber bekam eine Rentnerin überhaupt einen Kredit? Arno wäre nicht Arno, wenn er nicht noch weitere Haare in der Suppe fände – darum nannte man Leute in seiner Position in der Agentur auch Bedenkenträger.

»Und was machen wir, wenn nach unserem Einzug urplötzlich die Erben dieser Frau auftauchen und uns rausschmeißen?« Immerhin darauf hatte Steffi eine Antwort.

»Das wird nicht passieren!«

»Sagt wer?«

»Sage ich. Weil es keine Erben gibt. Die arme Frau ist ganz allein.«

»Ah, jetzt verstehe ich das! Es ist das berühmte Steffi-Helfersyndrom. Es geht dir gar nicht um uns!«

»Wie kommst du denn darauf?«, wunderte sich Steffi. »Du weißt doch am besten, wie lange ich schon nach einer neuen Wohnung für uns suche. Dass wir in diesem Fall sogar noch jemandem einen Gefallen tun, ist das Tüpfelchen auf dem i. Unter normalen Umständen käme so eine riesige Villa überhaupt nicht infrage! Es ist ein Lottogewinn. Eine solche Gelegenheit kommt einmal und nie wieder.«

Ohne es zu wollen, hatte Steffi mit der Hand auf den Tisch geschlagen, um ihren Worten Nachdruck zu verleihen. Erschrocken über das laute Geräusch, zog sie ihren Arm zurück und ließ sich mit ärgerlich gekräuselter Stirn in ihren Stuhl zurückfallen. Arno schwieg. Steffi überlegte, ob mit ihrem Faustschlag das letzte Wort in dieser Angelegenheit besiegelt worden war. Eine derartige Vehemenz war gar nicht ihre Art. Wahrscheinlich hatte sie damit bei Arno genau das Gegenteil bewirkt, und er würde schon allein deshalb nicht zustimmen, weil sie ihn unter Druck setzte. Doch auch hier wäre ihr Arno nicht ihr Arno gewesen, wenn er nicht für eine Überraschung gut wäre.

»Okay«, sagte er ruhig. »Wenn du von der Sache so überzeugt bist, schauen wir uns das eben mal an.«

»Wirklich?« Steffi sprang auf und schaffte es diesmal ungebremst um den Tisch herum an Arnos Seite, ohne dass er seine Aussage revidierte. Übermütig ließ sie sich auf seinen Schoß fallen, legte ihm die Arme um die Schultern und schwärmte: »Du wirst sehen, es ist so wundervoll dort. Ich wette, ihr fühlt euch sofort wohl. So ist es mir gegangen. Es war ein Gefühl wie Nachhausekommen. Wenn in Büchern davon die Rede war, habe ich nie verstanden, was daran so besonders sein soll. Am Nachhausekommen, meine ich. Macht man doch jeden Tag, mehrmals sogar. Seit heute Morgen weiß ich es!«

Als ein paar Tage später alle vier Ruttmänner bei Flora zum Kennenlernbesuch antraten, hätte der Tag nicht schöner sein können. Floras Haus präsentierte sich inmitten des sonnenbeschienenen Gartens von seiner besten Seite, sämtliche Vögel der Umgebung schienen sich versammelt zu haben, um sie willkommen zu heißen. Die Kinder zeigten überhaupt keine Berührungsängste bei Flora und in dem großen Haus. Sofort bewegten sie sich in den Räumen und dem großen Garten, als wären sie nie woanders gewesen. Flora blühte richtig auf bei ihrem Anblick und verwöhnte Oskar und Lina mit selbst gebackenen Zimtschnecken und Kakao, zeigte ihnen den Garten und erzählte von den abenteuerlichen Spielen, die die Nachbarskinder hier vor vielen Jahren veranstaltet hatten. In dem großen Baum hinter dem Haus waren noch Überreste eines Baumhauses zu erkennen, die Oskar und Lina sofort entdeckt hatten.

»Können wir das neu bauen, wenn wir hier wohnen?«, rief Lina begeistert quer über den Rasen zu Arno, der auf der Terrasse stand. Fragend sah er rüber zu Steffi, die mit einem Schulterzucken signalisierte, dass es jetzt auch egal war. Sie hatten eigentlich nicht vorgehabt, die Kinder in ihre Überlegungen einzuweihen. Damit sie nicht enttäuscht sein würden, wenn doch nichts daraus wurde. In ihrer Begeisterung musste Steffi irgendwie doch etwas rausgerutscht sein. Auch weil ihr nicht eingefallen war, wie sie den Kindern den Besuch bei der fremden alten Frau sonst hätte erklären sollen.

Arno ging rüber zu den Kindern, die unter den Ästen mit den zartgrünen Blattspitzen standen und nach oben zeigten. Offenbar machten sie schon fleißig Baupläne, in die sie Arno einweihten. Auch mit ihm schien dieser Ort etwas zu machen. Steffi hatte ihn seit Wochen nicht mehr so entspannt erlebt. Und das, obwohl er für dieses Treffen ein Meeting mit dem Team in der Agentur verschieben musste. Ab dem Moment, in dem sie durchs Gartentor getreten waren, war er ein anderer Mensch. Oder viel besser: war er wieder der Arno, den Steffi vor vielen Jahren kennengelernt hatte. Damals waren sie beide Berufseinsteiger und sahen die Agentur als großen Abenteuerspielplatz, auf dem Arbeiten nur einen geringen Teil der Zeit einnahm, die man dort verbrachte. Im Vordergrund standen der Spaß mit den Kollegen und die Planung für die Aktivitäten nach Feierabend. Dabei waren die Übergänge fließend, und oft wurde schon in den Büroräumen mit dem Feiern begonnen, das dann in den Bars und Clubs auf St. Pauli ein spätes Ende nahm. Wenn es so etwas wie einen Jungbrunnen wirklich gab, dann befand er sich in Floras Garten. Unbeschwert und fröhlich unterhielt Arno sich mit Flora, die er genau wie Steffi sofort sympathisch fand. Er stellte interessiert Fragen zum Haus und machte Quatsch mit den Kindern, die ihren neuen alten Papa begeistert in Beschlag nahmen.

Kaum hatten sie das Grundstück verlassen, war der gestresste Arno zurück. Mit knappen Worten verabschiedete er sich zu seinem Meeting in die Agentur. »Wartet nicht auf mich. Wird bestimmt spät.« Steffi war anständig genug, ihn gebührend zu bemitleiden, und schaffte es, ein wehmütiges Gesicht zu machen. Hinter der Fassade war sie allerdings dem Jubel viel näher. Das Treffen war ein guter Anfang gewesen und stimmte sie zuversichtlich, dass sich darauf aufbauen ließ.

Knapp zwei Wochen später war Steffi wieder einmal auf dem Weg in ihr ganz persönliches Paradies, um sich von Flora alte Baupläne und Ähnliches geben zu lassen. Damit würde sie sich auf die Suche nach einem geeigneten Architekten machen und Kosten einholen. Vorher, so viel Vernunft hatte Arno ihr eingetrichtert, könne man keine Entscheidung treffen. Nach dem Besuch bei Flora war er zumindest nicht dagegen, die Sache weiterzudenken. Steffi tat seitdem nichts anderes.

Immer wieder wurde ihr ganz schwindelig, wenn ihr bewusst wurde, wie viele kleine Puzzleteile sie zu Flora und an diesen Ort geführt hatten. Im Großen und Ganzen war es Helens berühmt-berüchtigter Beharrlichkeit und ihrem Pragmatismus zu verdanken, dass sie der Verwirklichung ihres großen Traumes so nah war wie nie zuvor. Wenn Helen nicht die Idee für den Artikel gehabt hätte … Wenn Helen nicht darauf bestanden hätte, ihn zu schreiben … Wenn Helen nicht die guten Beziehungen zur größten Tageszeitung der Stadt hätte … Wenn Helen nicht diejenige gewesen wäre, die Floras Brief gelesen hatte … Wenn Helen nicht sofort erkannt hätte, dass Flora die war, die Steffi suchte und Steffi die, die Flora brauchte. Oder war es umgekehrt? Egal! Das Ergebnis zählte. Das war sie: *Die eine Gelegenheit*! Zwar hatte sie Arno davon schon eine ganze Reihe präsentiert in den vergangenen Jahren. Das Reetdach-Haus im Sachsenwald, das sie ihm kurz nach Oskars Geburt hatte schmackhaft machen wollen, zum Beispiel. Oder die dunkle Erdgeschoss-Grusel-Höhle, die sie dennoch als Glücksfall angesehen hatte, weil sie genau neben Linas Schule lag. Oder die Idee, gemeinsam mit ehemaligen Nachbarn in der Pampa ein Doppelhaus zu bauen! Wochenlang hatte sie Arno damit in den Ohren gelegen. Steffi konnte auf viele Fast-Einzüge zurückblicken, die auch zum Fast-Aus ihrer Ehe geführt hatten. Im Nachhinein war sie über alle Vetos von Arno froh.

Eine Kohlmeise zwitscherte dem Tag Beifall, als Steffi schwungvoll Floras Gartentor aufstieß.

»Hallo, Frau Blu ... äh, Flora!«, rief sie der alten Dame zu, die sie bereits an der Tür erwartete. An das vereinbarte Du konnte Steffi sich einfach nicht gewöhnen. Ihre Eltern hatten ihr Respekt vor älteren Menschen eingebläut – mit sehr nachhaltigem Erfolg. Aber das würde schon noch werden. Zeit würde sie auf jeden Fall genug haben, wenn alles nach Plan lief.

»Guten Morgen! Du strahlst ja so. Dann mal raus mit den guten Neuigkeiten!«

Die hätte Steffi ihr auch am Telefon verraten können, aber sie nahm jede Gelegenheit, in die Villa zu fahren, nur zu gern wahr. Flora schien der Besuch auch gutzutun.

»Stell dir vor, Arno ist einverstanden!«

»Oh, wie wunderbar!«, freute sich auch Flora und trat mit ausgebreiteten Armen zur Seite, um Steffi in den Flur zu lassen. Als die Anstalten machte, sich die Schuhe auszuziehen, bremste Flora sie: »Lass sie an, es ist so herrlich draußen! Wir gehen auf die Terrasse! Möchtest du Tee?«

Mit einem dampfenden Becher in der Hand schaute Steffi sich um und schwärmte. »Du hast es so schön hier!«

»Und ihr bald auch«, tätschelte Flora ihre Schulter und setzte sich ihr gegenüber. »Es ist übrigens unglaublich, wie ähnlich die Kinder euch sehen. Lina hat deine großen blauen Augen geerbt und den fein geschwungenen Mund. Und zum Ausgleich hat sich Arno mit Oskar sein braun gelocktes Ebenbild geschaffen. Euch zuzusehen ist einfach herrlich!«

Steffi lächelte mit unverhohlenem Mutterstolz. Sie hatte das schon oft gehört. Beide, Arno und sie, hatten sich mit den

Kindern ihre Mini-Mes geschaffen. Nach dem kurzen Exkurs in die Vererbungslehre kam Flora schließlich auf den Grund ihres Treffens zurück:

»Erzähl, wie konntest du deinen Mann überzeugen?«

Überzeugen war nicht ganz das richtige Wort. Als sie sagte, Arno sei einverstanden, meinte sie seine Bereitschaft, sich mit Floras Idee auseinanderzusetzen. Was definitiv die vernünftigere Reaktion war als Steffis blinde Euphorie. Dass Flora allerdings nicht ewig warten konnte, lag ebenfalls auf der Hand. Das ganze Haus war ein einziger Kühlschrank! Auch wenn der Sommer näher rückte, Floras Situation war unzumutbar. Wenn die alte Dame sich im Falle zu langen Zögerns schneller Entschlossene suchte, war das nur allzu verständlich.

Die müssten allerdings erst einmal Linas und Oskars unbedarften Charme übertreffen. Ab dem Moment, in dem Flora ihnen zum ersten Mal begegnet war, hatte sie sie in ihr Herz geschlossen. Das konnte Steffi an der Art erkennen, wie sich ihr Gesicht aufhellte, sobald sie mit den Kindern den Garten betrat. In diesen Momenten sah sie für einen winzigen Augenblick aus wie die wunderschöne junge Frau, die sie einmal gewesen sein musste. Um die Augen zeigte sich ein Strahlen, wie man es sonst nur bei Menschen sah, die noch alles vor sich haben und mit der unerschütterlichen Überzeugung gesegnet sind, dass es sich beim Leben um eine Tüte Bonbons handelt, in der eines süßer ist als das andere.

Mit Hingabe und Engelsgeduld erklärte Flora den beiden während ihrer Besuche alles, was in ihrem Garten roch, sang und kroch. Und blühte dabei selbst auf wie eine Magnolie nach einem langen Winter. Das blieb nicht ohne Wirkung. Lina und Oskar waren in den Stunden, die sie auf dem Grundstück verbrachten, wie verzaubert. Und danach erzählten sie mit weit aufgerissenen Augen und einer Stimme, die sich vor Begeisterung immer wieder überschlug, von ihren Erlebnissen. Oskar schlief in den Nächten darauf ohne Unterbrechung bis zum nächsten Morgen durch, was ihm die ganze Familie aus tiefster Seele dankte. Dieser luxuriöse Umstand, gepaart mit jedem Wort und Jauchzen ihrer Kinder, war Steffis Beweis dafür, dass der Garten ihr Bestimmungsort war, nach dem sie so lange gesucht hatte und für den es sich zu kämpfen lohnte. Sie hatte ihr Studium im Gegensatz zu Helen nicht abgeschlossen und glaubte seither von sich, generell kein besonderes Durchhaltevermögen zu besitzen. Mit dem Umbau und dem Einzug der Ruttmänner in die Villa Flora, wie sie das Haus in Gedanken nannte, würde sie sich und der Welt beweisen, dass sie sehr wohl in der Lage war, Dinge zu Ende zu bringen. Auch wenn Hindernisse ihr den direkten Weg versperrten. Dass der Punkt *Arno überzeugen* dabei einer der unproblematischeren war, konnte sie noch nicht ahnen.

»Bist du sicher, dass du auf das Gartengeschoss verzichten möchtest?«, wollte Steffi von Flora wissen, als sie über eine mögliche Aufteilung des Hauses sprachen.

»Ganz sicher«, bekräftigte sie. »Die Kinder brauchen Platz, und für euch wird es viel einfacher sein, wenn sie nicht immer erst die Treppe runterlaufen müssen, um in den Garten zu kommen. Küchentür auf und raus mit ihnen! Glaub mir, ich spreche aus Erfahrung.«

Schon wieder diese Andeutung auf Kinder? Hatte Flora nicht bei ihrem ersten Treffen gesagt, sie habe keine? Steffi kräuselte die Stirn.

»Oder möchtet ihr lieber oben wohnen?«, fragte Flora schnell. Sie interpretierte Steffis Blick offenbar als Ablehnung.

»Nein, nein!«

»Aber irgendetwas stört dich, das sehe ich. Verrätst du es mir?« Die alte Dame ließ sich nichts vormachen, so viel war klar. Steffi seufzte. Sollte sie ihr ihre Gedanken mitteilen? Oder war das zu privat? Schließlich kannten sie sich erst seit wenigen Wochen. »Raus mit der Sprache!«, insistierte Flora. »Weshalb zögerst du? Du darfst mir alles sagen. Du musst es sogar! Wenn wir uns ein Dach teilen wollen, soll es keine unausgesprochenen Gedanken geben. Was wir hier vorhaben, ist eine große Sache. Und solange nicht alle Beteiligten vollkommen einverstanden mit den Plänen sind, fangen wir nicht an.« Sie sagte das freundlich und schaffte es dennoch, Steffi das Gefühl zu geben, sie hätte keine andere Wahl, als ihre Verwirrung laut auszusprechen.

Sie wählte ihre Worte behutsam und beobachtete Flora vorsichtig, als sie sie fragte, von welchen Kindern sie sprach, wenn sie doch selbst keine hatte. Auf keinen Fall wollte sie sie traurig machen oder verärgern. Flora hörte ihrem unbeholfenen Gestammel aufmerksam zu, blickte dann stumm in den Himmel hinauf und schien nachzudenken. Oder wartete sie auf etwas? Eine Ermutigung? Schließlich nickte Flora jemandem zu, der nur in ihren Gedanken existierte, und begann zu reden.

»Als Heino und ich die Villa entdeckten, waren wir vom ersten Augenblick sicher: Hier sollte das Zuhause unserer Familie sein. Ich habe immer Kinder gewollt, viele Kinder. Und mit Heino war ich sicher, den perfekten Vater gefunden zu haben. Wir setzten alle Hebel in Bewegung, um das Haus kaufen zu können. Es war in keinem guten Zustand und preislich trotzdem weit über dem, was wir uns hätten leisten können. Wir mussten uns hoch verschulden, um das viele Geld zusammenzubekommen. Beide kamen wir aus einfachsten Verhältnissen, wie man so sagt, hatten keine Eltern, die uns unterstützten. Heino lieh sich eine hohe Summe von einem Studienfreund aus sehr reichem Elternhaus, ich bekam einen kleinen Kredit von meinem damaligen Chef, den ich abarbeiten musste. All das nahmen wir in Kauf für unser Traumhaus, stürzten uns voller Enthusiasmus in die Renovierungsarbeit, die wir aus Kostengründen fast vollständig alleine und neben der Arbeit bewältigten. Es war eine anstrengende Zeit und gleichzeitig eine so glückliche! Als ich wenige Monate später guter Hoffnung war, war das Glück perfekt. Hier auf der Terrasse habe ich Heino die frohe Botschaft verkündet, beim Abendessen. Ich hab falschen Hasen für ihn gemacht, den hat er geliebt. Und es gab ein Glas Sekt dazu. Sonst haben wir fast nie Alkohol getrunken, doch die gute Nachricht mussten wir einfach feiern. Das war 1971.« Versonnen blickte Flora auf die Tischplatte vor sich, die sie aber gewiss nicht wahrnahm. Sie war vollkommen absorbiert von ihren Erinnerungen. Steffi hatte ihre Erzählung aufmerksam verfolgt und konnte sich ebenfalls alles bildlich vorstellen. Gebannt sah sie die alte Dame an und wartete, dass sie weitersprach.

Das Lächeln, das zuvor Floras Lippen umspielt hatte, war verschwunden. Ein Zucken durchfuhr ihren zarten Körper, als hätte sie jemand angestoßen und aus einem Traum erweckt. Fragend sah sie Steffi an. Ganz so, als wundere sie sich über ihre Anwesenheit. Dann straffte sie ihren Rücken und sagte mit fester Stimme und ein wenig zu laut: »Ich hab's verloren.«

»Oh«, entfuhr es Steffi. Mehr fiel ihr nicht ein. Nach etwas Tröstlichem suchend, das sie Flora sagen konnte, starrte sie auf die Ameisenstraße, die sich vom Boden hoch zu einer Ansammlung liegen gebliebener Kuchenkrümel auf dem Tisch gebildet hatte. Erst als Flora weitersprach, traute Steffi sich, ihren Blick von dem Schauspiel zu lösen. In Floras Gesicht ließ sich nichts mehr ablesen. Vielleicht nutzte sich auch Traurigkeit mit den Jahren ab?

»Wir haben die Aufregung um das Haus dafür verantwortlich gemacht und uns nicht entmutigen lassen. Eines Tages würden viele kleine Füße über die Dielen flitzen und unser Glück vollkommen machen, davon waren wir nach wie vor überzeugt.« Wieder machte Flora eine Pause. Steffi drückte ihren Arm. Ein Kind zu verlieren gehörte zu den allerschlimmsten Schicksalsschlägen, die sie sich vorstellen konnte. Gab es dafür eine Wiedergutmachung? Die Gedanken wirbelten im Schleudergang durch ihren Kopf. Auch weil sie die dringende Frage, ob es nun doch irgendwo Erben für das Haus gab oder nicht, aus ihrem Kopf nicht verbannen konnte. Nach einer Weile, in der die beiden Frauen schweigend dagesessen hatten, jede in ihrer eigenen Welt, sprach Flora ganz von alleine weiter.

»Wir haben nie eigene Kinder bekommen. Dafür aber eine Vielzahl kleiner Freunde, die hier ein und aus gingen, in unserem Garten Höhlen und Baumhäuser bauten, durch die Zimmer der Villa tobten und uns mit ihrer Energie und Lebensfreude beschenkten. Es war im ganzen Stadtteil bekannt, dass Heino und ich gar nicht genug von Kinderlärm bekommen konnten und es hier immer etwas zum Naschen gab. Die Kleineren von ihnen glaubten tatsächlich an den Gummibärchen-Baum hier im Vorgarten, an den Heino jeden Morgen, bevor er zur Arbeit ging, eine Handvoll Bären hängte, die sie dann später ernten durften.« Bei der Erinnerung lachte Flora hell auf. »Die Größeren haben es natürlich irgendwann durchschaut, das Geheimnis aber für sich behalten. Für die Eltern waren wir ein willkommener Babysitter-Ersatz, und sie ließen ihre Kinder den Nachmittag über hier spielen und sogar übernachten, wenn sie ausgehen oder mal ein, zwei Tage für sich sein wollten. Als es uns möglich war, haben wir Familien, die wenig hatten, unter die Arme gegriffen. Auch wenn davon nicht mehr viel übrig ist: Altona war damals mit den vielen Fabriken ein richtiges Arbeiterviertel. Die Villa wurde Ende des 19. Jahrhunderts für einen der Direktoren gebaut. Wir haben den Kleinen Kleidung und auch mal Spielzeug gekauft, ihnen Essen mit nach Hause gegeben, und ich habe den Größeren bei den Schulaufgaben geholfen. Heino und ich haben es genossen, wenn Kinder im Haus waren.« Floras Augen waren wieder auf den fernen Punkt im Garten gerichtet, aber dieses Mal leuchteten sie, und ein glückliches Lächeln lag auf ihren Lippen.

Steffi konnte kaum glauben, was sie hörte. Es klang einfach zu schön. Doch wo waren diese Kinder jetzt? Sie mussten ungefähr in Steffis Alter sein, vielleicht älter. Und sicherlich hatte es der eine oder die andere zu einem gewissen Wohlstand gebracht. Kam keiner von denen auf die Idee, seiner Wohltäterin aus Kindertagen etwas zurückzugeben? Ärgerlich kräuselte sie die Stirn.

»Hast du zu einigen von ihnen noch Kontakt?«, wollte sie wissen.

»Ab und zu kommt noch mal eine Postkarte, oder ich treffe jemanden auf dem Markt. Aber sehr selten. Die Kinder haben ihre eigenen Leben. So ist es nun einmal. Ein Stück seines Weges geht man gemeinsam, dann muss jeder dorthin, wohin ihn sein Herz zieht.« Flora lächelte und legte ihre Hand auf Steffis, die immer noch auf ihrem Arm ruhte. »Darum freue ich mich ja auch so darüber, wenn wir das nächste Stück unseres Lebensweges gemeinsam gehen und du mit deinem Arno, Lina und Oskar hier bald wohnen wirst. Es ist höchste Zeit, dass dies hier«, sie machte eine vage Kreisbewegung mit der Hand, »ein bleibendes Zuhause für Kinder wird.«

Steffi unterdrückte eine Träne der Rührung, die gerade versuchte, sich in ihre Augen zu schummeln. Im selben Moment bekam sie ein schlechtes Gewissen, weil sie nicht ganz ehrlich gewesen war, was den Stand von Arnos Einwilligung in die ganze Sache betraf. Flora hatte ihr tiefe private Einblicke geschenkt, und viel mehr noch als zuvor wusste Steffi, dass sie alles daransetzen würde, Arno zu überzeugen. Fakt aber war, dass sie es noch nicht getan hatte. Kleinlaut, aus Angst, Flora zu enttäuschen, klärte sie sie auf.

»Liebes«, sagte Flora daraufhin, »wir gestalten die Sache einfach so, dass dein Mann gar nicht anders kann, als *Hurra!*

zu schreien. Männer brauchen Fakten, und die schaffen wir jetzt.« Sie stand auf und deutete Steffi an, ihr ins Haus zu folgen. Schnell stellte sie ihren Becher auf dem wackligen Gartentisch ab und ging ebenfalls hinein. Im Arbeitszimmer schloss Flora mit einem altmodischen Schlüssel aus schwarzem Schmiedeeisen eine der Türen auf, die sich an beiden Seiten des massiven Schreibtisches befanden. Sie nahm eine Kiste heraus, die etwas mehr als Din-A4-Format hatte und bestimmt vierzig Zentimeter hoch war. Als Flora den Deckel abhob, schlug ihnen der Geruch von vergangener Zeit entgegen. In der Kiste befanden sich vergilbte Urkunden, Pläne und Karten.

»Ein weiterer Grund, warum mir mein Heino fehlt. Wenn auch eher einer der praktischen. Von langweiligem Papierkram habe ich mich immer ferngehalten und es voll und ganz ihm überlassen. Darum habe ich keine Ahnung, was wir für unser Vorhaben an Unterlagen brauchen. Nur so viel: Alles, was das Haus betrifft, ist hier drin.« Mit diesen Worten drückte sie Steffi die Kiste in die Arme.

»Okay«, sagte die leicht überrumpelt. Was sollte sie mit dem ganzen Zeug anfangen? Ihr fragender Blick fiel Flora auf.

»Damit gehst du zu einem Architekten, Fakten schaffen. Wegen der Kosten mach dir keine Sorgen. Die Planungsphase geht auf mich. Ihr kommt erst dran, wenn es richtig teuer wird.« Mit einem schelmischen Grinsen, in dem auch das Unbehagen erkennbar war, das diese Tatsache in ihr auslöste, klopfte sie Steffi auf den Arm. Doch Steffi beruhigte sie. Es war von vornherein klar gewesen, wer den Umbau finanzieren würde. Flora war es nicht, weil sie es nicht konnte. In ihrem Schreiben an die Zeitung hatte sie das deutlich zum Ausdruck gebracht.

»Ich kann es gar nicht oft genug sagen: Es war ein Glücksfall, dass die Heizung den Geist aufgegeben und mir den Pleitegeier ins Haus geschickt hat. Sonst wäre ich dumme Nuss wohl nie auf die Idee gekommen, diese riesige Hütte hier mit jemandem zu teilen. Noch dazu habe ich dich und Helen getroffen! Ihr zwei und die Kinder bringen endlich wieder Lachen in mein Leben!«

»Und du machst uns so glücklich! Mich mit dem Haus, natürlich. Aber auch die Kinder. Sie sind wie ausgewechselt, wenn sie bei dir sind!«, gab Steffi das große Kompliment, das ihre neue Freundin ihr machte, zurück. »Hoffen wir, dass alles so kommt, wie wir es uns wünschen, und wir bald hier gemeinsam wohnen! Und du hast völlig recht: Wenn Arno erst einmal Zahlen hat, an denen er sich festhalten kann, wird es für ihn einfacher sein zu entscheiden. Und wenn ich es nicht schaffe, ihn zu überzeugen, hast du etwas an der Hand, mit dem du nach Ersatz für uns suchen kannst.« Der letzte Teil fiel ihr schwer. Aber so war es. Sie musste der Wahrheit ins Auge sehen. Die Chance, dass Arno ihren Plan guthieß, lag bei fünfzig zu fünfzig. Vielleicht ein ganz kleines bisschen mehr zu ihren Gunsten. Weil er einfach erkennen musste, was Flora und ihre Villa für ein traumhafter Glücksfall waren. Andererseits war es er, der das Geld aufbringen musste. Auch war er nicht der Typ, der sich gerne in die Abhängigkeit von Handwerkern begab. So ein aufwendiger Umbau barg Risiken, das war selbst Steffi klar. Aber Flora hatte recht: Bevor sie nicht einen Fachmann zurate gezogen hatten, war alles reine Spekulation. Mit ihrer Schatzkiste unter dem Arm verabschiedete sich Steffi eine knappe Stunde später von Flora und fuhr mit dem Rad die paar Straßen zurück zu ihrer Wohnung.

Der restliche Tag ging für Aufräumen und Kinderkram drauf, sodass sie keine Gelegenheit hatte, sich den Inhalt der Kiste genauer anzusehen. Als die Kinder schliefen, war sie zu müde. Und sie hatte auch ein bisschen Angst davor, wenn sie ehrlich war. War sie überhaupt in der Lage, das alles zu verstehen? Oder musste sie gar nichts verstehen und einfach jemanden finden, der sich damit auskannte? Steffi klickte sich mit dem Laptop auf dem Schoß durch die Treffer für *Architekturbüro Hamburg*, bis ihr die Augen zufielen. Arno weckte sie, als er mitten in der Nacht nach Hause kam, mit einem geflüsterten *Komm ins Bett*. Aus diesen drei Worten konnte Steffi heraushören, was für einen langen, anstrengenden und nervigen Tag er gehabt haben musste. So weit sie durch ihre halb geöffneten Lider sehen konnte, waren seine Augen mindestens so klein wie ihre. Sie schlurften rüber ins Schlafzimmer und ließen sich jeder auf seine Seite ins Bett fallen. Arno schaffte es noch, seinen Arm schwer um Steffi zu legen, bevor er im nächsten Moment die tiefen Atemzüge des Schlafenden verlauten ließ. Steffi gelang es leider nicht, sofort wieder an ihr Sofanickerchen anzuknüpfen. Doch wenn sie aufstand, würde sie Arno wecken. Also blieb sie liegen und dachte über die Möglichkeiten nach, wie man Floras Villa in zwei Parteien aufteilen konnte. Ihr war immer noch nicht ganz wohl bei dem Gedanken, die alte Dame in den ersten Stock zu verfrachten. Das fühlte sich irgendwie nicht ganz richtig an. Konnten nicht beide Hälften über zwei Etagen verfügen? Vielleicht mit einem kleinen Anbau? Steffis Überlegungen waren müßig, da sie weder Ahnung von Statik noch von Bauvorschriften hatte. Aber über dem Grübeln und Abwägen der Optionen schlief sie schließlich doch ein. In der Nacht suchte sie ein Traum heim, den sie schon oft geträumt hatte. Darin entdeckte sie in ihrer Wohnung ein Zimmer, von dessen Existenz sie in den ganzen Jahren zuvor keine Ahnung gehabt hatte. Dieses Mal allerdings unterschied er sich von den vorigen in seinem Ende, denn nun ärgerte sie sich darüber mehr, als dass sie sich freute. Sie fürchtete, dass Arno durch die Entdeckung des Zimmers nun keine Notwendigkeit mehr sah, Floras Angebot anzunehmen. »Wer will denn ein viertes Zimmer in einer Etagenwohnung, wenn er ein Haus mit Garten bekommen kann?«, hatte Steffi Arno in ihrer Traumwelt angegiftet.

Der hatte böse erwidert: »Der, der alles bezahlen muss, will das.«

Beendet wurde dieser traumatische Streit von etwas Nasskaltem. Oskar hatte in sein Bett gemacht und krabbelte nun in seinem klammen Schlafanzug unter ihre Decke. Benommen stieg Steffi aus dem Bett und holte aus dem Kinderzimmer frische Sachen. Sie zog dem mittlerweile wieder tief schlafenden Kind einen neuen Schlafanzug an und versuchte dann, auf den verbleibenden fünfzehn Zentimetern ihrer Matratze vor dem erbarmungslosen Klingeln des Weckers noch einmal einzuschlafen. Vergeblich. Stattdessen überlegte sie, warum sie so sauer auf Arno war. Gestern Abend hatten sie doch so gut wie nicht miteinander gesprochen.

Erst nach ein paar Minuten fiel ihr der Traum ein, und damit der Streit, der in der Realität nie stattgefunden hatte. Es gab also keinen Grund für schlechte Laune. Diese Erkenntnis verhalf Steffi doch noch zu einer halben Stunde Schlaf, bis der Wecker sie schließlich für den neuen Tag aus dem Bett holte.

»Zeig her!«, rief Helen schon auf dem Treppenabsatz, als Steffi die Wohnungstür öffnete.

»Was?« Steffi guckte verständnislos.

»Die Kiste natürlich!« Helen drückte sich an ihr vorbei in die Wohnung.

»Hier sieht es noch total schlimm aus«, entschuldigte Steffi sich und erntete dafür einen Blick, den man nett mit *Du hast sie doch nicht mehr alle* übersetzen konnte. Steffi sah es ein. Es war wirklich albern, sich nach tausend Jahren Freundschaft vor Helen für die drei Krümel unter dem Frühstückstisch zu schämen.

Am Telefon hatte sie von der Wunderkiste erzählt. Helen hatte das so spannend gefunden, dass sie sofort vorbeikommen wollte, und so stand sie wenig später höchstpersönlich auf der Matte. Steffi schaffte es kaum, die Tür wieder zu schließen, als Helen bereits am halb fertig abgeräumten Tisch saß und ein Schriftstück nach dem anderen aus der Kiste zupfte.

»Jetzt warte doch mal! Die Sachen kriegen doch Flecken!«, schimpfte Steffi und griff nach den Unterlagen, um sie vor Helens gierigen Händen zu retten. »Lass uns rüber zum Couchtisch gehen, da klebt weniger Erdbeermarmelade drauf.« Sie hockten sich auf den Boden, und Steffi nahm vorsichtig ein Schriftstück hoch und sah es verständnislos an. Ehrfürchtig legte sie es neben sich und verfuhr mit dem nächsten Papier genauso. Helen konnte mit den Dokumenten ebenso wenig anfangen wie sie. Der Grundriss der Villa verbarg seine Informationen vor den beiden hinter Buchstaben in Sütterlinschrift. Auch waren so viele Striche und Linien gezeichnet, dass man überhaupt keinen Überblick bekam, was wo sein sollte.

»Da muss ein Profi ran«, stellte Helen fest. »Hast du schon einen Architekten angerufen?«

»Nein. Ich hab gestern gegoogelt, bin dabei aber eingepennt.«

»Okay, ich mach das!«, erklärte Helen und klappte Steffis Laptop auf. »Hier! Der ist gleich die Straße runter. Wie praktisch.« Sofort griff Helen zum Telefon. Während sie mit dem Architekturbüro sprach, kramte Steffi, die mit einem Ohr zuhörte, weiter in der Kiste. Was war denn das? Zwischen den Flurkarten, Grundrissen, Grundbuchabschrieben und anderen Urkunden fand sie ein Foto. Es zeigte eine junge Frau mit langem braunen Haar, die vor einer heruntergekommenen, bunt bemalten Hauswand stand. Um sie herum waren junge Leute in dunklen Lederjacken und mit ernsten Gesichtern, das Mädchen war die Einzige, die in die Kamera sah. Mit einem glücklichen Lächeln blies sie dem Fotografen einen Kuss zu.

»Guck mal!« Steffi streckte Helen, die inzwischen aufgelegt hatte, das Bild entgegen.

»Ja, schön«, meinte die irritiert. »Willst du nicht wissen, was die gesagt haben?«

»Ja, gleich!«, gab Steffi abgelenkt zurück. Als sie das Bild Helen hinhielt, präsentierte sich ihr ein kurzer Text, der handschriftlich auf die Rückseite geschrieben worden war. *Freiheit für die Liebe – Liebe für die Freiheit! Für meinen Heino – Hamburg '82.* Steffi las es laut vor. Daraufhin wollte Helen nicht mehr so dringend erzählen, was sie am Telefon herausgefunden hatte. Stattdessen schnappte sie Steffi das Bild aus der Hand, las die Zeilen noch einmal laut vor und drehte das Bild dann um. Mit dem Blick auf die Frau geheftet, fragte sie. »Wer ist das?«

»Was fragst du mich?«, gab Steffi zurück.

»Wann sagte Flora, sei sie in die Villa gezogen? Das war doch vor 1982!«

»Hab ich mir nicht gemerkt. Aber das würde ja bedeuten …« Steffi mochte ihren Gedanken nicht zu Ende denken. Helen war da weniger zimperlich und sprach ihn sogar laut aus.

»Der gute Heino hatte eine Affäre mit dieser Schönheit hier!« Sie wedelte mit dem Bild in der Luft herum.

»Muss nicht sein!«, rief Steffi als wäre Helens Behauptung etwas, das sie persönlich betraf. »Vielleicht waren sie einfach nur Freunde. Oder sie ist seine Schwester.«

»Ja, vielleicht. Und vielleicht können Elefanten seiltanzen.«

»Eben!« Steffi nickte zur Bestätigung eifrig mit dem Kopf. »Ich habe den Kindern mal eine Geschichte vorgelesen, da ging es um den Zirkuselefanten Fips, der war der beste Seiltänz…«

»Steffi!«, unterbrach Helen, bevor Steffi ihr das ganze Kinderbuch nacherzählen konnte.

»Was?!«, fragte die trotzig.

Helen sah sie eindringlich an, und Steffi lenkte ein: »Ja, schon gut. Aber es *muss* keine Affäre gewesen sein. Darum behalten wir unseren Fund auch schön für uns.« Mit diesen Worten steckte sie das Foto wieder zwischen die übrigen Papiere und klopfte mit der flachen Hand bestimmt auf den Stapel. »Ist ja auch schon verjährt«, fügte sie hinzu. »Und was Flora nicht weiß, macht sie nicht heiß. Ihr Heino soll in ihrer Erinnerung der tolle Mann bleiben, der er für sie war. Du hast nicht erlebt, wie sie von ihm spricht. Das war echte Liebe!« Dabei bekam sie für einen kurzen Moment einen ganz verklärten Blick, der wieder in der Realität aufschlug, als sie weitersprach. »Zumindest von Floras Seite. Jedenfalls ist es hart genug für sie, dass er nicht mehr bei ihr ist. Wenn wir ihn jetzt mit diesem Foto von dem Sockel stoßen, auf den Flora ihn gestellt hat, wird ihr das das Herz brechen!«

»Oder es ist gerade gut!«, warf Helen ein, die die Sache wie immer von der pragmatischen Seite sah. »Wenn sie merkt, dass er nicht fehlerlos war, muss sie ihn nicht mehr vergöttern, und er fehlt ihr weniger.« Wie so oft stand sie auch dieses Mal mit ihrer sachlichen Einschätzung alleine da.

»Das kann auch nur von dir kommen! Mein Drei-Sterne-Tiefkühlfach ist nichts gegen dich! Es bleibt dabei: Flora erfährt nichts von dem Bild.«

»Darf ich dann für mich herausfinden, was dahintersteckt? Bitte!«, bettelte Helen weiter.

»Was versprichst du dir davon? Egal, was da ans Licht kommt, wem willst du es erzählen, wenn nicht Flora?!« Kurz dachte Steffi, sie hätte ihre Freundin überzeugt, denn die gab nur ein undefinierbares *Hmmmm* von sich und kippte den letzten Schluck Kaffee in sich hinein. Dann stellte sie achselzuckend den Becher zurück auf den Tisch.

»Ich weiß nicht. Es ist so ein Gefühl. Vielleicht ist es der verheißungsvolle Text auf der Rückseite. *Freiheit und Liebe*! Vielleicht ist es der Ort der Aufnahme. Ich könnte wetten, dass es die Hafenstraße ist. Was dort geschehen ist, hat mich schon immer fasziniert: Menschen, die um ihr Zuhause kämpfen!« Helen war richtig in Fahrt. Sie beendete ihre Rechtfertigungsrede und sah Steffi herausfordernd an: »Gerade du musst das doch verstehen!«

»Das ist ja wohl was anderes. Die wollten nicht raus, sollten aber. Ich will rein, darf aber nicht«, erwiderte sie trotzig.

Helen blieb beharrlich: »Du weißt, was ich meine. Der Kern ist der gleiche. Es geht um die Leidenschaft. Die Menschen haben für etwas Großes gekämpft: Gerechtigkeit. Wir kämpfen nur mit unserem Alltag. Mit der Frage, was es zu Mittag geben soll. Und wenn die Bahn wieder die Preise erhöht, motzen wir in unseren Bart und nehmen es hin. Mich interessieren die Menschen, die sich das nicht bieten lassen. Und wohin sie das gebracht hat. Bitte lass mich gucken, was ich herausfinden kann! Dann können wir entscheiden, ob wir es Flora sagen oder nicht. Vielleicht ist es ja auch ganz harmlos.«

»Von mir aus«, gab Steffi sich geschlagen.

»Danke!«, rief Helen und suchte das Bild wieder aus dem Stapel heraus, in dem Steffi es vergraben hatte. Schnell, als hätte sie Sorge, ihre Freundin könnte es sich noch mal anders überlegen, fotografierte sie es mit ihrem Handy und schob es zurück in sein Versteck.

KAPITEL VI

Schon immer war Helen fasziniert von diesem riesigen Schatz gewesen, der sich im Archiv des Morgenblattes befand. Jedes Mal, wenn sie hier unten in den verwinkelten Katakomben unter dem Zeitungsgebäude war, lief sie staunend an den endlosen Regalreihen entlang, in denen sich Kisten, Schachteln, Ordner und eine beachtliche Menge Staub befanden. Hier war man umgeben von der über mehrere Jahrzehnte gesammelten Geschichte der Stadt. Ach was! Der Welt! Alles, worüber das Morgenblatt jemals berichtet hatte, war hier unten zwischen die Pappdeckel unzähliger Dokumentenmappen gequetscht und wartete darauf, ein zweites Mal glänzen zu dürfen. Als Quelle oder Referenz für neue Nachrichten, die die Menschen bewegen würden.

Helen war an diesem Morgen ins Zeitungsgebäude gekommen, um mit Lutz zu sprechen. Es quälte sie, dass sie bei ihrer letzten Begegnung so unschön auseinandergegangen waren. Und natürlich wurmte es sie, dass er mit dem – *ihrem* – Wohnthema nicht weitermachen wollte. Doch man hatte ihr am Empfang mitgeteilt, Lutz sei nicht im Haus. Helen wollte schon gehen, dann war sie jedoch auf die Idee gekommen, im Zeitungsarchiv ein wenig herumzuschnüffeln. Weil es neben dem Streit mit Lutz noch etwas gab, was sie nicht losließ: das Foto aus Floras Kiste. Die Frau auf dem Bild hatte etwas in ihr ausgelöst, und Helen musste unbedingt mehr über sie erfahren. Sie betrachtete die Aufnahme auf ihrem Handydisplay, und beinahe verließ sie ihre anfängliche Zuversicht, etwas über die Entstehungsgeschichte des Fotos zu erfahren. War es überhaupt in Hamburg aufgenommen worden? Ihr erster Gedanke war die Hafenstraße gewesen, wegen des Graffito und der düster dreinblickenden Personen im Hintergrund. Aber bemalte Wände gab es ja auch in anderen Großstädten. Es musste nicht einmal in Deutschland sein. Helen seufzte. Aber irgendwo musste sie anfangen. Beim erneuten Betrachten konzentrierte sie sich auf das Kunstwerk auf der Hauswand. Vielleicht hatte sie Glück und entdeckte es auf einem der Archivbilder wieder. Systematisch suchte sie nach Berichterstattungen aus der Zeit der Hausbesetzungen in der Hafenstraße. Helen selbst war damals noch zu klein gewesen, um zu verstehen, was Anfang der Achtzigerjahre in Hamburg St. Pauli los gewesen war. Doch die Bilder, die zu jener Zeit ins elterliche Wohnzimmer im beschaulichen Boostedt gesendet wurden, waren ihr noch gut im Gedächtnis. Ihre Eltern waren sehr interessiert gewesen an den Berichten, war Hamburg als nächste Großstadt doch durchaus ein Ort, den man als *vor der Tür* bezeichnen konnte. Zumindest im Vergleich zu Afrika, Kuwait oder wo es sonst noch krachte in jener Zeit. Helen hatten besonders die Bilder aus Afrika mit

Schrecken erfüllt: kleine Kinder, die mit ihren riesigen, fragenden Augen, in denen immer Fliegen saßen, in die Kameras schauten. Was sie nie verstanden hatte: Es hieß, die Kinder seien unterernährt. Dass ihre Bäuche von Krankheiten und Parasiten so aufgebläht waren und nicht, weil sie zu viel aßen, hatte Helen nie jemand erklärt. Stattdessen wurde sie am Tisch, wenn sie sich mal wieder weigerte, ihren Teller leer zu essen, gerne daran erinnert, dass die Menschen in Afrika froh wären über die Portion Graupensuppe oder Erbseneintopf.

Für Grundschulkinder war Hamburg ihrem Dorf kaum näher als Afrika. Die Lage der Menschen dort erschien Helen allerdings weitaus weniger lebensbedrohlich, hatten sie doch ein Haus und genug zu essen. Sie wunderte sich über die aufgebrachten Menschen, die in die Kameras riefen und aus Gründen, die sie nicht verstand, wütend mit Steinen um sich warfen. Vielleicht wollte Helen das jetzt nachholen; verstehen, was die Menschen zu ihrem Handeln bewogen hatte. Mit der Frau auf dem Foto hatte sie eine Stellvertreterin gefunden, die vielleicht den Schlüssel zu den Gedanken der Aktivisten von damals lieferte. Natürlich wusste Helen inzwischen, worum es damals ging: Die Bewohner der kommunalen Wohnungsbaugesellschaft wollten die heruntergekommenen Häuser vor dem Abriss retten. Es folgte eine schleichende Besetzung von insgesamt zwölf Häusern, die erst im Frühjahr 1982 von offizieller Seite bemerkt wurde. Das daraufhin beginnende Tauziehen zwischen Behörden und Bewohnern dauerte bis 1989 und eskalierte während dieser Zeit immer wieder heftig. Damals wurde das Thema aus allen Blickwinkeln beleuchtet, und auch heute gab es immer wieder Abhandlungen darüber, was damals geschehen war. Doch soweit Helen wusste, ging es immer nur um die politischen Hintergründe und das besonnene Handeln des damaligen Bürgermeisters von Dohnanyi, der den Konflikt beendete. Was die Menschen dachten, fühlten, was ihre Ängste und Wünsche waren, erfuhr man nur zwischen den Zeilen. Vielleicht, so überlegte Helen, konnte die Foto-Frau diese Wissenslücke bei Helen schließen. Das Ende des Konfliktes würde sich in diesem Herbst zum dreißigsten Mal jähren. War es nicht bemerkens- und damit berichtenswert, dass die Sorge der Menschen um bezahlbaren Wohnraum nach wie vor und immer noch aktuell war? Wenn sich die Lage auf dem Immobilienmarkt nicht entspannte, dauerte es sicher nicht lange, bis jemand die Hafenstraße 2.0 ausrufen würde. Dieser Gedanke brachte sie wieder zurück zu dem Grund ihres Besuchs im Zeitungsarchiv, das für Helen einer Zeitmaschine gleichkam. Es ließ sie von jetzt auf gleich in jede erdenkliche Ära der letzten zwei Jahrhunderte abtauchen. Wie heute ins Hamburg der Achtziger. Die Autos und die Kleidung, die auf den Bildern zu sehen waren, versetzten sie in ihr achtjähriges Ich zurück. Beinahe spürte sie das Kratzen des frisch gewaschenen Frottee-Schlafanzugs auf der Haut und den Geschmack von Himbeer-Brausepulver und Liebesperlen aus der Nuckelflasche auf ihrer Zunge. Gleichzeitig schien die Zeit hier unten zu rasen. Es war halb vier! In einer halben Stunde musste sie Ella von der Nachmittagsbetreuung der Schule abholen. Das war angesichts des Chaos, das sie hier auf einem der Arbeitsplätze des Archivs verursacht hatte, kaum möglich. Ausgerechnet heute! Ella war eine ganze Woche bei Jerry gewesen, und Helen hatte sich fest vorgenommen, mit ihrer Tochter einen so langweilig-normal-wie-möglichen Nachmittag zu verbringen, um ihr das Ankommen bei ihrer Mutter zu erleichtern. Hastig schob Helen die Kopien, die sie von den für sie interessanten Schriftstücken und Bildern angefertigt hatte, zusammen und räumte die Akten und Ordner wieder an ihre Plätze. Als sie im Fahrstuhl nach oben ins Erdgeschoss fuhr, war es drei Minuten vor vier. Unruhig zappelte Helen von einem aufs andere Bein und beschwor den Lift, sie schneller wieder zurück in die Gegenwart zu befördern. Die Fahrstuhltüren öffneten sich, und Helen stürmte auf den Ausgang zu. Zur gleichen Zeit brach ein Ansturm von SMS- und WhatsApp-Nachrichten auf ihrem Handy los. Im tiefen Keller des Zeitungsgebäudes hatte man keinen Empfang. Jetzt piepte und brummte es in ihrer Tasche, sodass Helen es nicht länger ignorieren konnte und widerwillig ihren Laufschritt unterbrach, um das Telefon aus den Tiefen ihrer Tasche hervorzuholen. Eilig überflog sie die Nachrichten und entspannte sich augenblicklich, als sie die WhatsApp von Steffi las. Schon um kurz nach eins hatte die Freundin ihr geschrieben, dass Lina und Ella unbedingt zusammen nach Hause gehen wollten, um irgendein grandios wichtiges Spiel, das sie in der Pause begonnen hatten, zu Ende zu spielen. Helen sollte sie anrufen, wenn sie Ella abholen wollte. Das waren eindeutig gute Nachrichten. Kurz überlegte sie, ob sie sich wieder zurück an die Arbeit unter Tage begeben sollte, entschied sich aber dagegen. Sie hatte tonnenweise Material im Gepäck, das sie genauso gut zu Hause lesen konnte. Darum stieg sie aufs Rad und fuhr zu Steffi und den Kindern. Auf dem Weg hielt sie, inspiriert von ihrer Zeitreise in die Vergangenheit, beim *Café Schmidt* an. Das verkaufte als einzige Konditorei der Stadt Schokoladenberge, diese undefinierbare, auf einen Keksboden gehäufte und mit Schokoladenglasur übergossene Schokomasse, die es auch bei ihrem Bäcker in Boostedt gegeben hatte und von der Steffi und sie als Kinder nicht genug bekommen konnten. Helens Mutter hatte dazu immer *Zusammengefegte Backstube* gesagt. Weil man darin so sonderbare Dinge wie Stücke eines Tesafilm-Streifens, einzelne Gummibärchen oder kleine Legosteine finden konnte, die wohl dem Sohn der Bäckerfamilie gehörten. Derartige Überraschungen präsentierten die Berge in Hamburg zwar nicht, geschmacklich kamen sie den Originalen in der Heimat jedoch ziemlich nahe. Auch Ella und Lina waren inzwischen große Schokoberg-Fans. Entsprechend euphorisch fiel der Jubel aus, als Helen mit dem Kuchenpaket bei Steffi zur Tür hereinkam. Ella begrüßte ihre Mutter freudig, aber so unspektakulär, als hätte sie sie erst vor wenigen Stunden das letzte Mal gesehen. Es gab Zeiten, da machte Helen dieses Verhalten traurig. Besorgt hatte sie sich und andere gefragt, was das über die Beziehung zwischen ihrer Tochter und ihr aussagte. Inzwischen nahm sie Ellas Art, die Begrüßung auch nach längerer Zeit der Trennung relativ normal zu gestalten, als Zeichen dafür, dass sie ihre Gesamtsituation als normal betrachtete. Wo Helen ein Problem in dem Hin und Her sah, das die zwei Wohnsitze für ihre Tochter bedeuteten, sah Ella überhaupt nichts.

In Steffis Wohnung herrschte Anarchie in Strumpfhosen. Die Mädchen hatten offenbar sämtliche Kissen, Decken und Spielsachen aus dem Kinderzimmer ins Wohnzimmer geschleppt und auf dem Weg dorthin eine Krempel-Spur hinterlassen aus Dingen, die ihnen runtergefallen waren oder die sie dann doch nicht brauchten. Arme Steffi, dachte Helen, die wusste, was für eine große Überwindung es ihre Freundin kostete, nicht jedes Teil sofort wieder an seinen angestammten Platz zurückzuräumen. Statt wie gewohnt ständig Schadensbegrenzung zu betreiben, saß Steffi jedoch mittendrin und hochkonzentriert hinter ihrem Laptop.

»Was machst du?«, fragte Helen.

»Ich suche Architekturbüros! Gar nicht so leicht. Entweder sie haben keine Zeit, oder das Projekt ist ihnen zu klein. Ich sollte vielleicht behaupten, auf dem Grundstück ein Mehrfamilienhaus bauen zu wollen. Dann komme ich wenigstens an den Vorzimmerdrachen vorbei, und sie geben mir einen Termin!« Demonstrativ nahm Steffi den Block, der neben dem Laptop lag, hoch und ließ ihn verdrossen zurück auf den Tisch platschen. Sie hatte darauf ungefähr zwanzig Namen und Telefonnummern notiert und durchgestrichen.

»Pause!«, verordnete Helen und holte Teller und Kuchengabeln aus der Küche.

Wie sehr die Suche nach einem willigen Architekten Steffi vereinnahmte, merkte man auch daran, dass sie nicht wie sonst mit einem feuchten Lappen im Anschlag neben Oskar saß und damit nach jedem Bissen Schokoberg, den er sich in den Mund schaufelte, seine Hände und den Mund abwischte. Sie ließ ihn ungestört essen und reagierte auch nicht gewohnt hysterisch, als er sich mit den verschmierten Fingern vom Tisch wegbewegte. Es war Helen, die im letzten Moment verhinderte, dass Oskar den zur Hälfte auf seinem Oberteil klebenden Schokoberg auf die helle Wohnzimmercouch stempelte. Nachdem alle fertig gegessen hatten, ließ Helen Steffi weiter das Internet durchkämmen. Sie selbst spielte mit den Kindern und räumte danach gemeinsam mit ihnen auf. Später, als sie vorgehabt hatte, verabschiedete sie sich mit Ella.

»Du findest jemanden«, sprach sie Steffi Mut zu, wie man es normalerweise bei verzweifelten Singles tat. »Ich kann mich morgen auch noch mal in der Redaktion umhören. Vielleicht hat da jemand einen Tipp. Und zur Not reißen wir eben selbst ein paar Wände ein.«

Steffi lachte müde über den Vorschlag der Freundin.

»Es ist ja nicht nur wegen mir«, erklärt sie. »Flora friert sich in dem alten Kasten jeden Tag die Finger ab. Die Heizung muss dringend repariert werden, was aber nicht geht ohne Geld. Was mache ich, wenn Flora die Geduld verliert und sich jemand anderen sucht? Oder aufgibt und verkauft!«

»Jetzt mal nicht den berühmten Teufel an die Wand. Es ist gerade mal ein Tag vergangen, seit du die nötigen Unterlagen von ihr bekommen hast. Und abgesehen davon kann dir niemand das Projekt wegnehmen, solange du die Kiste hast.«

»Alles miste ohne Kiste!«, reimten die Mädchen und lachten sich kaputt.

»Da hörst du es«, bestätigte Helen und küsste Steffi zum Abschied.

Als Ella schlief, holte Helen ihre Beute aus dem Zeitungsarchiv aus ihrer Tasche und verteilte sie auf dem Boden, weil der Schreibtisch immer noch von der unerledigten Steuererklärung blockiert war. Beim Anblick dieser Altlast fiel Helen auch Frank wieder ein. Den hatte sie ganz vergessen! Kurz überlegte sie, ob er sich eine analoge Abfuhr verdient hatte, verwarf den Gedanken aber gleich wieder wegen zu hohen Zeitaufwands. Warum sollte sie ihre knappste Ressource darauf verschwenden, einem Menschen zu sagen, dass er sich leider disqualifiziert hatte in dem Wettbewerb um einen Teil davon? Ein Typ, der ihr Nachrichten voller Emojis sendete, obwohl er sein Geld damit verdiente, die richtigen Worte für die schwierigsten Zusammenhänge zu finden, hatte nicht mehr als eine digitale Abfuhr verdient. Und das erledigte sie am besten gleich. Sie tippte eine freundliche, vollkommen emoji- und emotionsfreie Erklärung, warum es ihr derzeit nicht möglich sei, ihn zu sehen, und widmete sich endlich ihrem Recherchematerial.

Sie hoffte, die Frau von Floras Foto – oder besser: Heinos Foto – irgendwo auf den zahlreichen Pressebildern wiederzuerkennen, die damals aufgenommen worden waren. Das war zwar unwahrscheinlich, aber nicht komplett unmöglich. Und ein bisschen Glück gehörte zu jeder guten Story dazu, das hatte Helen in den inzwischen fast zwanzig Jahren, die sie als Journalistin arbeitete, gelernt. Man konnte noch so gute Ideen haben, der beste Freund in ihrer Branche hieß Zufall. Er schickte einen zur rechten Zeit an den rechten Ort und pustete einem die Informationen vor die Nase, die das unfertige Puzzle komplettierten oder eine belanglose Information zu einer Sensation werden ließen. Doch Herr Zufall hatte Termine. Und Besseres vor, als sich zu Helen auf den

Wohnzimmerboden zu hocken und mit ihr auf jahrzehntealte Bilder zu gucken. Dafür meldete sich Frank. Genervt verdrehte Helen die Augen, schaltete das Telefon auf stumm, schließlich ganz aus und ging noch einmal die Fotos durch. Es waren Schwarz-Weiß-Kopien von Zeitungsartikeln. Gesichter, die kleiner als ein Centstück waren, konnte man nur als zugesuppten Fleck erkennen. Vielleicht war noch das Geschlecht zu erraten, aber ob es sich um die Schöne von dem Foto aus der Kiste handelte, war unmöglich zu erkennen. Ärgerlich schob Helen den Zettelberg von sich. Zeit für ein Glas Rotwein, beschloss sie und stemmte sich vom Boden hoch. Vom langen Sitzen waren ihr die verknoteten Beine eingeschlafen, und es dauerte einen Moment, bis sie aufrecht stand. Als es ihr endlich gelang, wurde ihr kurz schwindelig, und sie hielt sich an der Wand fest. Tee ist der neue Rotwein, beschloss sie daraufhin und machte sich in der Küche auf die Suche nach einem Teebeutel. Das Einzige, was sie fand, war ein Kinderfrüchtetee, den Ella einmal beim Einkaufen erquengelt hatte, weil auf der Packung so lustige Monster abgebildet waren. Überrumpelt davon, dass ihre Tochter einmal etwas haben wollte, was nicht zu neunzig Prozent aus Zucker bestand, hatte sie den Quatsch gekauft. Seitdem Helen ihr jedoch verboten hatte, den aufgebrühten Tee löffelweise nachzusüßen, hatte Ella keine Verwendung mehr dafür. Nach dem ersten Schluck verstand Helen das nur allzu gut. Tapfer trank sie ihn trotzdem und klappte ihren Laptop auf, um sich von dem lahmen Geschmack und der Frustration wegen der bislang erfolglosen Recherche abzulenken. Außerdem hatte sie eine Idee, die Steffi vielleicht mit ihrem

Architekten-Problem helfen konnte. In der Großstadt neigten die Menschen dazu, immer den Höchstqualifizierten für eine Aufgabe zu suchen, die sie zu vergeben hatten. Darum hatte Steffi direkt Architekten abtelefoniert. Dabei war sie genau wie Helen aus ihrem Heimatdorf ganz anderes gewohnt. Aus Mangel an hochstudierten Fachleuten nahm man so gut wie alles selbst in die Hand. Mit den Kräften, die innerhalb des Dorfes oder maximal des nächsten verfügbar waren. Also suchte Helen im allwissenden Internet nach Tischlereien und Baufirmen. Bei den in Hamburg ansässigen Betrieben war die Terminlage erfahrungsgemäß schwierig, weshalb sie auch in der Heimat auf die Suche ging und schließlich die Nummer eines ehemaligen Schulfreundes aus Boostedt auf ihrer Liste notierte. Warum sollte man von seiner provinziellen Herkunft nicht auch profitieren dürfen? Irgendeinen Vorteil musste es ja haben, dass man sich von geborenen Hamburgern selbst nach über zwanzig Jahren, die man in ihrer Stadt verbracht hatte, noch naserümpfend als Neuling bezeichnen lassen musste.

Zufrieden sah sie auf ihre Baufritzen-Liste. Irgendeiner von denen konnte Steffi sicherlich ein Stück weiterbringen.

Aber wer oder was brachte sie weiter? Seufzend sah sie sich um und wischte mit der Hand über die wild übereinanderliegenden Papierblätter. Sollte sie es aufgeben? Noch einmal gab sie in den Browser ihres Laptops die Stichworte *Hafenstraße, Besetzung* und *Achtziger* ein und scrollte sich durch die Ergebnisse. Und da sah sie es: das gleiche Graffito wie hinter der brünetten Schönheit. Das Bild war also in der Hafenstraße aufgenommen worden, so viel war sicher.

Im Privaten war Helen absolut nicht abergläubisch. Wenn es um ihr Glück bei der Recherche ging, allerdings durchaus. Demnach hatte sie mit dem Graffito-Fund ihr Glück bereits ausgeschöpft. Dass sie nun noch das Mädchen entdecken würde, war höchst unwahrscheinlich. Ohne große Hoffnung scrollte sie noch eine Weile weiter durch die Ergebnisse ihrer Bildersuche. Die junge Dame war vielleicht nur zufällig ein einziges Mal vor den Häusern der Hafenstraße aufgetaucht. Sie konnte von überall herkommen. Sah sie nicht irgendwie französisch aus mit ihren braunen Haaren, der schwarz-weiß gepunkteten Bluse und dem roten Lippenstift?

Immer tiefer tauchte Helen in das Thema ein und war zunehmend fasziniert. Sie überlegte, ob es ihr gefallen hätte, damals in den Häusern zu wohnen, und ob sie ebensolchen Mut gehabt hätte, ihr Zuhause zu verteidigen, wie viele der Mieter, die teilweise nur zwangsläufig zu Hausbesetzern geworden waren. Weil sie nicht wussten, wo sie sonst wohnen sollten. Kurz kam ihr der verwegene Gedanke, ob eine Hausbesetzung nicht auch eine Option für Steffi wäre. Helen schnaubte amüsiert bei der Vorstellung, wie Steffi in einer der zahlreichen von ihr besichtigten Wohnungen ein Transparent an die Hauswand pinnte, wie Jeanne d'Arc die Faust in die Luft streckte und das Gebäude für besetzt erklärte. Mitten in ihren wilden Anarchie-Fantasien erstarrte Helen plötzlich. Auf ihrem Bildschirm, inmitten einer Menschenkette von schwarz gekleideten Vermummten, erkannte sie, ebenfalls komplett in Schwarz, jedoch mit unverhülltem Gesicht, Lutz! Dass er tendenziell links orientiert war, war ihr bekannt. Das war unter anderem der Grund, warum sie ihn in jungen Jahren, als er ihr Professor an der Uni gewesen war, so bewundert hatte und es immer noch tat. Aber eine derartig radikale Vergangenheit? Das traute sie ihm nicht zu. Eigentlich. Dieses Bild lieferte dagegen einen deutlichen Beweis. Oder hatte Lutz einen Doppelgänger? Sicher, das Bild war aufgenommen worden, lange bevor Helen ihn kennengelernt hatte. Aber fast ebenso vertraut wie sein jetziges Aussehen war ihr sein jüngeres Ich. Lutz hatte ganze Abende damit verbracht, Helen aus seiner Zeit als Auslandskorrespondent zu erzählen. Und seine Geschichten mit Fotos aus der Zeit gewürzt. Auf vielen der Bilder, die der ihn begleitende Fotograf gemacht hatte, war auch Lutz zu sehen gewesen. Und dieser Lutz, der junge und aufs Leben neugierige Lutz, sah ihr nun aus einer Momentaufnahme entgegen, die eindeutiger nicht sein konnte. Im Hintergrund war ein besprayter Bauwagen zu sehen, aus dem hohe Flammen schlugen. Dichter schwarzer Qualm quoll aus den zerborstenen Fenstern und verlieh der Szene, die offenbar an einem schönen Sommertag aufgenommen worden war, etwas Gefährliches. Helen holte tief Luft, sie hatte vor lauter Anspannung das Atmen eingestellt. Jetzt brauchte sie etwas Stärkeres als Kinderfrüchtetee. In der Küche schenkte sie sich Wein ein und überlegte, Lutz anzurufen. Ein Blick auf die Uhr verriet ihr jedoch, dass das bis morgen warten musste. Lutz, Lutz, Lutz, dachte Helen. Alter Hausbesetzer! Bei dem Gedanken, ihrem langjährigen Begleiter derart auf die Schliche gekommen zu sein, musste sie schmunzeln. Gleichzeitig überkam sie ein Gefühl, das sie im ersten Moment gar nicht einordnen konnte. Es nagte an ihr und hinterließ einen Eindruck. Ein schales Gefühl wie abgestandener Prosecco am Morgen. Warum war sie plötzlich so unzufrieden? Weil sie etwas über ihren Freund herausgefunden hatte, was der offensichtlich gerne für sich behalten wollte? Gerade ihm musste doch klar sein, dass es nur eine Frage der Zeit war, bis Helen oder ein anderer Kollege dieses Detail aus seiner Vergangenheit entdeckte. War sie enttäuscht von Lutz, dass er ihr nicht längst von seinen wilden Zeiten erzählt hatte? Helen horchte in sich hinein und stellte fest, dass das alles nicht der Grund für das quengelnde Gefühl war. Nein. Es war Neid! Sie war neidisch auf Lutz! Nicht nur, dass er auf eine aufregende Zeit als Auslandskorrespondent namhafter Zeitungen zurückblicken konnte, durch die Welt gejettet war und mit seiner Arbeit viele Preise gewonnen hatte; nun schien auch noch seine private Vergangenheit außerordentlich spannend gewesen zu sein. Wer konnte das schon vorweisen? Sie selbst bewahrte außer einem Erasmus-Jahr in Barcelona und einem Praktikum bei einer PR-Agentur in London nichts wirklich Aufregendes in ihrem Erinnerungsschatz auf. Nach einer behüteten Kindheit auf dem Dorf hatte sie studiert und lebte nun als eine unter Tausenden Journalisten in der Großstadt. Nirgendwo auch nur das kleinste bisschen Thrill! Ihre Arbeit plätscherte dahin, ohne dass sie jemals in ein Nest hochbrisanter Politskandale gestochen hätte, ihr soziales Engagement ging nicht über die jährliche Überweisung eines Betrages zum Ausgleich des schlechten Gewissens und die Kuchenspende zugunsten des Schulvereins beim Klassenflohmarkt hinaus.

Als Studentinnen hatten Steffi und sie Demos besucht. Aber Helen hatte die Lust daran verloren, als ihr bewusst wurde, dass sie immer nur Zaungast war. Mitläuferin. Sie wollte, wenn schon, eine der Organisatorinnen sein. Eine, die vorweg schritt mit dem Megafon in der Hand. Das Peta-Treffen, das sie aus diesem Grund aufgesucht hatte, war ihr erstes und letztes dieser Art gewesen. Immer wenn der Wunsch nach mehr Relevanz für ihr Tun aufkam, grätschte ihr langweiliges Leben dazwischen. Ein Jobtermin, eine Erkältung, die Steuererklärung … Selbst Beziehungen hatten bisher nicht für Dramen in ihrer Biografie gesorgt. Sie begannen einigermaßen romantisch und verliefen mehr oder weniger harmonisch bis zu dem Punkt, an dem Helen das Interesse verlor. Das teilte sie dem jeweiligen Mann mit, der sich in den meisten Fällen ohne Gegenwehr ihrer Entscheidung fügte. In guten Momenten begründete Helen das mit ihrem außerordentlichen Talent, Menschen von ihrer Meinung zu überzeugen. In schlechten fragte sie sich, ob ihre Person so wenig zu faszinieren vermochte, dass niemand bereit war, um sie und ihre Liebe zu kämpfen. Jedenfalls war es irgendwie unfair. Helen hatte nichts, womit sie in einem Schaukelstuhl sitzend ihren Enkeln die Augen vor Staunen weiten konnte. Der gute Lutz hingegen konnte Unmengen solcher Geschichten erzählen, würde aber niemals Enkel haben. Er hatte ja nicht einmal Kinder. Was sich nun, mit Mitte sechzig, wohl auch kaum mehr ändern würde. Wenn doch, müsste sich der kleine Wurm sehr beeilen mit dem Großwerden, damit er den Erinnerungen seines Vaters noch live lauschen konnte. Andererseits hatte Lutz nie von seiner Vergangenheit als Hausbesetzer berichtet. Wer sagte ihr, dass es nicht auch Kinder gab, deren Existenz er verschwieg? Helen schaltete ihre Nachttischlampe aus und blickte seufzend in das Dunkel, das sie augenblicklich umschloss. Es war wieder viel zu spät, draußen zeichneten sich schon die Dächer der Häuser im Dämmerlicht ab, ein neuer Tag, der mit seinem Licht hoffentlich auch Erkenntnisse brachte, war bereits im Anbruch.

Um ihn nicht wieder zu verpassen, hatte Helen sich gleich am Morgen auf den Weg zu Lutz gemacht, im Foyer auf ihn gewartet und war schließlich gemeinsam mit ihm hoch in sein Büro gefahren.

»Wenn du wegen deiner Geschichte hier bist, muss ich dich enttäuschen«, brachte Lutz sogleich das Gespräch auf das Thema ihres letzten Treffens. »Da kann ich nach wie vor nichts für dich tun.«

»Und ich kann nach wie vor nicht verstehen, warum du auf einmal deine Meinung geändert hast. Zumindest hattest du mit dem Artikel anfangs kein Problem.«

»Da war ja auch noch nicht abzusehen, was das für Kreise zieht. Ich dachte, es wird eine nette Geschichte im Lokalteil …«

Helen konnte es nicht fassen und blieb entrüstet stehen. Als Lutz einfach weiterging, beeilte sie sich, ihn wieder einzuholen.

»Das ist nicht dein Ernst! Lutz, der Mann mit dem Riecher für Gesellschaftsthemen, will nicht gewusst haben, welche Relevanz dieses Thema hat? Glaub ich dir nicht!«

»Dann lass es. Und sei bitte etwas leiser, hier wollen Leute arbeiten.« Fast hätte er es geschafft, und der Moment wäre einer der wenigen gewesen, in denen Helen sprachlos war. Doch sie fing sich wieder und hielt ihm das Bild hin, das sie am Abend zuvor aufgestöbert hatte.

»Hat es was hiermit zu tun?« Inzwischen waren sie in seinem Büro angekommen. Lutz brauchte nur den Bruchteil einer Sekunde, um das Foto zu erkennen. Schnell schloss er hinter Helen die Tür.

»Es ist nicht so, wie es aussieht.« Er blickte auf das Foto, das sein junges Ich in Aktion zeigte. »Glaub mir, ich weiß, wie abgedroschen das klingt. Aber es ist wahr.«

»Dann erkläre es mir!« Helen erschrak über ihren strengen Ton. Wer oder was gab ihr eigentlich das Recht, Lutz in so eine Situation zu bringen? Bis zu diesem Zeitpunkt war sie einfach davon ausgegangen, es zu haben. Stimmte das? Es ging hier doch nicht darum, einen Politiker, Geistlichen oder sonstigen Apostel der Moral zu entlarven! Das Bild zeigte ihren Freund! Bei etwas, das er vor mehr als dreißig Jahren getan hatte. Juristisch gesehen war seitdem alles verjährt. Außer Mord natürlich, aber das stand hier ja nun wirklich nicht zur Debatte. Helen schämte sich für ihr Vorpreschen, aber sie konnte nun weder das Bild zurücknehmen noch die Aufforderung zu einer Erklärung. Zur Schadensbegrenzung schob sie ein kleinlautes »Bitte« hinterher. Doch Lutz schien sie gar nicht zu hören. Sein Blick ruhte auf dem Foto, und

Helen versuchte, in seinem Gesicht zu lesen, was in ihm vorging. Als sie schon befürchtete, er würde in diesem Leben überhaupt nicht mehr mit ihr sprechen, räusperte er sich. Mit gedämpfter Stimme und dem akzentuierten Ton des Erklärenden begann er zu sprechen. Mehr mit sich selbst als mit Helen. Als würde er sich nun, mit dem Zeitdokument in der Hand, an etwas erinnern, das er längst vergessen oder gar verdrängt hatte.

»An dem Tag endete ein Lebensabschnitt, der mich sehr geprägt hat. So ziemlich alles, was danach kam, beruht auf den Ereignissen, die auf diesem Foto festgehalten wurden.« Lutz machte eine Pause und sah aus dem Fenster. Helen glaubte schon, das war seine Erklärung. Gerade wollte sie zu einer Nachfrage ansetzen, da wandte er seinen Kopf wieder dem Raum zu und sah sie direkt an: »Du weißt ja, dass ich Ursula in der Hafenstraße kennenglernt habe.«

»Nein!«, rief Helen erstaunt. »Ich hatte keine Ahnung! Das habt ihr nie erzählt!« In der Tat hätte Helen geschworen, dass die beiden, Lutz und seine Frau Ursula, niemals mit ihr darüber gesprochen hatten. Gut, sie hatte auch nie danach gefragt. So ein Verhältnis bestand zwischen den beiden Frauen nicht. Was sie sich dagegen oft gefragt hatte, war, wie Lutz und sie überhaupt zusammenpassten. Ursula war als Tochter einer traditionsreichen Reederfamilie so etwas, was man eine Society Lady nannte. Bei jeder ihrer Begegnungen war sie elegant gekleidet, tadellos geschminkt und frisiert gewesen und hatte auf Helen wegen ihrer perfekten Erscheinung und der makellosen Umgangsformen, auf die sie großen Wert zu legen schien, immer etwas kühl und arrogant gewirkt. Regelmäßig gab sie Gesellschaften in ihrem großen Haus in Hamburg Nienstedten, wo sich Ebenbürtige nur so tummelten. Sie führte eine erfolgreiche PR-Agentur, engagierte sich in sozialen Projekten und als Kunstmäzenin, weshalb sie gern gesehener Gast auf diesen vornehmen Events war, über die in der *BUNTEN* und auf den Gesellschaftsseiten der Tageszeitung berichtet wurde. Lutz hielt sich dabei stets im Hintergrund, scheute das Rampenlicht eher und kleidete sich betont lässig, manchmal schon nachlässig. Und dennoch: Wer die beiden zusammen erlebte, erkannte ihre tiefe Verbundenheit. Helen sah gespannt auf Lutz, in der Hoffnung, er würde ihr mehr über den damaligen Tag erzählen. Er enttäuschte sie nicht: »Nach dem Studium habe ich als Reporter beim *Stadtmagazin* gejobbt und wurde mehrfach in die Hafenstraße geschickt, um über die dortigen Entwicklungen zu berichten. In der Redaktion war man der Meinung, die Menschen sollten in ihren warmen Wohnzimmern eine Idee davon bekommen, was es hieß, sich nicht sicher im eigenen Zuhause fühlen zu dürfen; jederzeit damit rechnen zu müssen, dass der Staat seine Muskeln spielen ließ und alles, was nicht niet- und nagelfest war, aus dem Fenster schmiss. Mir gefiel es, vor Ort zu recherchieren, und ziemlich schnell habe ich auch private Kontakte geknüpft. Das Leben dort schien mir wie eine Dauerparty, immer wurde irgendwo zusammengesessen, gefeiert und diskutiert. Uschi lebte in einer WG in einer der besetzten Wohnungen, und sie hat mich von der ersten Minute an fasziniert.«

Helen konnte kaum glauben, was sie hörte. Die vornehme Ursula eine linke Chaotin? Fast hätte sie laut losgelacht.

Aber der Blick von Lutz verdunkelte sich plötzlich und hielt sie davon ab. Als wäre das Erzählte ihm gerade in diesem Moment widerfahren, stieß er wütend hervor: »Irgendwann hat einer der Bewohner herausgefunden, wer Uschis Eltern waren. Er fing Streit an und wollte, dass sie auszieht. Ihre Freunde und ich hielten natürlich zu ihr. Aber die Vorwürfe dieses Typen haben uns auch zur Teilnahme an einigen Aktionen verleitet, bei denen wir sonst wohl nicht dabei gewesen wären. Wir wollten beweisen, dass wir zur Szene gehörten. Vor allem Uschi engagierte sich daraufhin besonders, um sich den Stempel *verwöhnte Kapitalistentochter* abzureiben. Sie wollte beweisen, dass sie aus den richtigen Motiven dort war und nicht, um gegen ihre reichen Eltern zu rebellieren.«

»Stimmte das denn nicht?«, wollte Helen wissen und erntete einen irritierten Blick von Lutz. Schnell schob sie hinterher: »Sie hatte doch keine Not und konnte es sich bestimmt leisten, Miete zu bezahlen.«

»Von dir hätte ich etwas mehr erwartet, Helen.« Lutz' Stimme schnitt durch die Luft wie die Seite eines Blatt Papiers in die Haut eines Fingers. »Mit der Wahl ihres Studienfaches hatte Uschi das Wohlwollen ihres Vaters verspielt. Der hatte ihr Magisterstudium als brotlose Kunst abgetan, für ihn war nur Jura oder BWL infrage gekommen. Schließlich sollte sie irgendwann das Familienunternehmen führen. Danach war sie wie viele andere gezwungen, sich ihr Studium selbst zu finanzieren. Wobei sie es noch schwerer hatte, da staatliche Hilfen natürlich denen vorbehalten waren, deren Eltern mittellos waren. Als sie in der Hafenstraße lebte, schrieb sie gerade an ihrer Magisterarbeit und arbeitete als Küchenhilfe in einem Altenheim auf St. Pauli.«

Das wurde ja immer lustiger, dachte Helen. Sie musste ihr Bild von Ursula dringend korrigieren. Im Moment passte es zu dem, das Lutz zeichnete, wie ein Eierwärmer auf eine Wassermelone. Was hatte aus einer derartigen Rebellin eine so glatt gebügelte Angehörige der Oberschicht werden lassen? Oder hatte sie Lutz' Frau bisher einfach unterschätzt? Helen beantwortete sich die Frage selbst mit Ja und nahm sich vor, Ursula ab sofort mit anderen Augen zu betrachten. Lutz sah aus dem Fenster, als suchte er dort nach der Welt von damals. Helen sah auf die Uhr. Es war inzwischen fast zehn und damit in wenigen Minuten Zeit für die Redaktionskonferenz.

»Was ist an dem Tag passiert?«, fragte sie, statt Lutz an seinen Termin zu erinnern. Dabei zeigte sie auf das Zeitungsfoto, das Lutz noch immer in der Hand hielt.

»Wir saßen in Uschis WG-Küche, als plötzlich draußen irgendwer irgendwas schrie und alle hinausrannten. Auch Uschi. Ich stolperte hinterher. Um sie zu beschützen, aber auch, um nicht als Feigling dazustehen. Draußen standen wir Hunderten von Polizisten in Schutzuniform gegenüber. Panzerwagen, Wasserwerfer, sie hatten alles aufgefahren. Zwei Typen, die auf dem Bild«, er tippte mit dem Zeigefinger darauf, »hakten mich ein und zogen mich mit. Überall brannte es, und alle brüllten durcheinander. Es war elektrisierend und beängstigend zugleich. Bis zu dem Tag war ich nie bei den militanten Aktionen dabei gewesen, keiner der Steinewerfer. In dem Moment jedoch entlud sich meine panische Angst in Wut. Wut auf die *Bullen*, wie sie alle nannten. Ich schrie sie heraus – und wurde schließlich mit zig anderen verhaftet.«

Lutz, der gestandene Mann, ihr väterlicher Freund, berufliches Idol und jemand, der in ihren Augen zu jeder Zeit die richtige Entscheidung zu fällen vermochte, saß auf seinem ledernen Schreibtischsessel und zitterte. Fast unmerklich, aber deutlich genug um Helen zu signalisieren, wie aufgewühlt er war.

»Was war mit Ursula?«

»Ich habe mir die ganze Nacht Sorgen um sie gemacht und gebetet, dass ihr nichts passiert war. Am nächsten Morgen haben sie mich freigelassen, und ich bin direkt zu ihr gefahren. Als ich ankam, stand eine schwarze Limousine vor der Tür, ein Mann mit Chauffeurmütze stand wartend an der Beifahrertür. Im nächsten Moment kam ein älterer Herr aus der verbarrikadierten und wieder aufgebrochenen Eingangstür. Er gab ein eigenartiges Bild ab mit seinem Maßanzug inmitten dieses Anarcho-Umfeldes. Normalerweise hätte mich das amüsiert, doch seinem Gesichtsausdruck nach zu urteilen war der Mann nicht zum Spaß dort. Mit einem verächtlichen Seitenblick auf mich stieg er in den Wagen. Der Fahrer schlug mit unbewegter Miene hinter ihm die Tür zu, schritt um das Auto herum, stieg ebenfalls ein und fuhr davon. Ich beeilte mich, ins Haus zu kommen, und fand Uschi allein am Küchentisch. Vor ihr die Tageszeitung mit mir auf dem Titelbild. Uschis Hände waren zu Fäusten geballt, und während sie erzählte, was geschehen war, schlug sie immer wieder mit der Faust auf die Holzplatte. Tränen der Wut liefen ihr über das Gesicht. Der Typ, der sie wegen ihrer Herkunft angefeindet hatte, hatte am Morgen nichts Besseres zu tun gehabt, als mit dem Titelbild zu ihrem Vater zu laufen und ihm zu stecken, dass der Mann auf dem Foto der Liebhaber seiner Tochter war.«

»Und der Mann, der aus dem Haus gekommen war, war ihr Vater?«, kombinierte Helen.

»Genau. Er setzte Uschi das Messer auf die Brust. Entweder sie verließ die Hafenstraße, kehrte zurück zur Familie und mir den Rücken zu, oder er würde sie enterben.« Das war ja besser als Denver Clan, dachte Helen und fühlte sich sofort schlecht. Immerhin handelte es sich um das Leben eines ihrer engsten Vertrauten.

»Wie hat sie sich entschieden?« Die Antwort darauf war nur auf den ersten Blick offensichtlich. Ursula hatte Lutz geheiratet. Demnach hatte sie sich dem Willen ihres Vaters nicht gebeugt. Andererseits wusste Helen aus Lutz' Erzählungen und den vielen Berichten über die Familie in den Zeitungen, dass sie engen Kontakt zu ihren Eltern pflegte. Hatte der Vater seine Drohung am Ende nicht wahr gemacht?

»Uschi hat die Verzichtserklärung, die ihr Vater ihr unter die Nase hielt, trotzig unterschrieben. In der Hafenstraße ist sie trotzdem nicht geblieben. Sie ist zu mir gezogen, wenig später haben wir unser Nomadenleben als Auslandskorrespondenten begonnen. Den Rest kennst du.« Mit einem Blick auf die Uhr war Lutz wie ausgewechselt. Wie aus einer anderen Welt erhob er sich aus seinem Schreibtischsessel und erklärte mit sachlichem Ton: »Und um deine Frage von vorhin zu beantworten: Ja, das Ganze hat etwas damit zu tun, dass wir mit der Immobilien-Story nicht weitermachen.«

Abwartend sah Helen ihn an. Sie wollte es ihm nicht einfach machen, auf keinen Fall. Ihr lag zu viel daran. Ihr Schweigen brachte Lutz tatsächlich dazu, sich zu erklären.

»Ursulas Vater ist inzwischen über neunzig und körperlich sehr geschwächt. Geistig allerdings ist er voll da. Als er in der Zeitung deinen Artikel las, hat er sich sehr aufgeregt. Für ihn war es ein schwerer Schlag, dass seine einzige Tochter in der Hausbesetzer-Szene aktiv war. Eine alteingesessene Hamburger Familie besitzt natürlich auch Immobilien in der Stadt. Das hat damals für viel Aufsehen gesorgt. Und es hat fast zwei Jahrzehnte gedauert, bis sich das Verhältnis zwischen Vater und Tochter gebessert hatte. Erst als wir wieder in Hamburg lebten, sind die beiden sich wieder nähergekommen. Uschis Mutter hat all die Jahre sehr unter dem Streit gelitten. Wir möchten nicht riskieren, dass das alles von vorne losgeht. Der Alte macht natürlich mich dafür verantwortlich. Für ihn las sich das Ganze als Aufruf, wieder loszulaufen und Häuser zu besetzen. Ursula hat mich inständig gebeten, das Thema ruhen zu lassen.«

»Das kannst du nicht machen!« Helen war schockiert! Was war nur in Lutz gefahren? Hatte sie sich so in ihm getäuscht? Seit wann ließ er sich derartige Vorschriften machen?

»Und wenn du dich auf den Kopf stellst. In dieser Zeitung wird nichts dergleichen mehr erscheinen.« Jetzt hörte er sich an wie ein Vater, der seiner pubertierenden Tochter den kurzen Rock verbietet. Fehlte noch das *Solange du deine Füße unter meinen Tisch stellst* … Helen spürte, wie sie wütend wurde.

»Lutz! Das kann nicht dein Ernst sein! Am Ende deiner Karriere verrätst du all deine Ideale? Ich kenne dich besser!«

»Ideale!« Lutz lachte spöttisch. »Du greifst wie immer zu großen Worten, liebe Helen. Wenn du gesehen hättest, was ich gesehen habe, draußen in der Welt …«

»Was dann?« Herausfordernd funkelte sie ihn an.

»Dann«, Lutz erhob sich, und seine Stimme wurde fest, »wüsstest du, dass das, was deiner Freundin und dir passiert ist, ein Witz ist gegen das, was andere Menschen ertragen müssen. Neunundneunzig Prozent der Weltbevölkerung wären froh über solche Probleme.«

»Oh, komm doch nicht so! Von dir habe ich mehr erwartet. Wenn das deine Meinung ist, kann man auf deine Zeitung ab Seite drei auch komplett verzichten. Und hundert Prozent meiner Arbeit fällt unter die Kategorie *First World Problems*. Aber da leben wir! In der Ersten Welt! Und die Menschen, die mit uns hier leben, haben ein Recht darauf, über das, was darin passiert, informiert zu werden. Mehr noch: Ich finde es arrogant und überheblich, es ihnen vorzuenthalten, nur weil anderswo viel schlimmere Dinge geschehen. Es ist ja nicht so, dass wir ihnen das Elend der Welt verschweigen. Hast du mir nicht auch beigebracht, dass die Wahrheit immer mehr als nur eine Seite hat?«

Helen war nicht einfach wütend. Sie war enttäuscht. Was war das für ein Bild, das sie in Lutz' Augen abgab? War sie für ihn die Wohlstandselse, die sich mit profanen Themen das Leben schönschrieb? Ein nöliges Kind, das heulte, wenn in seinem Überraschungsei nicht das in jedem siebten versprochene Spielzeug steckte? Andererseits war das die logische Konsequenz aus ihrem Verhältnis. Sie sah ihn tatsächlich als eine Art Vaterersatz, zumindest in beruflicher Hinsicht. Wie ein Vater hatte er ihr Möglichkeiten geschaffen, Türen geöffnet und Hindernisse für sie aus dem Weg geräumt. Dafür war sie ihm dankbar. Nun musste sie es auch ertragen, wenn er ihr den Mund verbat wie einem Teenager. So in ihre Gedanken vertieft, musste Helen ein mitleiderregendes Bild abgeben, denn Lutz' Stimme klang nun milder.

»Ich muss zur Konferenz. Möchtest du mitkommen? Vielleicht ist etwas dabei, das du übernehmen kannst?« Es war ein Friedensangebot, und Helen spielte kurz mit dem Gedanken, es anzunehmen. Ihr Stolz machte ihr jedoch einen Strich durch die Rechnung.

»Danke, ich habe einen Termin.«

»Wie du willst.« Lutz nahm eine Mappe vom Schreibtisch und hielt die Tür auf.

»Eine Frage hätte ich noch«, folgte Helen einem plötzlichen Impuls. Sie hielt Lutz ihr Telefon hin, auf dem Bildschirm war das abfotografierte Bild aus Floras Kiste zu sehen. »Kennst du diese Frau? Sie muss zeitgleich mit euch in der Hafenstraße gewesen sein.« Das war natürlich reine Spekulation. Aber sie traf ins Schwarze. Wieder brauchte Lutz nur einen kurzen Moment, um zu erkennen.

»Das ist Barbara«, sagte er. Und es klang wie: *Das ist der Weihnachtsmann. Wieso erkennst du den nicht selbst?*

»Hat Barbara auch einen Nachnamen?«, hakte Helen nach.

Lutz überlegte. Aber nur sehr kurz.

»Steinmetz. Ich erinnere mich gut an sie, weil sie eine von den Engagiertesten war. Architekturstudentin, glaube ich. Sie wohnte in Uschis WG, war aber von einem auf den anderen Tag verschwunden.« Er blickte auf die Uhr. »So, ich muss …«

»Ja, sicher. Dann danke für die Info. Wir sehen uns.« Helen ging an ihm vorbei und war schon den halben Gang hinunter, als Lutz ihr hinterherrief.

»Was ist mit ihr?« Helen ignorierte die Frage und winkte ihm zu, ohne sich umzublicken. Was sollte sie ihm auch antworten? Sie wusste es ja selbst nicht.

KAPITEL VII

Es war einer dieser Hamsterrad-Morgen, an denen Steffi gegen die verlockende Idee ankämpfte, einen riesigen Müllsack zu nehmen und alles, was ihr in der Wohnung in die Quere kam, hineinzuschmeißen. Dieser Gedanke steigerte sich zu der Fantasie, den ganzen Plunder mit Benzin zu übergießen und anzuzünden. Machte sie natürlich nicht. Mit zusammengekniffenen Lippen sammelte sie stattdessen Klamotten vom Boden, wischte auf Schrank- und Küchenoberflächen herum, saugte Staubmäuse aus den Ecken, suchte die passenden Kappen für offen herumliegende Stifte und sortierte die Kritzel- und Basteleien der Kinder im Eilverfahren nach der Frage *Ist das Kunst oder kann das weg?*. Und wer hatte überhaupt dieses Lego erfunden? Das konnten nur sadistische Misanthropen gewesen sein, um die geistige Gesundheit von Eltern endgültig und nachhaltig zu vernichten. Gab es irgendeinen Grund dafür, dass selbst die kleinen Männchen in ihre Einzelteile zerlegt werden konnten? In Oskars Spielecke ging es zu wie in den Vorstandsetagen riesiger Dax-Konzerne zu Krisenzeiten: Es rollten Köpfe. Kleine, gelbe Legomännchenköpfe. Überall. Zum Verrücktwerden war das. Aber das Allerfrustrierendste an diesem ganzen Geräume und Gewische war, dass ihre Familie nur die Aufmerksamkeitsspanne einer Fruchtfliege benötigen würde, um die mühevoll hergestellte Ordnung wieder in ein Chaos zurückzuverwandeln. Ihre Arbeit war für die berühmte Katz. Der Rat von Arno, es dann doch einfach sein zu lassen, klang in ihren Ohren nicht nur wie blanker Hohn, sie konnte es auch einfach nicht. Hatte keine Ruhe, bevor nicht wenigstens oberflächlich Ordnung herrschte. Im Kopf hatte sie stets Bilder aus diesen Homestorys in Illustrierten oder von den Wohnungen mancher Spielkameraden der Kinder. Okay, das waren wenige. Aber die hinterließen umso mehr Eindruck bei Steffi. Wie schafften die es, einen in eine picobello aufgeräumte und blitzblank geputzte Wohnung zu bitten, egal zu welcher Zeit man dort auflief?!

In Steffis Familie war Hausarbeit reine Zeitverschwendung, so viel war klar. Aber sie diente ihr oft als Vorwand, sich keiner größeren Lebensaufgabe stellen zu müssen. Wie etwa der Frage, ob es inzwischen nicht auch wieder Zeit wäre, einer geregelten Arbeit nachzugehen. Stattdessen kämpfte sie weiter den aussichtslosen Kampf und las die Immobilienanzeigen, die ihr von den Portalen im Internet automatisch geschickt wurden. Geradezu zwanghaft öffnete sie jede einzelne Mail, selbst wenn das daumennagelgroße Bild in der Vorschau bereits Gruseliges verhieß. Als würde der Plan, den sie mit Flora seit Wochen verfolgte, gar nicht existieren. Suchte sie nach einem Plan B, weil sie selbst nicht daran glaubte? Aber wenn nicht sie, wer sollte es dann tun?

Angewidert betrachtete Steffi die Bilder eines Reihenendhauses, dessen aktuelle Bewohner entweder blind sein mussten oder an einer schlimmen Lichtallergie litten. Man konnte kaum etwas ausmachen auf den Fotos, so sehr gingen braun getäfelte Wände mit braunen Fliesen und dunkelbraunen Möbeln ineinander über. Immerhin mussten sie sehr gut verdienen, denn die Miete überstieg das Nettohaushaltseinkommen einer durchschnittlichen deutschen Familie um einiges. Es war Fakt: Mit jedem Tag, den man sich durch die blühende Immobilienlandschaft Hamburgs klickte, stiegen die Preise für Wohnraum in Hundert-Euro-Schritten. Mindestens! Langsam dämmerte es Steffi, dass die Bekanntschaft mit Flora kein Glücksfall, sondern ihre einzige Chance war, überhaupt in der Stadt wohnen zu bleiben und sich neben der Miete auch noch Nahrung und Kleidung leisten zu können. Von Urlaub ganz zu schweigen. Eine Hürde auf dem langen und buchstäblich steinigen Weg in die Villa war zumindest genommen: Sie hatte eine Baufirma gefunden, die sich das Objekt, wie sie dort das wundervolle Traumhaus emotionsneutral nannte, anschauen wollte, um Kosten zu kalkulieren. Oder besser gesagt: Helen hatte sie gefunden. Sie hatte einen alten Schulfreund aus Boostedt aufgetrieben, der inzwischen den Betrieb seines Vaters übernommen und ihnen einen Vorzugstermin angeboten hatte. Denn eigentlich, so hatte er ihr wortreich dargelegt, waren seine Auftragsbücher mehr als voll. Hoffentlich machte er ihnen auch einen Vorzugspreis! Als Steffi gerade ein Stoßgebet an denjenigen schickte, der für günstige Baukosten und einsichtige Ehemänner zuständig war, verkündete Helens alberndes Schiel-Bild auf dem

Display ihres Handys deren Anruf. Sie nahm das Gespräch an.

»Hey! Ich wollte mich abmelden. Jobauftrag in Berlin.«

»Oh, überraschend! Was ist es denn?«

»Nix Besonderes. Ein Interview mit einer Schauspielerin, die in so ’ner neuen Serie mitmacht, die in der Hauptstadt spielt.«

»Hm …«, machte Steffi. Was sollte sie auch sonst dazu sagen? Dann fiel ihr ein: »Bist du am Nachmittag zurück, oder soll ich Ella nehmen?«

»Die ist bei ihrem Vater. Aber danke für das Angebot.«

»Gern, weißt du doch.« Nach einer kurzen Pause fragte Steffi so beiläufig wie möglich: »Hast du eigentlich schon etwas über das Foto herausgefunden?«

»Welches Foto?«, kam von Helen als Gegenfrage, dann gab sie zurück: »Ach so, *das* Foto! Nö.«

Am Nachmittag des nächsten Tages drückte Steffi die altersschwache Klingel an Floras Haustür. Im Arm hielt sie ein Paket mit fünf Portionen Eis von ihrem Lieblingseisladen. Der hatte endlich seine Winterpause beendet, und die Kinder waren nicht daran vorbeizubekommen, ohne die erste Portion der Saison zu kaufen. Oskar und Lina schleckten bereits an ihrer Extrakugel, die sie zur Feier des Tages von der Eisverkäuferin als kluge Kundenbindungsmaßnahme und Investition in ihre Zukunft geschenkt bekommen hatten. Jetzt rannten sie, kaum waren sie durch das quietschende Tor in Floras Garten gekommen, auch schon vor Freude juchzend über das Gras zu *ihrem* Blumenbeet. Dort hatten sie bei einem ihrer vorherigen Besuche mit Flora selbst gebastelte Samenbomben ausgeworfen. Seitdem konnten die zwei es nicht erwarten zu sehen, was sie dort gesät hatten.

Auch Steffi versprach sich viel von diesem Nachmittag. Er würde ihr endlich Argumente in die Hand geben, für die Arno empfänglich war. Der Betriebswirt in ihm konnte mit den bisherigen Schwärmereien seiner emotionsgetriebenen Frau wenig anfangen. Nun blieb noch zu hoffen, dass ihr alter Schulfreund ihr mit einem Angebot entgegenkam, das nicht gleich all ihre Fantasien zunichtemachte. Voller Zuversicht drückte sie den Klingelknopf. Als auch nach längerem Warten niemand kam, um die Tür zu öffnen, drückte Steffi erneut auf den verwitterten Messingknopf. Vielleicht hatte Flora sie nicht gehört? Statt des erwarteten altmodischen Glockentons erklang diesmal nur ein heiseres Röcheln. Die Klingel war also definitiv auch etwas, das dringend erneuert werden musste. Wohl eher eines der günstigeren Projekte, die auf sie warteten. Doch auch dieser Klingelversuch wurde von Flora überhört. Oder war gar niemand zu Hause? Steffi legte das Eispaket auf die Steintreppe und spähte, ihre Augen links und rechts mit den Händen abschirmend, durch die Glasscheiben in der Tür. Das alte Fensterglas war so uneben, dass sie nur ein verschwommenes Bild des leeren Flurs erkennen konnte. Keine Flora, die mit den für Menschen ihres Alters typischen leicht abgehackten Bewegungen auf sie zukam. Noch einmal drückte sie auf die Klingel, die wieder nur ein gurgelndes

Geräusch von sich gab und dann vollkommen verstummte. An den Kindern vorbei, die auf der Suche nach den winzigsten Anzeichen einer Pflanze um das Blumenbeet herumkrabbelten, ging Steffi um das Haus herum. Sie reckte den Kopf, um durch das Seitenfenster sehen zu können. Leider lag es zu hoch. An der Rückseite des Hauses drückte sie sich die Nase an der Terrassentür platt. Auch von hier aus war niemand im Haus auszumachen. Flora hatte ihren Termin vergessen! Warum hatte Steffi sie nie nach ihrer Handynummer gefragt? Hatte die alte Dame überhaupt ein Handy? Nutzte ihr diese ganze Fragerei jetzt? In ein paar Minuten würde der Baufritze hier stehen. Was sollte sie ihm dann sagen? *Guck mal hier: die schöne Fassade. Und erst der Garten …!* Er würde sich schön bedanken, wenn er den ganzen Weg aus Boostedt umsonst gefahren wäre.

»Und du bist sicher, dass nichts passiert sein kann?«, wollte Dirk Hansen wissen. Seine kräftigen Handwerkerhände schaufelten gerade den letzten Rest von seinem Eis in den Mund. Floras Portion war derweil langsam zu einem Stracciatella-Erdbeer-Schoko-Sahne-See zusammengeschmolzen. Während sie löffelten, hatten sie sich gegenseitig kurz die letzten zwanzig Jahre zusammengefasst. Verheiratet (beide), Kinder (sie zwei, er drei), geschieden (er), Eltern gestorben (beide), Neuigkeiten aus der Heimat (keine). Er schluckte und sah Steffi an. Die guckte erschrocken von ihrem Rest Eis auf.

»Etwas passiert? Oje! Meinst du wirklich?« Auf die Idee war sie überhaupt nicht gekommen! Stattdessen hatte sie sich darüber geärgert, dass Flora ihren Termin hatte platzen lassen. Sofort sprang sie auf und drückte die Klingel, die konsequent blieb und schwieg. Daher klopfte Steffi gegen die Scheiben und rief Floras Namen. Keine Reaktion. Von dem Krach neugierig geworden, sahen die Kinder von ihrem Regenwurm, oder was auch immer sie gerade beobachteten, auf und kamen angelaufen. Steffi schickte sie hinter das Haus, damit sie dort klopften und riefen. Nichts geschah.

»Wir müssen einen Krankenwagen rufen!« Während Steffi in ihrer Tasche nach dem Handy kramte, kam Dirk Hansen mit einer Leiter um die Ecke. Wo hatte er die denn aufgetrieben? Egal! Er stellte sie an die Hauswand, sodass er durch das Seitenfenster auf den Sessel schauen konnte, der vor dem Kamin stand.

»Warte«, rief er. »Ich sehe sie.«

»Geht es ihr gut?«, fragte Steffi bang. »Ich rufe den Krankenwagen!« Dirk bollerte mit der Faust gegen das Fenster.

»Einen Moment noch! Sie ist aufgewacht, glaube ich.« Dann, in Richtung Fenster: »Nicht erschrecken, Frau Blum! Geht es Ihnen gut? Können Sie aufstehen?«

»Was sagt sie?«, rief Steffi von unten. Auch Oskar und Lina standen mit vor Aufregung roten Wangen am Fuß der Leiter und sahen zu Herrn Hansen hinauf.

»Sie steht auf. Ich glaube, sie kommt zur Tür«, berichtete der, während er rückwärts von der Leiter wieder zu ihnen hinabstieg. Steffi rannte mit den Kindern im Schlepptau zur Haustür, aus der Flora in dem Moment trat, als sie um die Ecke geschlittert kamen. Ihr Haar, das sonst in einem ordentlich geschnittenen Bob wie ein weißer Kranz ihr Gesicht umrahmte, war an einer Seite platt gedrückt. Ihre Augen blickten verschlafen auf die aufgeregte Gesellschaft vor ihrem Haus. »Warum klingelt ihr denn nicht?«, wollte sie mit leichter Verwunderung in der Stimme wissen.

»Haben wir doch!«, krähte Oskar. »Aber du hast nichts gehört!«

»Ja, und jetzt geht sie nicht mehr«, fügte Steffi hinzu. Zum Test drückte Flora auf den Klingelknopf.

»Da ist wohl noch jemand etwas schwach auf der Brust«, war ihr Kommentar. Dann erklärte sie: »Mir war etwas schwindelig, darum habe ich mich kurz in den Sessel gesetzt und bin wohl eingeschlafen. Eine gute Taktik, die ich dir für deine späte Zukunft unbedingt empfehlen kann: *Wenn du nicht mehr so viele Tage hast, mach aus jedem zwei.*« Sie zwinkerte Steffi zu, die erleichtert lachte. Es war also alles in Ordnung mit der alten Dame. Kein Grund zur Sorge. Dann schaute Flora Steffi an.

»Schön, dass ihr hier seid. Und du hast auch deinen Mann mitgebracht!« Irritiert schaute sich Steffi zu Dirk um, der schon, ganz in seinem Element, die Hausfassade inspizierte und gar nichts von Floras Verwechslung mitbekommen hatte.

»Äh … Nee, das ist Herr Hansen. Von der Baufirma. Wir haben doch heute einen Termin.« Prüfend musterte Steffi die alte Dame. Ihr Kopfkino präsentierte ihr wie so oft direkt ein Worst-Case-Szenario: War nicht Desorientierung ein Anzeichen für einen Schlaganfall oder etwas ähnlich Schlimmes? Wie war das noch mal? Sollte sie doch einen Arzt rufen? Oder war das einfach ganz normale Tüdeligkeit? Steffi hatte keine Erfahrung mit alten Menschen. Ihre Eltern waren beide früh gestorben, und die einzigen Ü-Sechzigjährigen, mit denen sie häufiger Kontakt hatte, waren die Eltern von

Arno. Im Vergleich zu denen war jedoch sie selbst diejenige mit partiellen Gedächtnislücken. Die berühmte Schwangerschaftsdemenz hatte sich bei Steffi so wohlgefühlt, dass sie sich nie ganz verabschiedet hatte. Während sich ihre Gedanken noch mit der Frage *Arzt oder kein Arzt* beschäftigten, lachte Flora hell auf.

»Ach so, natürlich! Ich hab meine Brille nicht auf. Dann kommt mal alle rein. Hast du die Unterlagen vom Haus wieder mitgebracht, Steffi?«

Natürlich hatte sie das – nicht.

Während Dirk das Haus vom Keller bis unters Dach unter die Lupe nahm, hier an die Wand klopfte, dort an etwas rüttelte und immer wieder den Bleistift hinterm Ohr hervorzog und in sein Notizbuch kritzelte, deckte Flora in der großen Wohnküche den Esstisch. Steffi half ihr dabei. Inzwischen kannte sie sich ganz gut aus und wusste, wo was zu finden war.

»Ich kann die Unterlagen holen, wenn du sie gerne wieder hier bei dir hast«, erklärte sie.

»Nein, nein, Liebes! Ich kann damit eh nichts anfangen, wie du weißt. Hauptsache, der junge Mann hat, was er braucht.«

Hatte er. Steffi hatte Dirk schon im Vorfeld die für ihn wichtigen Pläne abfotografiert, sodass sie nun auf seinem Handy gespeichert waren. Nach einer guten halben Stunde kam er zu den beiden Frauen in die Küche. Beim Kaffee erklärte er, was nötig und was möglich war. Flora und Steffi hörten ihm aufmerksam zu und versuchten, seinen Ausführungen über tragende und nicht tragende Wände, Wasserleitungen, Abflussrohre, Dämmung und Verglasungen aller Art zu folgen. Steffis schlimmste Befürchtung, dass eine Trennung der Villa in zwei Einheiten überhaupt nicht möglich war, aus welchen Gründen auch immer, bestätigte Dirk nicht. Im Gegenteil. Begeistert präsentierte er ihnen seine Idee, die für beide Parteien ein Erdgeschoss und ein erstes Obergeschoss vorsah. Steffi und Arno würden zusätzlich noch das Dachgeschoss erhalten, was eine Fläche von gut vierzig Quadratmetern ausmachte, wenn man die schrägen Decken mit einrechnete.

»Da ist dann Platz für weitere Zimmer und ein Bad, wenn ihr wollt.«

Steffi konnte die Aussicht auf so viel Platz überhaupt nicht fassen und dankte Dirk strahlend für seine guten Ideen.

»Mir wäre allerdings noch wohler bei der Sache, wenn wir Frau Blums Reich ganz ebenerdig gestalten. Wäre es möglich, dass unsere Hälfte nur die Küche im Erdgeschoss hat, und alles Weitere verteilt sich aufs Ober- und Dachgeschoss?«

Flora holte schon Luft, um zu protestieren, aber Steffi legte ihr beschwichtigend die Hand auf den Arm.

»Ja, ich weiß! Du bist noch gut zu Fuß und kannst Treppen steigen wie ein junger Hase. Ich denke schon zwanzig Jahre voraus. Dann wollen wir immer noch hier zusammenwohnen, und du bist vielleicht froh, nicht mehr hoch- und runterklettern zu müssen.«

Vielleicht war es die Aussicht auf weitere zwanzig Lebensjahre, die Flora überzeugte. Jedenfalls legte sie gerührt ihre Hand auf Steffis.

»Wie du meinst, Liebes.«

Dirk Hansen war in seine Zeichnung vertieft, und sie warteten gespannt auf seinen Vorschlag.

»Ja, das ist machbar. Wir versetzen die Treppe und schaffen so mehr Raum im linken Flügel. Die Wasseranschlüsse müssen neu gelegt werden. Aber da wir eh alles erneuern müssen, ist das nur ein kleiner Mehraufwand. Man kann auch überlegen, das Erdgeschoss noch mit einem Anbau zu erweitern.«

Bei dem Wort *Mehraufwand* wurde Steffi kurz schwindelig.

»Über welche Summen reden wir denn eigentlich?«

»Das kann ich dir noch nicht sagen, Steffi.« Dirk kratzte sich nachdenklich am Hinterkopf.

»Ganz grob geschätzt«, beharrte Steffi, »eher hundert- oder eher fünfhunderttausend?« Doch Dirk ließ sich nicht zu einer Antwort hinreißen.

»Ich mache euer Angebot als Erstes fertig, versprochen. Dann haben wir in wenigen Tagen eine Zahl, mit der wir dann alles Weitere besprechen können.« Steffi gab sich geschlagen. »In Ordnung. Dann stoßen wir heute nur mit Kaffee darauf an, dass wir die Sache ins Rollen gebracht haben. Danke, Dirk, dass du so schnell kommen konntest.«

»Für euch doch immer!«, antwortete er, und Steffi meinte, einen leichten Rotschimmer auf seinen Wangen über dem blonden Vollbart zu erkennen. Mit *euch* meinte er sicher nicht Arno und sie. Und auch Flora nicht, obwohl er sich jetzt formvollendet von der alten Dame mit Handkuss verabschiedete. Steffi war sicher, dass er in das Kompliment Helen miteinbezog. Ob er heimlich in sie verliebt gewesen war, als sie noch zur Schule gingen? Vielleicht hatte sie ihm mit ihrem Anruf ein bisschen Hoffnung gemacht, dass seine Träume nun, Jahrzehnte später, wahr wurden? Er war geschieden,

Helen mehr oder weniger Single … Sie nahm sich vor, die beiden in der nächsten Zeit mal ganz zufällig aufeinandertreffen zu lassen.

Nachdem Steffi es eine Stunde später auch geschafft hatte, die Kinder zum Gehen zu überreden, überraschte Arno sie mit seiner Anwesenheit zu Hause. Die Füße hochgelegt, lümmelte er auf der Couch inmitten einer Ansammlung von Geschirr, die unmöglich von einem Tag, geschweige denn einer Stunde stammen konnte. Zwei Kaffeetassen, mehrere Teller und drei oder vier Gläser umrahmten ihn wie eine Installation. Dazwischen lagen Krümel, eine leere Kekspackung und eine halb volle Flasche Saft.

»Ich hatte Hunger. Wo wart ihr denn?«, hieß es zur Begrüßung, während er lachend versuchte, sich die Kinder vom Leib zu halten. Die konnten sich vor Freude kaum einkriegen und turnten auf der Couch und ihrem Vater rum, als wäre das Wohnzimmer eine Hüpfburg. Steffi wollte angesichts des Chaos schon loszicken, dass sie ja kaum ahnen konnte, dass er sich mitten in der Woche so früh blicken ließ. Dann bekam sie aber schnell die Kurve und freute sich mit den Kindern.

»Wir waren bei Flora«, erklärte sie und ließ ihre Tasche auf den Teppich plumpsen. »Und du? Hast du einen halben Tag Urlaub?«

Das war der Dauerwitz in der Werbeagentur, wenn jemand mal pünktlich um achtzehn Uhr Feierabend machte. Im nächsten Moment fragte sie erschrocken: »Oder ist was passiert?«

»Nö, ich hatte nur einfach keine Lust mehr. Was machen wir denn Schönes heute Abend?« Die Gelegenheit ließen sich die Kinder nicht entgehen, um ihre Traumvorstellung des perfekten Abends kundzutun.

Oskar rief: »KiKA gucken!«

Lina skandierte: »Pizza, Pizza, Pizza!«, und hüpfte im Takt über die Polster.

»Hm …«, machte Arno. »Hat Mama schon gekocht?«

»Nein, hat Mama nicht. Mama hat dazu auch heute überhaupt keine Lust«, erklärte Steffi und verschränkte zur Untermalung ihre Arme vor der Brust.

»Bestellen oder essen gehen?«, fragte Arno in die Runde. Oskar, der sein KiKA-Programm gefährdet sah, war für bestellen, Lina dagegen für essen gehen. Das war wieder typisch. Wenn es zwei Wahlmöglichkeiten gab, konnte man sicher sein, dass jeder der beiden genau das Gegenteil dessen wollte, was der andere aussuchte. Steffi seufzte, und Arno sah sie an.

»Was möchtest du denn?«

Wieder ein Seufzen. Ein Aspekt des Mutterseins, auf den einen keiner dieser Tausenden von Schwangerschafts-, Ernährungs-, Still- oder Erziehungsratgebern vorbereitete. Mit der simplen Frage nach a oder b kann man sich selbst in eine schlimme Loyalitätsfalle locken. Wie sollte sie nun entscheiden? Bestellten sie Pizza, würde sie Lina den Wunsch abschlagen. Gingen sie essen, war es Oskar, der das Nachsehen hatte. Und die Eltern mussten sich unweigerlich auf die Seite eines ihrer Kinder schlagen. Was zu tiefen Verletzungen in der Kinderseele führen konnte. So etwas durfte man nicht unterschätzen! Was in einem Moment wie die profane Entscheidung, in welcher Form das Abendessen eingenommen werden sollte, aussah, konnte im nächsten zur Vertrauensfrage werden. Und noch Jahre später dazu führen, dass eines der Kinder beim Psychotherapeuten in sein Taschentuch schnäuzte und schluchzend davon berichtete, wie sich die Eltern gegen es gestellt hatten. Ein Kompromiss musste her. Steffi überlegte angestrengt die Optionen und wem sie bei der letzten dieser Entscheidungen den Vorzug gegeben hatte, da hörte sie Oskar »Okay« sagen und sah ihn begeistert in Arnos Richtung nicken. Lina jubelte und lief in den Flur, um sich Schuhe und Jacke anzuziehen.

»Los geht's!«, kam es von Arno, der sich die vom Toben verwuschelten Haare glatt strich. »Kommst du?«, fragte er, als Steffi ihn verwundert anblickte. Wie hatte er das jetzt wieder geschafft? Wahrscheinlich, indem er Oskar irgendetwas in Aussicht gestellt hatte, was Steffi den Kindern konsequent verbot. Es war ungerecht, dass sie immer die Spielverderberin war und Arno in seinen überschaubaren Einsätzen als Erziehungsberechtigter sämtliche Regeln außer Acht ließ. Okay, die Regeln *Spring nicht ohne Schwimmflügel ins Wasser, Erstich dich nicht mit dem Messer, Fass nicht in die Steckdose* und *Lauf nicht, ohne zu gucken, über die Straße* galten auch bei ihm. Die nervigen Kleinstvorschriften, die in der Summe vernünftige Erwachsene mit gesunden Körpern und Sozialverhalten aus den Kindern machten, gab es unter Arnos Aufsicht nicht. So was wie eine Obergrenze für zuckerhaltige Nahrungsmittel oder Fernsehen oder Eincremen am Strand …

Sie wollte seine Nachlässigkeit kritisieren, ließ es dann aber sein. Lieber nutzte sie Arnos Laune, alle fünfe gerade sein zu lassen, für ihre Zwecke aus.

Als die Kinder sich an der Glasscheibe die Nasen plattdrückten, die den Gastraum vom Arbeitsplatz der Pizzabäcker trennte, erzählte Steffi von dem Treffen mit Dirk Hansen.

»Und es gibt wirklich niemanden außer uns, der dieses irrsinnige Projekt mit der Frau durchziehen will?« Arno sah in der Alleinstellung kein Privileg, sondern eine Gefahr. Wenn es sonst niemand machen wollte, musste es einen Haken haben.

»Nein«, entgegnete Steffi, »bislang nicht. Aber wer weiß, wie lange Flora uns noch die Möglichkeit offenlässt. Sie friert. Und wie es aussieht, wird es auch bald reinregnen, wenn nicht langsam etwas unternommen wird.«

»Klingt teuer«, war Arnos Kommentar.

Steffi verdrehte die Augen.

»Sicher nicht so teuer, wie so ein Haus in der Lage auf dem Markt wäre. Ich kann nur wiederholen: Das ist ein Lottogewinn.«

»Warten wir mal ab, was dein Hansemann aufruft. Und dann rechnen wir noch mindestens zehn Prozent drauf für Unvorhergesehenes.«

»Ach, du immer mit deinem Pessimismus. Es kann doch auch einfach mal was gut gehen!«

»Kann. Muss aber nicht«, erklärte Arno oberlehrerhaft. Dann wurde er etwas milder: »Ich möchte ja nur, dass wir auf alle Eventualitäten vorbereitet sind. Was nützt uns das Ganze, wenn wir am Ende pleite und mit Burnout dastehen? Dann ist niemandem geholfen. Und was ist, wenn die alte Dame krank wird? Wenn sie keine Angehörigen hat, werden wir es sein, die sich um sie kümmern. Hast du darüber mal nachgedacht?«

Steffi musste zugeben, dass sie das nicht bedacht hatte. Und sie erinnerte sich an den Schrecken, den Flora ihr am Nachmittag eingejagt hatte. Auch da hatte sie zunächst überhaupt keinen Gedanken daran verschwendet, dass es ihrer betagten Freundin gesundheitlich nicht gut gehen könnte. Immerhin konnte sie Arno berichten, dass Dirk Hansen eine ebenerdige Lösung für Flora plante. Damit war das Problem, das durch Treppensteigen auftauchen konnte, schon mal aus der Welt geschafft.

»Wir müssen uns auf jeden Fall vertraglich absichern. Auch wenn das alles auf Sympathie beruht, brauchen wir alle Abmachungen, wer was bezahlt und was wem gehört, schriftlich. Habt ihr darüber gesprochen, Flora und du?«

»Nein«, gab Steffi kleinlaut zu und machte auf ihrer To-do-Liste im Kopf eine Notiz.

»So, und jetzt kein Wort mehr darüber, bis wir das Angebot von dem Baufuzzi auf dem Tisch haben«, bestimmte Arno lächelnd und gab damit das Stichwort für den Kellner, der mit vier Pizzas und zwei Kindern an ihren Tisch kam und allen einen guten Appetit wünschte.

KAPITEL VIII

So herrlich es gewesen war, das Haus lebendig und voller Menschen zu sehen, so furchtbar fühlte es sich jetzt für Flora an, wieder ganz allein darin zu sein. Das Kaminfeuer brannte, aber es wärmte sie nicht. In all den Jahren nach Heinos Tod hatte sie sich an das Alleinsein gewöhnt. Aber jetzt, nachdem die Stille wiederholt von Radau und Gesprächen mit so wunderbaren Menschen wie Steffi und Helen unterbrochen worden war, fühlte sie sich nicht mehr friedlich an. Kaum schloss sich die Haustür hinter ihren Besuchern, breitete sich eine bleierne Einsamkeit über ihr aus. Die Räume wirkten trotz der vier Meter hohen Decken erdrückend und machten Flora das Atmen schwer. Wenn es etwas gab, das sie mehr fürchtete als Krankheit und Tod, dann war es dieses Gefühl. Es war etwas, das sie seit ihrer Geburt begleitet hatte und gegen das sie ankämpfte, seit sie denken konnte. Ihre Mutter hatte sich damals alleine mit ihr und ihrem älteren Bruder Otto durch die Kriegsjahre geschlagen. Der Vater war nach seinem letzten Heimaturlaub im Winter Anfang

1944 nicht zurückgekehrt und hinterließ neben seiner Frau und seinem Sohn auch die ungeborene Florentine. Aufopferungsvoll brachte die Mutter ihre Kinder allein durch die schweren Nachkriegsjahre, und erst viel später, als erwachsene Frau, verstand Flora, dass der verbitterte Zug, der ihre ursprünglich einmal strahlende Schönheit verdunkelte, Ausdruck ihres gebrochenen Herzens war. Als die schlimmsten Jahre, die Zeit des Hungerns und Frierens, überstanden waren, starb ihr großer Bruder, von dem sie sich immer den Trost geholt hatte, den ihre Mutter ihr nicht geben konnte. Er war beim Eislaufen auf dem Stadtparksee eingebrochen und bekam eine Lungenentzündung, von der er sich nicht mehr erholen sollte. Ab dem Tag gelang es niemandem mehr, ein Lächeln auf die Lippen der Mutter zu zaubern. Zu Floras großem Glück waren die Metzgerleute in Kiel-Gaarden, bei denen sie nach Kriegsende Zuflucht in einem Hinterzimmer des Ladens gefunden hatten, herzensgute Menschen. Liebevoll kümmerten sie sich um Flora, kleideten sie ein und schickten sie zur Schule, als ihre Mutter sich aufgegeben hatte. Trotzdem wollte Flora nach deren Tod so schnell wie möglich weg aus Kiel. Sie machte ihren Schulabschluss und ging nach Hamburg, wo sie Arbeit auf dem Fleisch-Großmarkt im Schanzenviertel fand. Diese Welt war ihr vertraut. Was jedoch nicht hieß, dass sie sie mochte. Ziemlich schnell merkte sie, dass dieses Gefühl von Zuhause, das der Anblick von rohem Fleisch, die Gerüche und Geräusche ihr vermittelten, ein trügerisches war. Eigentlich hasste sie das alles. Darum nutzte sie die Chance, als ein Blumengeschäft, an dem sie auf dem Weg zur Arbeit immer vorbeikam, eine Aushilfe suchte. In Gegenwart all des wunderbaren Grüns blühte Flora im wahrsten Sinne des Wortes auf. Lebende Pflanzen statt toter Tiere waren ihr so viel lieber! Abends wartete niemand auf sie in ihrer kleinen Dachkammer, die sie sich von ihrem winzigen Gehalt und der Waisenrente leisten konnte. Darum blieb sie jeden Tag so lange wie möglich im Blumengeschäft und arbeitete Bestellungen ab, räumte auf und überprüfte die Buchhaltung. So lange, bis es wirklich nichts mehr zu tun gab und sie vor Erschöpfung fast im Stehen einschlief.

Der Besitzer des Ladens konnte sein Glück kaum fassen und bot seiner fleißigen Mitarbeiterin bald einen Ausbildungsplatz zur Floristin an.

»Mit Ihrem Vornamen sind Sie wie geboren für diesen Beruf!«

Flora nahm an, auch wenn diese neue Beschäftigung sie ihrem großen Traum, Literatur zu studieren, zunächst nicht näherbrachte. Die Ausbildung sicherte ihr ein Einkommen, das sie wann immer möglich in Bücher investierte. Die meiste ihrer freien Zeit verbrachte sie hinter einem Buch, vollkommen absorbiert von den Worten der Größten wie Leo Tolstoi, Theodor Fontane, Annette von Droste-Hülshoff oder Thomas Mann, die sie in andere Welten trugen. Sie liebte auch Zeitgenössisches wie *Stiller* von Max Frisch oder die Arbeiten der Philosophinnen Hannah Arendt und Simone de Beauvoir. Eigentlich verschlang sie alles, was nur irgendwie in Form von Buchstaben auf Papier zu finden war. All diese Bücher zu kaufen war unmöglich, also zog es sie immer wieder in die Hamburger Universitäts- und Staatsbibliothek, wo sie ganze Sonntage im Lesesaal verbrachte. Manchmal ohne eine einzige Pause. Als sie eines Sonntags mal wieder spätabends müde und hungrig die Bibliothek verließ, hatte ihr jemand von hinten die Augen zugehalten. Wer konnte das sein? Außer Kunden des Ladens, die Familie ihres Chefs oder Bibliotheksmitarbeitern kannte sie niemanden in der Stadt. Der junge Mann, zu dem sie sich erschrocken umgedreht hatte, entschuldigte sich sofort wortreich, er hatte sie mit einer Kommilitonin verwechselt. Flora erkannte sofort ihre Chance und forderte augenzwinkernd sein in Brotpapier gewickeltes Proviantpaket als Entschädigung. Er willigte ein, unter der Bedingung, dass er ihr beim Essen Gesellschaft leisten durfte. Dieses gemeinsame Abendessen war das erste, bei dem sie sich über ihre Träume und Wünsche und den Sinn des Lebens unterhielten. Und es sollten viele weitere folgen.

Mit Heino Blum hatte sie die Liebe ihres Lebens gefunden. Oder besser: Sie war gefunden worden. Von jemandem, der sich Zweisamkeit ebenso wünschte wie sie. Und sie konnten es kaum erwarten, Eltern zu werden. Für beide war der Schmerz groß, als sie nach vielen Jahren irgendwann einsehen mussten, dass sich ihr Kinderwunsch niemals erfüllen würde. Kurzzeitig hatte es sogar so ausgesehen, als würde ihre Liebe daran scheitern. Aber sie hatten sich aus ihrer Zerstörung hochgerappelt, sich unter ohrenbetäubendem Krach zusammengerauft und beschlossen, dass es nicht unbedingt des Lachens der eigenen Kinder bedurfte, um glücklich zu sein. Und es war der Lauf des Lebens, dass Kinder groß wurden und in die Welt hinauszogen. Eigene wie geliehene. Steffi und ihre Bande würden nun endlich für Nachschub sorgen.

»Du hast wie immer recht«, führte Flora den Dialog laut fort, den sie in Gedanken mit Heino begonnen hatte. »Folge deinem Herzen, und halte an deinen Träumen fest, dann werden sie irgendwann wahr«, zitierte sie ihn. »Hat zwar lange gedauert, aber wie es aussieht, bekommen wir nun endlich unsere Enkelkinder. Was sagst du dazu, Opa Heino?« Die letzten beiden Worte sprach sie fast feierlich aus. Und ergänzte, die neu verliehenen Titel betonend: »Opa Heino und Oma Flora.« Nach einem Augenblick, in dem sie konzentriert in den Raum hineinlauschte, tätschelte sie zärtlich die verschlissene Armlehne von Heinos Sessel. »Da mach dir mal keine Gedanken! Ich werde schon dafür sorgen, dass sie dich kennenlernen. Als wärst du hier bei uns.«

Vielleicht fühlte sie sich aus diesem Grunde Steffi so nah. Sie war ein Bauchmensch wie ihr lieber Heino. Steffis Mann Arno dagegen war offenbar eher der Faktentyp und Bedenkenträger. Den mussten sie überzeugen. Mit großer Bestimmtheit sagte Flora: »Und ich weiß auch schon, wie wir das schaffen! Wir verkaufen den Ruttmanns das Haus!« Wie ein kleines Mädchen, das der Mutter ihr selbst gemaltes Bild entgegenstreckt, strahlte Flora den imaginären Heino an. Seine Antwort darauf löste ein nachsichtiges Kopfschütteln bei ihr aus. Geduldig gab sie zurück: »Nein, darüber haben wir noch nicht im Detail gesprochen. Das sollten wir dringend tun. Das ganze Haus mit Grund und Boden soll offiziell ihnen gehören. Per Vertrag. Und der Preis ist: ein symbolischer Euro.« Bestimmt nickte Flora erst mit dem Kopf, bevor sie das Kinn fordernd in die Höhe reckte. »Wie bitte?« Angriffslustig sah sie in Richtung Zimmerdecke. »Die Rolle des Zögernden steht dir überhaupt nicht. Außerdem: Wer einfach so stirbt und mich hier allein lässt, der hat sein Recht auf Protest vertan. Wenn du etwas dagegen unternehmen willst, musst du schon herkommen.« Mit diesen Worten stand sie auf und ging zum Telefon. Denn sie war sich sicher, ihre Neuigkeiten würden Steffi für die ihr bevorstehende Überzeugungsarbeit sehr nützlich sein. Fröstelnd zog sie ihre dicke Wolljacke enger um sich und wählte die Nummer, die Steffi ihr in großen Ziffern auf den Telefonblock geschrieben hatte. *Wenn irgendwas ist …*, hatte sie gesagt und damit offengelassen, was genau sie damit meinte. Jetzt war jedenfalls *was*: Flora hatte genug. Sie fror in ihrem Wohnzimmer mehr, als sie es jemals im Kühlraum der Metzgerei oder hinter dem Verkaufstresen ihres Blumenladens getan hatte. Und: Sie wurde im nächsten Monat fünfundsiebzig. Wenn man so alt war, hatte man die Zeit, die man mit zaudern, abwarten, verhandeln und schachern vergeuden konnte, längst aufgebraucht.

Zunächst wurde sie allerdings in ihrem ambitionierten Vorpreschen gebremst, Steffi ging nicht ans Telefon. Etwas unsicher hinterließ sie stattdessen eine Nachricht auf ihrer Mailbox. Sie konnte sich einfach nicht daran gewöhnen, mit einer Maschine zu sprechen, die nicht einmal mehr eine Maschine war, sondern nur ein digitales Konstrukt irgendwo in diesem Internet. Aber wenn man mit der Zeit gehen wollte, dann gehörte das alles wohl dazu. Ein Handy hatte sie längst. Allerdings gab es nicht allzu viele Menschen, die sie damit anrufen konnte, weshalb es sich meistens mit leerem Akku in ihrer Handtasche befand. Im Nachhinein schien es ihr manchmal ein Fehler gewesen zu sein, den Blumenladen aufgegeben zu haben. Viel mehr als nur ein Arbeitsplatz war er ein Ort der Begegnung für sie gewesen. Wobei es damals die richtige Entscheidung gewesen war. Heino hatte praktiziert, bis er siebzig wurde, dann hatte er die Praxis an einen Jüngeren übergeben und zu Flora gesagt, er wolle mit ihr die Welt erkunden. Sie hatten nie viel Urlaub gemacht die ganzen Jahre zuvor. Immer gab es Wichtigeres, und besonders in den Sommerferien glichen ihr Haus und der Garten eher einem Schullandheim. Sämtliche Kinder aus der Nachbarschaft, die nicht mit ihren Eltern in den Urlaub gefahren waren, verbrachten die Zeit bei ihnen. In diesen Wochen überließ Flora ihr Geschäft fast gänzlich ihrer Mitarbeiterin und besten Freundin Luise. Die gute Luise, dachte Flora. Wie alle Menschen in ihrem Leben war auch diese treue Seele viel zu früh gestorben. Flora hatte große Lust gehabt, mit Heino das Versäumte nachzuholen und zu reisen. Ohne Luise hatte sie niemanden, dem sie in ihrer Abwesenheit den Laden anvertrauen mochte. Und so hatte Heino sie irgendwann überzeugt, dass es mit siebenundsechzig höchste Zeit für die Rente war. Sie gab die *Zauberblume* auf, und die beiden flogen um die Welt. Bis Heino krank wurde und sie sein letztes Lebensjahr zu Hause verbrachten.

Erst ein gutes Jahr nach Heinos Tod hatte Flora begonnen, die *Zauberblume* zu vermissen. Weniger die Arbeit, natürlich! Viel mehr waren es die Gespräche mit den Menschen, die zu ihr gekommen waren. Um Blumen zu kaufen und um mit ihr über Literatur zu sprechen. Nur etwa die Hälfte des Ladens war als Verkaufs- und Ausstellungsfläche den Pflanzen gewidmet. Der restliche Teil glich einer Bibliothek. Regale voller Bücher bis unter die Decke und gemütliche Sessel standen bereit, um dort ganz in Ruhe zu lesen. Wer wollte, konnte auch mit nach Hause nehmen, was ihn gerade fesselte. Nicht ein Buch verschwand in den ganzen Jahren auf Nimmerwiedersehen. Alle tauchten irgendwann wieder auf.

Mit Floras Literaturstudium hatte es nicht geklappt. Sie musste Geld verdienen damals, damit Heino sich auf seine Medizin konzentrieren konnte. So hatten sie es beschlossen, und sie hat es nie bereut. Als Heino dann genug verdiente, fand Flora sich zu alt. Immerhin konnte ihr Mann sie dazu überreden, sich als Gasthörerin einzuschreiben. Was für eine großartige Idee das war! So konnte sich Flora ausschließlich den Schriftstellern und Genres widmen, die sie liebte. Mit Thomas Mann verbanden sie oft weit mehr Worte an einem Tag als mit ihrem eigenen Mann, der zu der Zeit bis zum Umfallen Dienste im Krankenhaus schob. Sie versuchte sich sogar in Althochdeutsch und kämpfte sich ein Semester lang mit Walther von der Vogelweide und den Minnegesängen ab. Goethe fand sie inspirierend, aber manchmal zu oberlehrerhaft. Immer dieser erhobene Zeigefinger der Moral, der ging ihr auf die Nerven. Mit Kant machte sie einen Ausflug in die Philosophie, blieb aber nicht lange. Was sie allerdings mitnahm, war sein kategorischer Imperativ, der seither der Kompass ihres Handelns war. Ihre Liebsten blieben die Schriftsteller des zwanzigsten Jahrhunderts, mit einem besonderen Faible für Roald Dahl. Sein Humor erinnerte sie an den von Heino.

Die Gedanken an die längst vergangenen Zeiten mogelten ein Lächeln auf Floras Lippen, als sie im Wohnzimmer an den Regalen entlangstrich. Viele ihrer Schätze aus der *Zauberblume* waren nach der Geschäftsaufgabe hier eingezogen, und die Bücherregale bogen sich bedrohlich, denn schließlich trugen sie auch noch die Bücher aus Heinos und ihrem Privatbesitz. Flora seufzte. Wohin sollte das alles, wenn sie demnächst weniger als die Hälfte der Fläche zur Verfügung hatte? Und all die anderen Erinnerungen! Was würde sie behalten können, und wovon musste sie sich trennen? Hatte sie sich das Ganze überhaupt richtig überlegt? »Jetzt hör aber auf, du alte Schrulle!« Energisch stemmte Flora die Hände in die Hüften und stampfte mit dem Fuß auf, was die alten Dielenböden mit einem lauten Knarzen quittierten. »In der Vergangenheit hast du dich lange genug gesuhlt. Es ist höchste Zeit, nach vorn zu schauen. Was sind ein paar alte Möbel gegen vier wunderbare Menschen, die wieder Leben in diese Bruchbude bringen? Ganz zu schweigen von einer funktionierenden Zentralheizung. Also halt die Klappe, Flora Blum! Oder besser: Mach sie auf, und lass die richtigen Worte raus.« Damit ging sie zum Telefon und wählte erneut Steffis Nummer. Nach einer kurzen Weile des Wartens rief sie erfreut: »Steffi! Schön, dass ich dich erreiche. Ich möchte euch einen Vorschlag machen!«

KAPITEL IX

Die Hauptstadt tat seit Helens Ankunft alles, um sämtliche Vorurteile, die man in Hamburg und dem Rest der Welt gegen sie hegte, zu bestätigen. Der Taxifahrer hatte sie *anjeschnauzt*, weil sie ihren Koffer zu langsam – oder zu schnell oder zu selbst – in den Kofferraum gepackt hatte. Die ganze Fahrt fluchte er über alles und jeden, der ihren Weg kreuzte. Als sie endlich angekommen waren, hatte Helen das Gefühl, sich bei dem Mann dafür entschuldigen zu müssen, dass er ihretwegen diesen ganzen Stress auf sich nahm.

Jetzt saß sie in einer superhippen Kaffeerösterei mit selbstverständlich englischem Namen und konsequenterweise ausschließlich englischsprachigem Personal der Hauptfigur der neuen TV-Serie gegenüber. Beziehungsweise der Schauspielerin, die dieselbige verkörperte. Man hatte sie wirklich gut für die Rolle der hypochondrisch veranlagten Angehörigen der Generation Z mit einer riesigen Aversion gegen das Erwachsenwerden bei gleichzeitig maßloser Selbstüberschätzung gecastet. Vor Helen saß eine winzige Person, die nur aus Schal, Ugg-Boots, Goldrandbrille und Haaren, die sie sich unentwegt mit einer ausladenden Bewegung aus dem Gesicht und hinter das Ohr strich, zu bestehen schien. Zwischen zwei Löffeln Soja-Vanilla-Latte-Schaum ließ sie Bedeutungsvolles verlauten, dem sie noch mehr Bedeutung verlieh durch den Hinweis, dass es sich um ihre Meinungen und ihre Erfahrungen handelte. *Ich persönlich, meiner Meinung nach, wenn du mich fragst* oder *um ganz ehrlich mit dir zu* sein waren Floskeln, die sie so oft bemühte wie Kim Kardashian ihren Selfie-Daumen. Die PR-Agentur hatte ihr Treffen mit Lorella Vermont, deren Name eher auf ein anderes Filmgenre als das der Vorabendserien schließen ließ, als Brunch deklariert. »Dann könnt ihr ganz ungezwungen quatschen, wie unter ääächten Bieh-Äääääfs!«, hatte die Agentin des Filmsternchens in dem Vorgespräch aufgeregt durchs Telefon gequietscht. Dass die zwei Menschen, die sich hier über Berge von Avocadotoasts, Bagels, Pancakes, Müsli mit Obst und anderen instagrammablen Food-Kreationen gegenübersaßen, Freundinnen wurden, war allerdings eher unwahrscheinlich. Nachdem Lorella alles fotografiert und gepostet hatte, stocherte sie auf den Tellern rum und erzählte Helen, wie unfassbar *crazy* ihr *life* gerade war. Helen kostete es große Beherrschung, der zwanzig Jahre Jüngeren nicht beim Benutzen von Messer und Gabel behilflich zu sein und ihr den Toast klein zu schneiden.

Normalerweise duckte sich Helen schleunigst weg, wenn es um solche Termine ging. Nicht, dass sie etwas gegen Filmmenschen hatte. Im Gegenteil! Helen liebte das Kino und hatte auch mit Fernseh- und Theaterschauspielern schon ganz wunderbare, kluge Interviews geführt. Doch es schien ein ungeschriebenes Gesetz zu sein, dass ein Mangel an Talent oder Prominenz durch eine Überdosis an Show und Prätention ausgeglichen werden musste.

Diese Anfrage war Helen jedoch äußerst gelegen gekommen. Ihre deutschlandweite Suche nach Frauen mit dem Namen *Barbara Steinmetz* hatte ein knappes Dutzend Treffer ergeben. Die Hamburger hatte sie schon abgeklappert und konnte sie ausschließen. Zwei weitere besaßen eine offizielle Meldeadresse in Berlin. Deshalb war sie eigentlich hergekommen. Der Interview-Termin zahlte ihr das Bahnticket, und vor allem konnte sie so den Grund ihrer Reise vor Steffi verschleiern. Angelogen hatte sie sie trotzdem. Dabei hatte sie sich schon vor vielen Jahren geschworen, Menschen, die ihr nahestanden, immer die Wahrheit zu erzählen. Auch wenn kleine Notlügen im Alltag das Leben erleichtern konnten. Oder, was ebenfalls ein gern angeführtes Argument war, man mit einer Optimierung der Wahrheit jemanden schützen wollte. Doch genau diese falsch angebrachte Fürsorge war es, die Helen in jungen Jahren das Urvertrauen geraubt hatte. Als ihr Vater krank wurde, ließen ihre Mutter und die Großeltern die kleine Helen in dem Glauben, es handele sich um eine Erkältung. Als er eines Tages nicht mehr zu Hause war, hieß es, er sei in den Urlaub gefahren. Dass es sich um eine aggressive Form von Krebs handelte und der Urlaub in Wahrheit ein Krankenhausaufenthalt war, erfuhr das Mädchen erst, als ihr Papa kurz darauf starb.

Das Interview überlebte Helen mit mittelschweren Schäden an ihrem Nervenkostüm. Was ihre Fassungslosigkeit angesichts Menschen wie Lorella meistens ein wenig besänftigte, war der Gedanke, dass sie selbst ja gar nichts dafür konnten. Lorella war eine Zutat in dem Rezept, nach dem Fernsehbosse ihre Erfolgsserien zusammenrührten. Irgendwer hatte sie lange vor ihrer Reife gepflückt und zur schnellen Weiterverarbeitung in die TV-Produktionsküche geschafft. Nun strengte sie sich an, die Erwartungen, die man an sie stellte, zu erfüllen. Denn sie wollte ja auf keinen Fall schuld daran sein, wenn das ganze Gericht ungenießbar wurde. Helen machte sich keine Illusionen darüber, was ihr Part bei der Sache war. Sie war das Glutamat, womit die potenziellen Konsumenten darüber hinweggetäuscht werden sollten, dass sie wieder nur die immer gleiche langweilige Instant-Suppe vorgesetzt bekamen. Also würde sie darüber schreiben, *wie sehr die neue Serie das Gefühl der heute Anfang Zwanzigjährigen transportierte und wie wunderbar die junge Schauspielerin Lorella Vermont die Figur der bla, bla, bla* … Den Text würde sie am Abend im Hotelzimmer tippen. Jetzt war es Nachmittag, und Helen machte sich auf zu der Adresse der Barbara Steinmetz, die noch übrig geblieben war. Die andere Barbara hatte sie am Morgen, als sie auf Lorellas Auftritt gewartet hatte, im Telefonbuch ausgemacht und angerufen. Im Gespräch mit einer sehr netten Dame erfuhr sie, dass in ihrem Fall der Nachname angeheiratet war, womit sich ihre Trefferliste in dieser Stadt auf eins minimierte.

Helen nahm die S-Bahn zum Südkreuz und ging die paar Hundert Meter zu Fuß in die Wölfertstraße, wo hoffentlich die richtige Barbara Steinmetz wohnte. Die Chance war so gering, wie beim Schulfest die Waffel mit dem einen Stück Eierschale, das in den Teig geflutscht war, zu erwischen. Aber genau der Vergleich zeigte, dass es möglich war. Zumindest für Helen war das Knirschen beim Waffelessen ein sehr vertrautes Gefühl. Zuversichtlich bog sie um die Ecke. Wie alle Straßen, durch die sie zuvor vom Bahnhof aus gegangen war, war sie von roten Klinkerbauten gesäumt, die nahtlos ineinander übergingen und einander bis auf den letzten Ziegelstein glichen. Typische Nachkriegshäuser, die sich von den inzwischen fast sämtlich und herrlich restaurierten Prachtbauten in Mitte durch ihre sympathische Bodenständigkeit unterschieden. Sicher waren die Kopfsteinpflasterstraßen und die Innenhöfe, die man hinter den roten Fassaden vermutete, früher von Kindern betobt und bespielt worden. Heute war es hier sehr ruhig, und eine Rentnerin zog mühsam und bezeichnend für die Mehrheit der hier Lebenden ihren Hackenporsche hinter sich her. Der Lkw eines Möbeltransportunternehmens stand ungefähr in der Mitte der Straße, und als Helen näher kam, stellte sie fest, dass es die Hausnummer war, die sie suchte. Auf dem Klingelschild las sie *B. Steinmetz,* und ihr Herz begann ein wenig aufgeregt zu klopfen. Warum sie das Schicksal dieser Unbekannten so interessierte, war Helen noch immer nicht klar. Sie folgte einfach einem Gefühl. Einem ziemlich starken, wie man ohne Übertreibung feststellen konnte. Da es keine Gegensprechanlage gab und die Tür wegen des Umzugs offen stand, ging Helen hinein und suchte auf den Türschildern den entsprechenden Namen. Sie fand ihn dort, wo ebenfalls die Tür mit einem Keil vor dem Zufallen gesichert war.

»Hallo!«, rief Helen und streckte, so weit es ohne umzufallen ging, den Kopf in den Flur. Irgendwo in einem der hinteren Zimmer wurde geräumt.

»Ja, watn?«, kam es barsch zurück.

»Ich suche Frau Steinmetz.«

»Kenn ick nich.«

Immer noch war niemand auf der Bildfläche erschienen, der Helens verdutztes Gesicht hätte sehen können.

»Äh, Sie stehen in ihrer Wohnung.«

Das schien den Mann doch hervorzulocken. Unwillig kam er in den Flur.

»Weeß ick doch nicht, wessen Krempel dit hier is. Mir wurde jesacht, et muss raus. Und ick schaff et raus.«

»Und wer hat Ihnen das gesagt?«, nahm Helen gleich die detektivische Arbeit auf. »Und wohin schaffen Sie es?«

»Herrjott, sind Se von der Stasi, oder watt!« Misstrauisch guckte er zu Helen rüber, die abwartend im Türrahmen stand. »Wat jehtn Sie dit überhaupt an? Wenn Se die Wohnung wolln, die is schon wieder vermietet. Am Wochenende kommen die Neuen. Darum muss ick mir ooch beeilen. Keene Zeit zum Quatschen, Frollein.«

»Ich wollte Frau Steinmetz diese Blumen hier bringen.« Helen hob den Strauß, den sie am S-Bahnhof besorgt hatte, hoch. »Sie können mir nicht sagen, wer mir weiterhelfen kann?«

Die Blumen oder Helens Augenaufschlag, den sie sich für harte Fälle wie diesen angeeignet hatte, erweichten das Herz des Mannes offenbar doch.

»Hausmeesta, Erdjeschoss«, verriet er für Berliner Verhältnisse geradezu liebenswürdig.

In der Erdgeschosswohnung öffnete ihr der Hausmeister tatsächlich höchstpersönlich. Seinem Blick nach hatte Helen ihn bei etwas sehr Wichtigem gestört. Missmutig stand er vor ihr, die schmuddelweiß befeinrippte Wampe quoll über die ausgebeulte Jogginghose, die von zwei speckigen Hosenträgern daran gehindert wurde, noch mehr Unansehnliches zu enthüllen. Der Geruch, der ihr aus der Wohnung entgegenschlug, war eine fein abgestimmte Mischung aus Mief, Zigarrenqualm und Dosensuppe. Es hätte nicht viel gefehlt, und Helen hätte sich die Hand vor die Nase gehalten. Doch sie konnte sich gerade noch zurückhalten. Stattdessen brachte sie ihr Anliegen vor.

»Sind Sie eine Angehörige?« Man merkte dem Mann an, dass er sich Mühe gab, hochdeutsch zu sprechen und sich gewählt auszudrücken. Auch versuchte er, durch die intensive Betonung seiner Worte ein trotzdem deutlich wahrnehmbares Lallen zu vertuschen. Das alles ignorierte Helen.

»Nicht direkt«, antwortete sie. »Aber es ist wichtig.«

»Wollnse Jeld?« Diese Option schien den Mann zu interessieren. Sein bisher abweisend gelangweiltes Gesicht bekam einen neugierigen Zug.

Helen, von der Frage ein wenig überrascht, gab zurück: »Äh, nein … Es ist privat.«

»Man kann och privat Geld wolln!«, feixte der Mann.

»Nein, es geht nicht um Geld«, erklärte Helen bestimmt.

»Da hamse Jlück. De jute Frau is nämlich nich mehr.«

Helen blickte ihn fragend an, was ihn zu mehr Deutlichkeit animierte. Er schien sich an sein Vorhaben zu erinnern, einen guten Eindruck zu hinterlassen, drückte den Rücken durch und betonte konzentriert: »Frau Steinmetz ist verstorben.«

»Oh!«, entfuhr es Helen. Warum hatte sie mit dieser Möglichkeit überhaupt nicht gerechnet? Immerhin musste die Frau vom Foto inzwischen über sechzig sein. Eigentlich kein Alter zum Sterben. Aber welches Alter wäre das schon? »Gibt es Hinterbliebene?«, fragte Helen fast automatisch. Die Journalistin in ihr ließ nicht locker. Der Mann wurde wieder misstrauisch.

»Und wenn?«, fragte er. Helen verlor die Lust, sich weiter mit ihm zu unterhalten.

»Dann geben Sie doch bitte meine Nummer weiter. Es ist rein privat. Ich würde mich wirklich sehr freuen.« Sie drückte ihm eine Visitenkarte in die Hand und verabschiedete sich. Als sie die Straße hinunter in Richtung S-Bahn lief, ging sie im Kopf ihre Liste mit den alternativen Treffern ihrer Suche nach Frauen mit dem Namen Barbara Steinmetz durch. Schließlich war nicht gesagt, dass diese hier diejenige war, die sie suchte. Es war noch alles offen.

Weil das Hotelzimmer nun mal gebucht war und zu Hause sowieso niemand auf sie wartete, beschloss Helen, trotz der Barbara-Pleite in dieser Stadt, die ihr so rein gar nichts Gutes tun wollte, zu bleiben. Früher hatte sie eine Handvoll Schul- und Studienfreunde in Berlin gehabt, mit denen sie spontan den Abend hätte verbringen können. Doch inzwischen hatten auch diese Menschen sich vermehrt und waren in den Grüngürtel oder gleich nach Brandenburg gezogen. Jedenfalls zu weit weg, um ohne große Vorankündigung mit Helen essen zu gehen.

Am Alexanderplatz stieg sie wieder aus der Bahn und lief ein wenig ziellos umher. Trotz der oft schwer zu ertragenden

Kratzbürstigkeit rührte die Hauptstadt Helen immer wieder zutiefst mit ihrer allgegenwärtigen Geschichte. Vielleicht lag es an den unzähligen Filmen, die in Zeiten vor, während und kurz nach dem Weltkrieg spielten, denen die Stadt als Schauplatz diente und an die man beim Anblick des echten Berlins unweigerlich erinnert wurde. Jedenfalls wurde in Helen an jeder Ecke, wenn sie eines der typischen Straßenschilder oder einen Hauseingang sah, die Neugier geweckt. Sie fragte sich, was in den Durchgängen zu den Hinterhöfen schon alles verborgen vor den Augen der Passanten geschehen war, was die Pflastersteine, über die sie heute lief, schon alles getragen hatten. Diese Stadt atmete ihre Geschichte in jeder Sekunde aus jeder Pore, so nahm es Helen wahr. Hamburg hatte sicher auch einiges erlebt, zeigte seine Wunden aber nicht so offen, fand sie. Als sie an einem Thai-Imbiss vorbeikam, der sich mit seinem exotischen Angebot und der Neonschrift angenehm von der geschichtsträchtigen Umgebung abhob, ging sie hinein, um sich etwas zum Essen mit ins Hotel zu nehmen. Beim Bestellen entschied sie sich jedoch kurzfristig um und aß ihr Gelbes Curry an einem der Hochtische, die direkt an der Fensterfront mit Blick auf die Straße standen. Das bunte Treiben draußen zu beobachten war interessanter als das Fernsehprogramm an den meisten Abenden. Helen gefiel es so gut, dass sie sich noch ein Dessert und ein zweites Bier bestellte. So schaute sie hinaus, löffelte, trank und machte sich Notizen für den Artikel über ihr Gespräch mit Lorella, den sie später im Hotelzimmer schreiben wollte. Als es zu dämmern begann, machte sie sich schließlich auf den Weg ins Hotel. Unterwegs telefonierte sie mit Ella, die gebadet und mit einem Wurstbrot versorgt bei Jerry auf der Couch saß und KiKA schaute. Sie informierte ihre Mutter darüber, dass sie am nächsten Tag unbedingt gleich nach der Schule mit zu Lina gehen musste, weil die beiden eine gemeinsame Hausaufgabe zu erledigen hatten.

»Weiß denn Steffi das schon?«, fragte Helen, eine kurze Atempause in dem aufgeregten Erzählstrom ihrer Tochter nutzend.

»Klaro, Mama. Du kannst mich dann abends bei ihr abholen.« Damit war das Gespräch für die Siebenjährige beendet, und sie reichte den Hörer an ihren Vater weiter.

»Hast du mit Steffi gesprochen wegen morgen?«, fragte Helen ihn, nachdem sie ein paar organisatorische Fragen geklärt hatten. Wer ging zum nächsten Elternabend, wer konnte den Schulausflug begleiten, wer übernahm die Betreuung in den bevorstehenden Ferien, solche Sachen.

»Wir haben telefoniert. Wie immer kein Problem. Ella kann so lange bleiben, wie sie möchte.«

»Schön. Vielen Dank.« Helen wünschte Jerry eine gute Reise – er würde am nächsten Tag mal eben kurz nach Kuala Lumpur fliegen und erst zwei Tage später zurück sein – und legte auf.

Vielleicht, weil sie ihre Situation selbst so gewählt hatte und weil sie mit Jerry wirklich einwandfrei harmonierte in allem, was ihr Kind betraf, verstand Helen den Begriff *alleinerziehend* nicht. Jedenfalls nicht in dem Kontext, in dem er in den meisten Fällen gebraucht wurde. Alleine erzog man, wenn der Partner schwer krank oder tot war oder sich nach unbekannt abgesetzt hatte. Trotzdem hörte und las man den Begriff überall. Meist im Zusammenhang mit der Mutter. Helen fand das ungerecht gegenüber den Vätern, die ja meistens auch einen Teil der Erziehung übernahmen. Wenn auch nicht immer ganz die Hälfte, so wie es bei Jerry und ihr der Fall war. Aber auch wenn es eine Wochenendregelung gab, konnte man deren pädagogische Auswirkung doch nicht einfach verschweigen. Helen fand daher die Bezeichnung *getrennt erziehend* viel zutreffender. Leider wurde die viel zu selten gebraucht. Ella verbrachte nicht weniger Zeit mit ihrem Vater als andere Kinder, bei denen die Eltern in einem Haushalt zusammenlebten.

In Gedanken versunken, erreichte sie schließlich ihr Hotel. An der Bar saß ein Grüppchen Geschäftsleute, erkennbar an den immer gleich aussehenden dunklen Anzügen bei den Männern und Rock/Bluse- beziehungsweise Hose/Bluse-Kombinationen bei den Frauen. Von den zwei Bieren zum Abendessen fühlte sich Helen ein wenig müde. Weil sie für den Artikel noch ein paar Stunden wach bleiben musste, bestellte sie sich an der Bar einen Espresso. Neben ihr saßen zwei Frauen, etwa in ihrem Alter, und schienen auf jemanden zu warten. Immer wieder sahen sie zum Eingang und checkten ihre Handys. Ob es jemand Bestimmtes war oder sie darauf warteten, dass überhaupt etwas passierte in ihrem Leben, erfuhr Helen nicht mehr. Der Barmann servierte ihr den Kaffee, und sie nahm ihn mit in ihr Zimmer, um mit der Arbeit anzufangen.

Zum Glück ging ihr das Schreiben leicht von der Hand. Die erste Version war nach einer knappen Stunde fertig. Nachdem sie sie noch einmal redigiert hatte und Lorella in der zweiten Version nicht mehr ganz so oberflächlich wegkam, klappte Helen den Laptop zufrieden zu. Nun lag es in der Hand des Ressortleiters zu beurteilen, ob dies schon die Druckversion war oder weitere Überarbeitungen nötig waren. Bei dem Gedanken an ihren Auftraggeber musste Helen unweigerlich an Lutz denken. Seit ihrem Treffen in seinem Büro hatten sie nicht mehr miteinander gesprochen. Helen hatte ein paarmal versucht, ihn zu erreichen, weil ihr ihre Auseinandersetzung umso mehr zusetzte, je mehr Zeit verging. Sie wollte wieder mit ihm im Reinen sein. Ihre unbeantworteten Anrufe waren ein ziemlich sicheres Zeichen dafür, dass dieses Bedürfnis nicht auf Gegenseitigkeit beruhte. Da musste sie sich wohl etwas einfallen lassen. Aber nicht mehr heute, beschloss Helen und ging ins Bad, um sich die Zähne zu putzen. Aus viel mehr bestand ihr Abendritual nicht. Eine Ladung Wasser spülte den Großstadtstaub vom Gesicht, und seit einiger Zeit hatte Helen auf Anraten von Steffi die normale Nivea durch eine für »reife Haut« ersetzt. »Gegen die Falten«, wie ihr die Freundin mit einem drohenden Unterton erklärt hatte. Als wären die eine schlimme Krankheit, die einem unweigerlich die Lebensgeister aushauchte, wenn man nichts dagegen unternahm. Helen war egal, was sie sich ins Gesicht schmierte. Manchmal vergaß sie es auch tagelang ganz. In ihrem Schlaf-T-Shirt zappte sie sich durch das Fernsehprogramm, was um die Uhrzeit wirklich nur noch Unsägliches zu bieten hatte. Genervt schaltete sie ab und holte das Nachrichtenmagazin aus ihrer Tasche, das sie sich noch in Hamburg am Bahnhof gekauft hatte. Titelthema waren die steigenden Mieten in den Großstädten.

Schon nach der Hälfte des Artikels war Helens Einstellung Lutz gegenüber etwas weniger versöhnlich. Vielmehr spürte sie Ärger hochkochen. Darüber, dass er das Thema so glattbügelte. Womit er nicht alleine dastand. Das Problem der steigenden Mieten wurde flächendeckend thematisiert, und nirgends kam man über eine reine Feststellung der Tatsachen hinaus. Niemand sprach von den Folgen für die Menschen, niemand hatte eine Lösung im Gepäck. Es musste dringend etwas geschehen, das über die bisher übliche Jammerei und Schuldzuweisung hinausging. Über diesen Gedanken schlief sie schließlich ein.

Als Helen sich am nächsten Morgen gerade den ersten Kaffee des Tages am Hotelbuffet holte, klingelte ihr Handy. Erleichtert stellte sie fest, dass es weder Jerry noch die Schule war und damit die Gefahr, der Anruf könnte irgendetwas mit Ella zu tun haben, gebannt war. Kurz überlegte sie, nicht zu antworten und nach dem Frühstück zurückzurufen, war aber dann doch neugierig. Berufskrankheit! Mit dem Kaffee in der Hand ging sie aus dem Frühstücksraum in die Lobby und nahm ab.

»Helen Winter«, meldete sie sich.

Eine sympathische, tiefe Stimme antwortete ihr. »Guten Morgen. Entschuldigen Sie bitte die die frühe Störung, aber ich war neugierig. Sie hatten um einen Anruf gebeten. Mein Name ist Erik Steinmetz.«

Helen war wie elektrisiert. Diese Stimme! Welcher Mensch hatte so eine Stimme? Der Klang der Worte, die dieser Mann sprach, drang in Helens Inneres, wie sie es noch nie zuvor erlebt hatte. Vollkommen eingenommen von dem Gefühl, konnte sie den Sinn erst im zweiten Gedankengang erfassen.

Es dauerte einen winzigen Moment zu lang, um noch irgendwie souverän zu wirken, bis sie endlich antworten konnte. »Guten Morgen, Herr Steinmetz! Vielen Dank, dass Sie anrufen. Ehrlich gesagt hatte ich nicht zu hoffen gewagt, etwas von Ihnen zu hören.«

Helen plapperte irgendetwas von dem reservierten Hausmeister und dass sie nur zufällig in der Stadt sei, bis wieder eine Pause entstand, in der man nur hoffen konnte, dass ihr Gehirn endlich wieder seine normale Betriebsgeschwindigkeit erreichte. Doch es war gebremst durch den einen Gedanken: Sie wollte diesen Menschen unbedingt kennenlernen. Wollte sehen, welcher Jemand diese Schwingungen produzierte, die sie so vollkommen und auf angenehmste Weise aus der Bahn warfen. Durchs Telefon! Wie musste sich das Ganze in echt anhören?

»Das ist alles interessant zu hören, Frau …«, der Mann am Telefon schien nach ihrem Namen zu suchen, »… Winter. Worum geht es denn eigentlich?« Die Stimme hatte jetzt etwas Amüsiertes. Was Helen einerseits peinlich war, denn offenbar war ihrem Gesprächspartner ihre Verwirrung nicht verborgen geblieben. Andererseits machte es den Mann umso sympathischer. Helen wollte ihn um jeden Preis persönlich treffen. Also erklärte sie ihm, wie sie dazu kam, seine – wie sich herausstellte – Mutter aufzusuchen. Allerdings optimierte sie die Wahrheit etwas, um Flora aus der Geschichte herauszulassen. Steffi zuliebe. Also verlegte sie den Fundort des Fotos ins Archiv des Hamburger Morgenblattes. Sie erklärte, sie recherchiere über die Vergangenheit der Hafenstraße und sei auf der Suche nach Zeitzeugen auf das Bild seiner Mutter gestoßen. Um der Geschichte, die selbst ihr etwas hanebüchen erschien, einen offizielleren Touch zu verleihen, erzählte sie auch, dass sie den Namen der Frau von dem Chefredakteur des Morgenblattes erfahren habe. Mit dieser Version hoffte sie, weniger wie eine verrückte Stalkerin rüberzukommen.

»Und Sie sind sich sicher, dass es sich um meine Mutter handelt?«, wollte Erik Steinmetz wissen.

»Nein, das kann ich erst sein, wenn ich Ihnen das Foto gezeigt habe. Vielleicht heute, bei einem Mittagessen?«

»Lassen Sie mich ein paar Anrufe erledigen, dann kann ich es vielleicht einrichten. Ich melde mich in einer halben Stunde.« Damit legte er auf und ließ Helen auf einem Berg heißer Kohlen zurück. So fühlte sich der Sessel, auf dem sie während des Gesprächs in der Hotellobby Platz genommen hatte, plötzlich an. Würde er sich wieder melden? Oder hatte sie ganze Arbeit geleistet, sich als grenzdebile Endverzweifelte auf Männersuche zu präsentieren? Denn erst jetzt fiel ihr die Möglichkeit ein, ihm das Foto der Frau einfach per Handy zu schicken. Das machte ein aufwendiges Treffen, um die Verwandtschaftsfrage zu klären, überflüssig. Aber Erik Steinmetz war ja selbst auch nicht auf die Idee gekommen.

Den Impuls, die Wartezeit mit einem Anruf bei Steffi zu überbrücken, musste sie ebenfalls unterdrücken. Sie wollte ihr noch nichts von ihren Barbara-Such-Ergebnissen erzählen, um sie nicht unnötig zu beunruhigen. Allerdings musste sie ihre Freundin ohnehin anrufen, sollte dieser Erik Steinmetz ein Treffen am Mittag einrichten können. Denn dann wäre sie nicht rechtzeitig zurück in Hamburg, um Ella von der Schule abzuholen. Jerry war sicher schon unterwegs zum Flughafen und fiel damit aus. Wieder einmal wünschte sich Helen die Fähigkeit, an zwei Orten gleichzeitig sein zu können. Oder es möge endlich jemand das Beamen erfinden! Das geschah allerdings ganz sicher nicht, bevor die Schulbetreuung an diesem Tag endete. Also tippte Helen eine Nachricht an Steffi, um sie auf einen eventuellen Einsatz am Nachmittag vorzubereiten. Sie begründete es mit einem weiteren Interview, das der Verlag ihr, wo sie doch schon mal in Berlin war, angeboten hatte. Kurz bevor sie auf Senden klickte, klingelte ihr Telefon. Es war Erik Steinmetz. Wieder ging ihr seine Stimme durch und durch. Gerade so schaffte sie es, die Informationen, die er ihr mitteilte, zu verarbeiten: zwölf Uhr dreißig im Barcomi's in Mitte. Immer noch leicht benommen, legte Helen auf und beendete ihr Hotelfrühstück ohne großen Appetit. Danach checkte sie aus und beschloss, in einem Café in der Nähe ihres Treffpunktes zu arbeiten. Zum ersten Mal war sie froh über die vielen Korrekturen, die der Ressortleiter ihr inzwischen reingedrückt hatte. So war sie wenigstens beschäftigt und weniger versucht, *Erik Steinmetz Berlin* zu googeln. Immer wieder juckte es sie in den Fingern, und sie öffnete ihren Browser, tippte dann aber doch nichts in das Suchfenster ein. Die Neugier ließ ihre Synapsen heiß laufen. Was war das für ein Typ? Durfte sie von einer heißen Stimme auf einen heißen Typen schließen? Oder ging ihre Fantasie mit ihr durch, wenn sie der Stimme aus dem Telefon einen Körper aus einem Hollywoodfilm verlieh? Unweigerlich musste Helen an Tommi Piper denken, die Stimme von

Alf, und sie schüttelte sich. »Krieg dich wieder ein«, schalt sie sich, »Wahrscheinlich wiegt er hundertvierzig Kilo und hat keinen einzigen Zahn mehr im Mund.«

Zumindest Ersteres konnte sie um Punkt halb eins ausschließen, als sie das Barcomi's betrat. Ein Mann in ihrem Alter, der durchaus attraktiv war, ihr aber wahrscheinlich nicht automatisch ins Auge gefallen wäre, sprach sie fragend mit ihrem Namen an. Mit einer Stimme, die sie ohne die digitale Verzerrung noch direkter berührte, stellte Erik Steinmetz sich formvollendet vor. Helen fühlte sich wie ein ungehobelter Backfisch, als ihr einfiel, dass sie dem Mann bisher mit keinem Wort zum Tod seiner Mutter kondoliert hatte. Ob die Frau nun *ihre* Barbara Steinmetz war oder nicht, sie war in jedem Fall *seine* Mutter. Und die war vor nicht allzu langer Zeit gestorben. Mit gestelzten Worten holte sie das Versäumte nach. In seinem höflichen Dank konnte Helen den Schmerz, den der Verlust eines geliebten Menschen bei ihrem Gegenüber verursachte, erahnen. Doch nur für den Bruchteil einer Sekunde. Danach schaltete Erik Steinmetz wieder auf charmant und setzte den Small Talk, den er am Telefon schon so mühelos beherrscht hatte, fort. Wie ihr Berlin gefalle und warum sie hier sei. Das brachte Helen unweigerlich zu der Geschichte des Fotos, und sie berichtete von ihrem Artikel zur Wohnsituation in der Großstadt, der sie bei Recherchen zu dem Foto und somit zu ihm geführt hatte. Sie verlor sich ein bisschen in der Erzählung von ihrem Mentor Lutz, der die Frau erkannt und ihr den Namen verraten hatte. Während sie redete, kam Helen sich vor wie eine Jongleuse, die ihre Konzentration auf vier Sachen gleichzeitig fokussieren musste: diesem Erik eine leicht abgewandelte Wahrheit über das Foto aufzutischen; ihre seltsame Erregung über dieses Treffen in den Griff zu bekommen; die Attraktivität der Stimme mit dem Äußeren dieses Mannes abzugleichen und zu guter Letzt sich selbst in einem möglichst positiven Licht erstrahlen zu lassen – sowohl äußerlich als auch intellektuell. Was war es bloß, das dieser Erik Steinmetz in ihr auslöste? Seine Erscheinung war eigentlich zu gepflegt und glatt, als dass es Helens amouröses Interesse wecken konnte. Sie stand mehr auf den verwegenen Typ, der aussah, als käme er direkt aus der Kneipe. Der hier sah eher aus wie frisch aus der Fabrik. Alles an ihm war genau so, wie es sich gehörte. Die Haare, keinen Millimeter zu lang oder zu kurz, schienen ohne Anstrengung so zu liegen, wie es dem darunterliegenden Gesicht am besten stand. Das Hemd war nicht zu glatt gebügelt, aber auch nicht knittrig. Es steckte in der Hose, ohne spießig zu wirken, und mit seiner Brille schien er geboren worden zu sein. Mit einem entwaffnenden Lächeln nutzte er eine Pause in Helens Redeschwall.

»Kann ich es sehen?«

»Was?«, fragte Helen zurück und gefährdete ein weiteres Mal ihr Ziel, bei Erik Steinmetz einen geistig gesunden Eindruck zu hinterlassen.

»Das Foto.«

»Ich Holzkopf.« Helen schlug sich mit der flachen Hand vor die Stirn. »Natürlich!« Umständlich zog Helen ihr Telefon hervor und suchte das Bild unter den Aufnahmen der vergangenen Tage. Als sie es gefunden hatte, hielt sie es Erik hin. Der kniff die Augen ein wenig zusammen und betrachtete das Bild eingehend.

»Ja, das ist meine Mutter. Sie ist noch sehr jung auf dem Bild, muss eine ganze Weile vor meiner Geburt aufgenommen worden sein. Von wann ist es?«

»Genau weiß ich es auch nicht.« Helen drehte das Display ihres Telefons wieder zu sich und betrachtete die junge Frau vor der besprayten Mauer. »Anfang der Achtziger, nehme ich an.« Helen gab sich ahnungsloser, als sie war. »Hat sie denn in Hamburg gelebt?«

»Ich weiß es nicht.« Erik zuckte mit den Schultern. »Über ihr Leben vor mir hat meine Mutter nie mit mir gesprochen. Ich bin in Paris geboren, aber noch bevor ich ein Jahr alt war, gingen wir nach Berlin. Über meinen Vater weiß ich so gut wie nichts. Er war Franzose, diesem Umstand habe ich den Akzent auf dem E zu verdanken. Eigentlich heiße ich Éric«, er sprach es nun zum ersten Mal französisch aus, »aber außer meiner Mutter hat mich niemand so genannt. Erik gefällt mir besser.«

»Mir auch«, erklärte Helen und erschrak über den schwärmerischen Unterton.

Erik schien ihn nicht bemerkt zu haben – oder ging aus Höflichkeit nicht darauf ein.

»Darum habe ich mich sofort bei Ihnen gemeldet … Wollen wir nicht du sagen?«

Helen nickte erfreut. »Gern!«

»Also, darum habe ich mich direkt bei dir gemeldet. Weil ich hoffte, du könntest mir etwas über die Vergangenheit meiner Mutter erzählen.«

Konnte sie das? Über Helens Kopf schlug ein Ozean aus Wellen zusammen und ertränkte eine auftauchende klare

Antwort auf diese Frage sofort wieder. Vielleicht konnten sie mehr über die Vergangenheit von Barbara Steinmetz herausfinden, wenn sie Flora mit dem Foto konfrontierten. Es bestand ja durchaus die Möglichkeit, dass die beiden sich kannten. Aber dazu musste sie zunächst mit Steffi reden. Apropos Steffi! Die wartete noch auf eine Nachricht, ob sie Ella nun mitnehmen sollte nach der Schule oder nicht. Das hatte Helen in der ganzen Aufregung vollkommen vergessen. Sie schob den Gedanken noch einmal für einen kurzen Moment beiseite. »Und dein Vater?«

»Aus dem hat meine Mutter ein ebenso großes Geheimnis gemacht wie um ihre Vergangenheit. *Es zählt nicht, was war, sondern was ist,* hat sie immer gesagt. Es schien, als hätte sie sich mit meiner Geburt selbst neu erfunden und die alte Barbara für tot erklärt. Irgendwann, habe ich immer gedacht, erzählt sie mir alles. Was sie zu der Frau gemacht hat, die sie war. Wer mein Vater war, all das. Aber dazu ist es nicht mehr gekommen.«

Helen sah, wie Erik die Traurigkeit überkam.

Sie nahm allen Mut zusammen für ihre nächste Frage: »Woran ist sie gestorben?«

»Woran alle Guten sterben«, antwortete er bitter, »Krebs. Uns blieben drei Monate, in denen wir die Bedrohung wahrhaben, sie bekämpfen und unsere Niederlage erkennen konnten. Um Unerledigtes nachzuholen, blieb keine Zeit. Und ihre Vergangenheit wurde unwiederbringlich mit ihr begraben.«

»Das tut mir leid.« Mehr bekam Helen nicht über die Lippen. Sie hätte Erik von dem Tod ihres eigenen Vaters erzählen und ihm so zeigen können, dass sie wusste, was er fühlte. Aber sie versäumte den Moment.

Es war Erik, der das Gespräch nach einigen Augenblicken des Schweigens wieder aufnahm. »Das muss es nicht.« Dann, mit rührender Hoffnung in der Stimme: »Weißt du denn mehr über sie? Was hat dich dazu gebracht, ausgerechnet nach ihr zu suchen?«

»Ich weiß es nicht«, gab Helen zurück und konzentrierte sich auf den Teil der Frage, den sie mit der Wahrheit beantworten konnte. »Der Wille der Menschen in der Hafenstraße, für ihr Zuhause zu kämpfen, hat mich fasziniert. Der Blick deiner Mutter auf dem Bild hat mir irgendwie das Gefühl vermittelt, sie könne mir mehr darüber erzählen. Hört sich seltsam an, aber besser kann ich es nicht beschreiben.«

»Das passt zu ihr.« Gedankenverloren malte Erik mit dem Finger in einem Häufchen Zucker herum, das er aus dem großen Streuer auf den Tisch hatte rieseln lassen. »Wo sie auch hinkam, hat sie Menschen fasziniert. Was wahrscheinlich daran lag, dass sie sich wirklich für sie interessierte. Sie war Architektin, hat aber weniger entworfen, als sich für den sozialen Wohnungsbau und eine behutsame Stadtentwicklung einzusetzen.« Erik sah, plötzlich von einer Erkenntnis getroffen, von der Tischplatte auf. »Aus der Hamburger Hafenstraße in die Hausbesetzerszene von Westberlin! Das nenne ich konsequent.«

»Sie war in Berlin Hausbesetzerin?«

»Genau weiß ich es nicht. Ich war ja noch ein Baby, und sie hat, wie gesagt, nie von der Vergangenheit gesprochen. Aber sympathisiert hat sie mit den Leuten auf jeden Fall. Und bis zu ihrem Tod das schicke Mitte verpönt. Es gefiel ihr überhaupt nicht, dass ich dort wohne.« Erik grinste bei der Erinnerung.

»Konntet ihr davon leben, von dieser sozialen Arbeit, meine ich?«, wollte Helen wissen und schämte sich für eine so profane Frage, die noch dazu anmaßend war. Was ging sie das an?

Erik antwortete dennoch bereitwillig. Helen hatte das Gefühl, er genoss es, über seine Mutter zu sprechen: »Wir hatten immer genug. Alles darüber hinaus teilte meine Mutter mit denen, die es nötiger hatten als wir. Sie war immer so positiv und gut gelaunt! Wahrscheinlich war es das, was die Menschen an ihr liebten: Sie vermittelte das Gefühl, es gäbe den Himmel auf Erden tatsächlich.«

Etwas erschrocken sah Erik von seinem Zuckergemälde auf. »O Gott, das war superkitschig.«

»Aber auch superschön!«, gab Helen zu und ließ es geschehen, als sich ihre Hand wie von selbst ausstreckte und sich auf Eriks legte.

KAPITEL X

Steffi saß mit den Kindern im Auto und fuhr am hellichten Tag mitten in der Woche über die Autobahn in Richtung Süden. Entgegen allen Vorsätzen hatte sie eine Spiel-Verabredung im Speckgürtel. Ihr letzter Ausflug ins Hamburger Umland war ihr noch gut im Gedächtnis. Und hatte bestätigt, dass die angegebene Fahrzeit von zwanzig Minuten in sämtliche Randgebiete Hamburgs reine Propaganda war, behauptet von Maklern und den Speckgürteltieren selbst. Lustigerweise konnte man sich mit denen nie in der Stadt verabreden. Wegen befürchteter Staus im Elbtunnel in Feierabend- und Ferienzeiten blieben sie lieber gleich zu Hause.

Das mit den zwanzig Minuten konnten sie der Mutter ihrer Großmutter erzählen! Oder Andi Scheuer. Der amtierende Verkehrsminister glaubte das sicher gerne.

»Wann sind wir da?«, krähte es schon kurz nachdem Steffi den kleinen Panda auf der A7 beschleunigt hatte. Und auch das obligatorische *Ich muss mal!* ließ nicht viel länger auf sich warten.

Steffi freute sich auf ein Wiedersehen mit Eileen, einer Mutter aus Linas Kindergartenzeit. Sie hatte gewagt, was Arno und sie selbst sich nicht getraut hatten, und war mit der Familie nach Elsdorf gezogen, bevor die Kinder eingeschult wurden. Nun endlich, fast ein Jahr nach dem Umzug, wollte sich Steffi das viel gelobte Haus auf dem Land einmal aus der Nähe anschauen. Das Wetter war herrlich, und sie freute sich auf einen entspannten Nachmittag, an dem die Kinder im Garten spielten, während Eileen und sie in aller Ruhe literweise Kaffee in sich hineingießen und quatschen konnten.

»Alles noch nicht perfekt!«, wiegelte Eileen Steffis *Ahs* und *Ohs* ab. Die Kinder stürzten sich völlig unbeeindruckt von der neuen Umgebung und der langen Zeit, die sie sich nicht gesehen hatten, sofort ins Spiel, während die Mütter sich auf den obligatorischen Rundgang begaben.

»Wir haben echt viel gewerkelt, aber es muss auch noch eine Menge getan werden.«

»Ach was! Es ist richtig schön hier!«, beruhigte Steffi sie. Und meinte es auch so. Das Haus sah aus wie die Fotostrecke eines Wohnmagazins. Alles war aufeinander abgestimmt, jedes Detail perfekt platziert. Bullerbü war genau hier, mit selbst gemachten Pfannkuchen und Kakao auf dem Tisch und friedlich spielenden Kindern drum herum.

Eine knappe Stunde später lehnte Steffi sich mit vollem Bauch träge auf ihrem Stuhl zurück. »Wie Urlaub!«, schwärmte sie und drohte lachend: »Wir kommen jetzt jede Woche.«

»Gerne!«, freute sich Eileen, die den Scherz vollkommen ernst auffasste. »Es ist so schön, endlich mal wieder jemand Gleichgesinntes zum Quatschen zu haben.« Damit sprang sie von ihrem Gartenstuhl auf, räumte das Geschirr auf dem Tisch zusammen und rief mit einem Enthusiasmus, der den besten Robinson-Club-Animateur vor Neid erblassen ließ: »Wollen wir los?«

»Wohin?«

»Auf den Spielplatz. Da gehen wir nachmittags immer hin.«

»Aber ihr habt doch jetzt den Garten!« Steffi verstand die Welt nicht mehr.

»Ja, aber keine Schaukel und keine Rutsche. Hier wird es dann doch schnell langweilig.«

Steffi guckte sich um und sah zwei hoch konzentriert im winzigen Sandkasten buddelnde Jungs, die sich gegenseitig ihre Sandkuchen zermatschten. In der anderen Richtung sah sie Lina und Eileens Tochter Maja, wie sie in Pferdegeschirren vor Freude wiehernd und kreischend über den Rasen rannten. Langeweile sah sie nicht. Aber Eileen bestand darauf, dass der Spielplatz jetzt der Place-to-be war, und so zuckelten alle bepackt wie die Esel rüber zu der eingezäunten Fläche, die am Ende der Neubausiedlung neben einer Pferdekoppel lag. Dort angekommen, buddelten Oskar und Max weiter in der Sandkiste, und die Mädchen rannten über eine echte Pferdewiese, die an den Spielplatz angrenzte. Niemand rutschte. Steffi ließ gerade die bis oben hin mit Sandförmchen, Bällen und anderem Spielzeug vollgestopfte IKEA-Tüte geräuschvoll von der Schulter auf den Boden rutschen, als Eileen die Mädchen durch lautes Rufen und Schimpfen von der Wiese runterkommandierte. »Der Bauer will nicht, dass die Kinder auf seiner Wiese rumrennen.«

»Aha.« Mehr konnte Steffi dazu nicht sagen, weil im nächsten Moment lautes Geschrei aus Richtung Sandkasten kam. Ein kleiner dicker Junge mit roten Pausbacken saß zwischen Oskar und Majas Bruder Max und drosch mit seiner Schaufel abwechselnd auf ihre Köpfe und irgendwas am Boden ein.

»Finn-Malte, lass das das! Guck mal, da kommt der Papa!« Zugegeben, man konnte nicht sagen, hier wäre nichts los, dachte Steffi. Die Frage war nur: was?! Irgendwie hatte sie sich das Landleben idyllischer vorgestellt. Kurze Zeit später saßen nicht nur Finn-Maltes Eltern neben ihnen auf dem Sandkastenrand, sondern die halbe Siedlung. Die Kinder spielten mehr oder weniger unbeachtet vor sich hin, was Steffi im Vergleich zu den helikopternden Stadtmüttern und übermotivierten Wochenendvätern auf Hamburger Spielplätzen ganz erfrischend fand. In der Erwachsenenzone entwickelte sich derweil eine Atmosphäre, wie Steffi sie sich auf dem Raucherbalkon der Zentrale eines mittelständischen Autozulieferers vorstellte. Nach Geschlechtern getrennt wurden Handwerkertipps ausgetauscht (Männer) und der neueste Nachbarschaftstratsch aufgebrüht (Frauen). Dabei erfuhr jeder sich in Hörweite Befindliche, ob er wollte oder nicht, dass es in der so friedlich anmutenden Neubausiedlung zwei ernst zu nehmend verfeindete Lager gab. Die Mutter eines Mädchens namens Chiara schien die Rädelsführerin der einen Seite zu sein. Sie hielt eine glühende Brandrede darüber, warum die Anhänger der Gegenpartei verachtenswerte Menschen waren. Weil sie sich nämlich nicht an die von ihr aufgestellte Regel hielten, für Geburtstagsgeschenke an Nachbarn allerhöchstens fünf Euro pro Person zu investieren. Warum sie diese Regel aufgestellt hatte, konnte Steffi nur vage vermuten. Jedenfalls war ein Verstoß Grund genug, sandeimerweise mit Hass überschüttet zu werden. Die anwesenden Mütter gehörten offenbar alle dem Fünf-Euro-Team an, denn sie nickten eifrig und streuten, sich gegenseitig an Dramatik überbietend, Fakten als Brandbeschleuniger in die lodernde Wut von Chiaras Mutter. »Das Wohnmobil von Meyer-Jensens steht fünf Zentimeter über der Grenze zu unserer Auffahrt!«, informierte eine untersetzte Mitdreißigerin mit Kurzhaarfrisur.

»Letzten Sonntag, als ihr bei den Schwiegereltern wart, haben die Wessels den Rasen gemäht. Am Sonntag! Ich dachte, ich spinne!«, kam es von einer typgleichen, aber wesentlich älteren Frau zurück. Vielleicht die Oma? War der Spielplatzbesuch auf dem Land ein Drei-Generationen-Event?

Chiaras Mutter holte gerade Luft, um ihrer Empörung über diese Unverfrorenheit Ausdruck zu verleihen, als es auf der anderen Seite der Sandkiste plötzlich laut wurde. Ein Mann und eine Frau schrien sich über die Köpfe zweier blonder Mädchen hinweg an, alle Anwesenden starrten in ihre Richtung.

»Deine Leberwurst kannst du dir in die Haare schmieren!«, keifte sie.

Woraufhin er zurückmotzte: »Bleib einfach auf deiner Seite des Kühlschranks!«

Steffi wandte sich zu Eileen und machte ein fragendes Gesicht.

»Das sind die Landwehrs«, erklärte sie Steffi. Eileens resignierter Tonfall verriet ihr, dass diese Szene keine Ausnahme war. Weil das natürlich keine Erklärung war und Steffi sie immer noch verständnislos ansah, fügte Eileen mit gedämpfter Stimme, damit es niemand außer Steffi mitbekam, hinzu: »Sie haben hier in der Siedlung ein Haus gebaut, sich aber, noch bevor alles fertig war, getrennt. Jetzt will keiner ausziehen. Oder kann nicht. Sie arbeitet nicht, und sein Einkommen reicht nicht für zwei Haushalte. Seit zwei Jahren geht das schon so.«

»Woher weißt du das?« Steffi konnte es nicht fassen. Wie konnte man so leben? Was brachte es einem, wenn man den dünnen Altbauwänden und der Enge der Innenstädte entfloh, um sich hier dicke Wände aus Stein und möglichst viel Platz und eine hohe Hecke drum herum leisten zu können, wenn die Kontoauszüge dann zu jedermanns Ansicht im akkurat geharkten Garten auslagen? Und Eileen wusste noch mehr: »Sie sucht einen Job, schon ewig. Ist aber nicht so leicht hier draußen.«

»Na und? Andere Menschen pendeln doch auch«, wunderte sich Steffi.

»Lohnt sich aber kaum.« Eileen winkte ab. »Der Kindergarten macht hier um eins zu, und bei einem Anfahrtsweg von mindestens zwanzig Minuten bleibt einem nicht mehr viel Zeit zum Arbeiten.«

Da waren sie wieder, die zwanzig Minuten. Aber Steffi verkniff sich ihren Kommentar. Offenbar brauchte man diese Illusion, um hier draußen überleben zu können. Ein harmonisches Miteinander war es offensichtlich nicht, was die Menschen über den Stadtrand lockte.

Wie man auf der anderen Seite der Sandkiste live beobachten konnte.

»Und hör auf, dauernd deine Unterhosen in unsere Wäsche zu schmeißen. Ich hab's satt, deinen Dreck wegzumachen.«

»Wenn du dir zum Putzen zu fein bist, engagier doch eine Putzfrau. Ach nee, hab ich ganz vergessen: Du hast ja keinen Job und liegst mir auf der Tasche!«

»Wenn ich nicht deine Kinder bekommen hätte, wäre ich jetzt nicht arbeitslos!«

Steffi dachte, sie hörte nicht richtig. Die Eltern zerfleischten sich gegenseitig. Vor den Kindern! Aber außer ihr schien das Geschrei niemanden zu beeindrucken. Um sie herum wurde einfach weitergemacht mit dem eigenen Leben. Niemand kümmerte sich um die Mädchen, die inzwischen weinend neben ihren streitenden Eltern standen.

»Die Armen«, rutschte es Steffi fassungslos raus.

Eileen war da abgeklärter. »Tja, was will man machen?!« Schulterzuckend wandte sie sich einem ihrer Kinder zu, das Nahrung forderte.

Steffi kramte in ihrer Handtasche und zog eine Tüte Haribo heraus, die ihr sofort hocherfreut aus der Hand gerissen wurde. »Teilen!«, befahl Steffi. »Auch mit den anderen.« Sie sah noch zu, wie sich Kinder aus allen Ecken des Spielplatzes um die überraschend entsprungene Zuckerquelle scharrten, darunter auch die beiden armen Küken der Streithähne. Dann gab sie endlich dem Fluchtreflex nach, der sich bereits beim Betreten dieses Spielplatzes angemeldet hatte und immer stärker geworden war. Ein bisschen tat es ihr leid, Eileen in diesem Krisengebiet zurückzulassen. Doch sie hatte plötzlich das Gefühl, dringend loszumüssen! »Sonst komm ich in den Feierabendverkehr.« Eileen nickte verständnisvoll.

Den Kindern schien es ähnlich wie Steffi zu gehen. Entgegen ihrer sonstigen Gewohnheit, laut zu protestieren, wenn man zum Abmarsch blies, ließen sie dieses Mal alles sofort fallen und traten an. Nur zehn Minuten später saßen alle im Auto, und Steffi atmete hörbar erleichtert aus, als sie auf die Bundesstraße einbogen, die sie zurück nach Hamburg brachte.

Auf halber Strecke klingelte das Handy. Es war Flora, mit sehr erfreulichen Nachrichten! »Wir haben Post von Herrn Hansen!«

So schnell? Steffis Magen machte vor Aufregung einen Salto. »Großartig!«, rief sie. »Wir kommen direkt bei dir vorbei, dann können wir uns das gemeinsam ansehen.«

Einen glücklicherweise nur kleinen Stau auf der A1 später standen sie bei Flora vor der Tür. Die Klingel funktionierte immer noch nicht, aber diesmal saß die Hausherrin schon auf der Lauer und öffnete ihnen, als sie die Stufen der Vortreppe hochsprangen.

Helen kam nur einige Minuten später. Steffi hatte sie darum gebeten. Ihre Meinung zu Dirks Angebot war ihr fast wichtiger als die von Arno. Musste sie ihm ja nicht sagen. Außerdem war Helen irgendwie verändert, seit sie aus Berlin zurück war. So abwesend. Oder sogar abweisend? Hatte sie ihr was getan?

Vielleicht ergab sich nach dem Treffen bei Flora die Gelegenheit herauszufinden, was mit ihr los war.

Zunächst einmal saßen die drei Frauen an Floras Küchentisch über die Zahlenkolonnen gebeugt, die Dirk fein säuberlich zusammengetippt hatte. Die Kinder tobten auf der Treppe zum Obergeschoss, was ordentlich Krach verursachte, und

Steffi und Helen ermahnten sie wieder und wieder, leiser zu sein.

Doch jedes Mal kam von Flora: »Lass sie doch, sie spielen so schön. Für mich können sie gar nicht laut genug sein.«

»Und, was meinst du?«, fragten Steffi und Flora nach einigen schweigsamen Augenblicken.

Beide sahen Helen an, die belustigt zurückguckte. »Ich finde es wirklich süß, dass ihr zwei mich das fragt. Wo ich doch am allerwenigsten mit der Sache zu tun habe.«

»Was dich zur genau Richtigen für eine neutrale Beurteilung macht«, entgegnete Flora.

»Ihr vergesst, dass ich genauso wenig weiß wie ihr, was …«, Helen sah auf die lange Liste der Positionen, die *Bau & Sanierung Hansen* aufgeführt hatte, und las mit konzentriert gerunzelter Stirn, »… eine *nachträgliche Horizontalsperre* oder *Sanierputz zur hygroskopischen Feuchtigkeitsaufnahme* sein soll. Uns drei diesen Kostenvoranschlag beurteilen zu lassen ist ungefähr so, als würde man den Papst zur optimalen Passform von Bügel-BHs befragen. Wir haben einfach keine Ahnung. Um das Angebot wirklich beurteilen zu können, brauchen wir einen Vergleich.«

»Ja, Arno!«, maulte Steffi und rollte mit den Augen.

»Genau, Steffi. Besprich das mit Arno. Am Ende müsst ihr beide das doch entscheiden. Ich kann euch das nicht abnehmen.« Helen sah in die kleine Runde und machte damit deutlich, dass sie beide meinte: Flora und Steffi.

»Warum bist du denn jetzt so anti?«, fragte Steffi beleidigt.

»Bin ich nicht. Aber gewisse Dinge müsst ihr nun mal selber entscheiden. So leid es mir tut. Und um dazu in der Lage zu sein, braucht ihr ein Vergleichsangebot. Alles andere wäre fahrlässig.«

»Dauert aber auch viel zu lange. Du weißt doch selbst, wie schwierig es war, jemanden für dieses Angebot zu finden.«

»Je schneller, desto besser, das denke ich auch«, schaltete Flora sich in die Unterhaltung ein. »Aber für heute Abend ist es genug. Was haltet ihr davon, wenn wir erst mal etwas essen?«

»Gern!«, nahm Steffi das Angebot sofort an. Sie hatte keine Lust zu kochen, und Arno hatte sich für den Abend eh schon wieder abgemeldet. Helen schien allerdings andere Pläne zu haben und rief Ella zu sich, die mit den anderen beiden irgendwo im Obergeschoss herumpolterte.

»Du bleibst nicht?«, fragte Flora.

»Nein, wir müssen los. Vielen Dank für die Einladung. Gerne ein anderes Mal.« Steffi begleitete Ella und Helen hinaus und fragte bei der Gelegenheit, ob alles in Ordnung sei.

»Sicher, wieso fragst du?«

»Weil es überhaupt nicht zu dir passt, dass du dir ein fremdgekochtes Abendessen entgehen lässt.«

»Ertappt!«, lachte Helen. »Aber ich bin total müde. Berlin steckt mir noch in den Knochen. Und ich habe das Gefühl, Ella braucht auch mal wieder einen normalen Abend. Sie scheint mir etwas durch den Wind.«

»Verstehe. Dann bis morgen.« Die beiden verabschiedeten sich mit einer Umarmung. Aber Steffi wurde das Gefühl nicht los, dass ihre Freundin etwas beschäftigte. Sie schien mit den Gedanken woanders, und Steffi hätte nur allzu gerne gewusst, wo.

Sie blickte Helen und Ella nach, und ihre Sorge um die Freundin wurde von einem wohligen Schauer weggespült. So musste es sein, wenn Arno, die Kinder und sie hier zu Hause waren. Ach, es musste einfach klappen!

»Deine Helen erinnert mich an meine Freundin Luise«, erzählte Flora, als sie wenig später zu viert an dem großen Küchentisch saßen. Zum zweiten Mal an diesem Tag vor einem riesigen Berg Pfannkuchen. Nicht gerade das Abendessen, was man als gesund betrachten konnte. Vor allem, weil Lina und Oskar sich große Mühe gaben, das XXL-Glas Nutella, das Flora extra für den Besuch der Kinder besorgt hatte, komplett zu leeren. »Luise war auch so pragmatisch und abgeklärt. Und immer in Eile. Ich vermisse sie sehr.«

»Was ist mit ihr?«, wollte Steffi wissen.

»Was eben mit Leuten in unserem Alter so ist. Sie ist tot. Schon seit acht Jahren.« Steffi wurde einmal mehr bewusst, wie einsam Flora sein musste und wie wenig sie trotz ihrer vielen Gespräche über sie wusste. Sie glaubte schon, Flora würde anfangen zu weinen. Und in der Tat, in ihren Augen glänzten Tränen. Doch sie lächelte sie tapfer weg und kam stattdessen auf das Gespräch mit Helen zurück. »Übrigens finde ich schon, dass der Umbau auch Helen etwas angehen sollte. Vielleicht zieht sie ja mit Ella hier ein, wenn ich einmal nicht mehr bin.«

Steffi blickte ihre betagte Freundin empört an. »Hör sofort auf damit!«

»Man muss realistisch sein. Es wird verflixt noch mal Zeit, dass wir endlich anfangen mit der Bauerei. Damit sich die ganze Aufregung für mich überhaupt noch lohnt!« Flora lachte über ihren vermeintlichen Scherz, doch Steffi spürte ihre Ungeduld. Mit Flora hatte Steffi ihren Partner in Crime gefunden. Fehlten nur noch die übrigen Komplizen: *Selbstvertrauen, Durchsetzungsvermögen* und *Überzeugungskraft*. Die mussten her, um an die fette Beute zu kommen: Arnos Einverständnis.

In den nächsten Tagen war da jedoch nicht ranzukommen. Egal, mit welcher Unterstützung. Arno glänzte durch Abwesenheit. Vor dem Wochenende war nicht damit zu rechnen, dass er ihr ausreichend Aufmerksamkeit zuteilwerden ließ. Daher nutzte Steffi die Zeit und feilte an ihrer Strategie. Sie wuchs förmlich über sich hinaus, worüber sich niemand so sehr wunderte wie sie selbst. Sie, die beim Thema Finanzen immer die Hände in die Luft warf, kämpfte sich durch die Bankunterlagen, die Arno glücklicherweise sehr übersichtlich aufbewahrte. Bei jeder Anlage, jeder Investition und jeder Kontoeröffnung pflegte er ihr mitzuteilen, wohin er das Geld steckte, und zeigte auch, wo die entsprechenden Papiere zu finden waren. Steffi hatte es sich allerdings nie gemerkt. Nicht mal, als es darum gegangen war, das Erbe ihrer Eltern anzulegen. Weil es sie einfach nicht interessierte. Das war jetzt anders. Aufmerksam durchforstete sie Schriftstücke und Kontoauszüge, um am Ende einen durchaus positiven Eindruck von den Finanzen der Familie Ruttmann zu erhalten. Damit musste doch etwas anzufangen sein! Kurz entschlossen wählte sie die Nummer ihrer Bankfiliale und ließ sich einen Termin geben. Doch noch bevor sie sich am nächsten Tag mit einem Wäschekorb voller Unterlagen vor dem Bauch Herrn Spieker vorstellte, fuhr sie am Nachmittag mit den Kindern zu Flora. Es war ihr unangenehm, das Thema so anzuschneiden, wie Arno es sich vorgestellt hatte. Entsprechend druckste sie bei Tee und Keksen herum und redete mehrere Runden um den heißen Brei. In ihrer Welt existierten zwei Sorten Menschen: solche, mit denen man Verträge schloss, und solche, die man ins Herz schloss. Entweder oder. Beides tat man nicht. Und Flora gehörte zur zweiten Sorte. Sie waren sich einig in dem, was sie wollten, und brauchten keinen Notar und keine Tinte, um das zu besiegeln. Allerdings, das sah auch Steffi ein, ging es um mehr als einen gemeinsam gebackenen Kuchen. Und selbst an einem solchen Vorhaben waren schon Freundschaften gescheitert. Während Steffi diesen und ähnlichen Gedanken dabei zusah, wie sie durch ihren Kopf schlichen, nahm Flora sie ins Visier.

»Willst du mir nicht verraten, was dich so beschäftigt?«

Ertappt wurde Steffi rot. »Es ist so, dass Arno auf irgendeine Form eines Vertrages besteht, bevor wir anfangen.« Verlegen beobachtete sie die Bläschen am Rand ihrer Teetasse und schaffte es schließlich doch, Flora anzusehen.

Die entgegnete ihrem Blick mit einem Lächeln. »Das ist doch völlig selbstverständlich! Wenn ihr mir das Haus abkauft, gehört es euch. Mit allem, was dazugehört. Und ihr könnt damit machen, was ihr wollt. Theoretisch sogar mich rauswerfen.« Sie lachte.

»Jetzt hör aber auf! Das würden wir nie tun!«

»Das weiß ich doch! Aber auch in mir steckt ein Arno, der ein großer Freund von schriftlichen Vereinbarungen ist.« Aus Steffis entrüstetem Blick wurde ein fragender. Flora fuhr fort: »Als ich euch angeboten habe, das Haus für einen Euro zu kaufen, habe ich gleich nach unserem Telefonat den Notar angerufen, der auch Heinos Angelegenheiten jahrzehntelang erledigt hat. Er hat schon alles Nötige aufgesetzt für uns, wir müssen nur noch einen Termin machen.« Es war der alten Dame anzusehen, dass sie ein bisschen stolz war, derartig formale Angelegenheiten in die Wege geleitet zu haben. »Wir zwei sind uns einig«, erklärte sie Steffi und tätschelte ihre Hand. »Aber wir sind ja nicht allein. Und wenn hier Bagger auflaufen und so viel Geld im Spiel ist, tun wir uns einen Gefallen, wenn wir alles im Vorfeld schwarz auf weiß festhalten.«

Steffi atmete erleichtert auf. »Ich bin so froh, dass du das sagst! Und vielen Dank, dass du das alles schon so toll geregelt hast. Meinst du, ich kann den Vertragsentwurf schon mal vor dem Termin bekommen?« Dann erzählte sie Flora von ihrem Plan, Arno am Wochenende mit einer von vorn bis hinten durchdachten Strategie zu überraschen. »Mein Plan ist, alle seine Bedenken schon vorauszuahnen und eine Antwort darauf zu haben.«

Und so kam es auch. Zwar mit leichter Verspätung, da Arno auch am Samstag noch ins Büro musste. Aber Steffi nutzte die Zeit und bereitete ihr Gespräch vor wie eine Präsentation vor einem Kunden. Wie damals, als sie noch berufstätig gewesen war. Es fühlte sich anfangs seltsam an, sich einen Leitfaden für eine Unterhaltung mit dem eigenen

Ehemann zu überlegen. Nach einer Weile war sie jedoch vollkommen in ihrem Element, sortierte die Papiere in immer wieder neuer Reihenfolge und überlegte sich auf jeden Einwand, den sie Arno in den Mund legte, eine Antwort. Lina und Oskar schienen den Ernst der Lage zu erkennen und spielten friedlich in ihrem winzigen Zimmer. Als Arno endlich nach Hause kam, schlichen sich noch einmal Bedenken ein, als sie sein müdes Gesicht sah. War jetzt der richtige Zeitpunkt? Jetzt oder nie, sagte sie sich und schob ihren Mann ins Wohnzimmer, drückte ihn auf die Couch und begann mit ihrer Überzeugungsarbeit. Als sie fertig war, sah sie ihn gespannt an. Von Arno war die ganze Zeit über kein Ton gekommen. Er hatte ihr aufmerksam zugehört und fuhr sich nun mit den Händen durch die Haare, blies dabei die Backen auf und ließ die Luft geräuschvoll entweichen. Was bedeutete das? Steffi begab sich in den Verteidigungsmodus. Hatte sie irgendetwas Gravierendes übersehen? Ihr wollte nichts einfallen, und ehe sie noch länger überlegen konnte, kam von Arno endlich eine Reaktion:

»Wow.«

Wieder durchkämmte er mit den Fingern sein Haar, wie auf der Suche nach einem Argument, das sich dort versteckt hielt. Offenbar ohne Erfolg, denn er sah Steffi anerkennend an und erklärte seine Kapitulation: »Mir fällt nichts mehr ein, was dagegenspricht. Außer, dass es natürlich absoluter Wohnsinn ist, haha«, machte er sich über seinen eigenen Witz lustig. »Allerdings hast du die Diskussion auf ein Niveau gebracht, auf dem ich mit derart schwammigen und emotionalen Einwänden keinen Stich mehr landen kann.«

»Und was heißt das im Klartext?«, wollte Steffi ungeduldig wissen. Ihr Herz schlug gegen ihren Brustkorb, ihre Gesichtsmuskeln verweigerten den Befehl *Pokerface*.

»Ich glaube, wir wären blöd, es nicht zu wagen.«

Hatte sie richtig gehört? Hatte Arno das wirklich gesagt?

»Ein bisschen mehr Begeisterung habe ich allerdings erwartet.«

Endlich begriff Steffi und sprang jubelnd in die Luft. Die Kinder kamen, von dem Geschrei angelockt, ins Wohnzimmer gelaufen, um nachzusehen, was in ihre Eltern gefahren war.

»Wir ziehen zu Flora!«, rief Steffi, woraufhin beide in Steffis Freudengehopse einstimmten und am Ende ein wuseliger, glücklicher Haufen Ruttmänner durch das Wohnzimmer rollte.

Als sich alle wieder einigermaßen beruhigt hatten, rief Steffi Flora an, um ihr die Neuigkeit mitzuteilen. Der große Jubel blieb auf der anderen Seite der Leitung allerdings aus. »Ich freu mich sehr über Arnos Entscheidung. Überraschen tut sie mich nicht. Ich wusste, dass du das hinbekommst.«

Arno und Steffi redeten noch lange an diesem Abend. Vor allem natürlich über das Haus und wie sich durch ihren Entschluss ihr Leben verändern würde. Aber nicht nur.

»Es war gut, dass du die Sache in die Hand genommen hast. Dass die Gelegenheit einmalig ist, war mir auch von vornherein klar. Ich hab nur gerade nicht den Kopf für so komplexe Angelegenheiten.«

»Ist es immer noch so schlimm?«

»Pro Tag denke ich mindestens zehnmal daran zu kündigen.«

»Oh!« Steffi erschrak. Weniger über die Brisanz in Arnos Worten als über ihre Ignoranz. Sie war so mit ihrem Thema beschäftigt gewesen, dass sie nicht bemerkt hatte, wie der Mann, den sie liebte, an ihrer Seite litt. Sie entschuldigte sich.

»Du hast mir den Rücken freigehalten, dich um die Kinder gekümmert. Ich konnte mich voll auf den Job konzentrieren. Das war genau das Richtige«, beruhigte er sie.

»Trotzdem. Ich hatte keine Ahnung.«

»Inzwischen ist es ja auch wieder besser. Wir haben Ersatz für Peter eingestellt und ein Budget für freie Mitarbeiter durchgeboxt. Über kurz oder lang werde ich mir einen neuen Job suchen. Aber für die Bewilligung des Kredites ist es wohl besser, wenn ich erst mal nicht in irgendeiner Probezeit stecke.« Er grinste, und doch wurde Steffi klar, wie viel auf seinen Schultern lastete. Alles, wenn sie ehrlich war. Zumindest, was das Finanzielle betraf.

»Möchtest du eigentlich nicht langsam auch wieder arbeiten?«

Steffi musste entsprechend geguckt haben, denn Arno beeilte sich hinzuzufügen: »Nicht, dass du solltest! Versteh mich nicht falsch. Wir haben beide gemeinsam beschlossen, dass du so lange bei den Kindern bleibst, wie sie klein sind. Und Oskar ist noch nicht mal in der Schule. Die beiden brauchen dich, das steht außer Frage. Ich hatte nur den Eindruck, es hätte dir Spaß gemacht, mal wieder Papier in der Hand zu halten, das du nicht im nächsten Moment in eine Laterne oder ein Fensterbild verwandelst; strukturiert zu denken, einen Plan zu verfolgen … Du weißt, was ich meine.«

Steffi verstand. Und er hatte recht. Sie sehnte sich nach einer Aufgabe, die sich von Kochen und Kinderkutschieren unterschied. Nicht, dass Kindererziehung nicht auch geistig herausfordernd war. Aber sie wünschte sich, das wurde ihr nun klar, eine Aufgabe außerhalb der Familie. Eine, die ihr wichtig war, aber nicht so emotional behaftet wie alles, was mit ihrer Ehe, ihren Kindern und ihrem Zuhause zu tun hatte. Vielleicht brachte ein Gegengewicht in Form eines Jobs einen angenehmen Ausgleich, sodass sie das Familienleben leichter nehmen und mehr genießen konnte. »Du hast recht. Ich überleg mir was.«

Die Kinder waren inzwischen vor dem iPad eingeschlafen, das – auch daran war der Ausnahmezustand dieses Tages zu erkennen – nach dem Essen im Kinderzimmer Lauras Stern-Folgen in Dauerschleife abgespielt hatte.

Irgendwann gingen Steffi und Arno ins Bett und genossen es, sich einander so nah zu fühlen wie schon lange nicht mehr.

KAPITEL XI

Helen musste Ella ohne Verpflegung in die Schule schicken, es gab weder Brot noch Belag, noch sonst irgendeinen essbaren Vorrat in ihrem Haushalt. Was sich für die Mutter wie eine Niederlage größtmöglichen Ausmaßes anfühlte, war für die Tochter überhaupt kein Grund zur Aufregung.

»Egal, Mama! Lina gibt mir was von ihren Broten ab. Sie schafft ihre nie, und außerdem sind die eh viel leckerer.«

»Oh, vielen Dank!«

Helen musste wirklich traurig geguckt haben, denn Ella legte ihr tröstend die Hand an die Wange und erklärte: »Ist doch nicht schlimm, Mama! Dafür schmeckt deine Pizza immer wie bei *Tito!*«

»Das liegt daran, dass sie von *Tito* ist, mein Schatz.« Helen verbarg ihre Niedergeschlagenheit tapfer.

»Oh! Na ja, aber deine Fratzen, die sind von dir. Und viel lustiger als Steffis!« Na, immerhin etwas. Solange Fratzenschneiden in Ellas Ansehen genauso viele Punkte erzielte wie eine anständige Schulstulle, schien die Mutter-Tochter-Beziehung nicht allzu stark unter ihrem derzeitigen Ausnahmezustand zu leiden. Trotzdem: Zu ihrer Ehrenrettung schlug Helen vor, auf dem Weg zur Schule noch beim Bäcker vorbeizugehen und Schokocroissants für beide Mädchen zu kaufen.

»Nein, Mama! Das dürfen wir nicht!«, rief Ella entrüstet. »Da ist viel zu viel Zucker und Fett drin.« Wow! Helen war wirklich beeindruckt. Davon, wie die Lehrer es schafften, die Kinder derartig regelfest zu machen. Allerdings schien das nur für innerhalb der Schule zu gelten. Am Nachmittag und Wochenende konnte es für Ella überhaupt nicht genug Zucker geben.

Helen stand am Schultor und sah ihrer Tochter nach, wie sie bestens gelaunt in Richtung Klasse hüpfte. Auch wenn ihr das nahrungstechnische Desaster überhaupt nichts auszumachen schien, Helen hatte es nachhaltig getroffen, dass ihre Tochter so überhaupt nichts von ihren Küchenfähigkeiten hielt. Das wollte sie ändern. Weshalb sie an der nächsten Straßenecke nicht nach links zu Üzi abbog, um dort wie ursprünglich geplant einen Schnelleinkauf mit Toastbrot und Dosenravioli für den Abend zu erledigen. Stattdessen ging sie weiter geradeaus zum Wochenmarkt. Helen hatte zwar keine Ahnung, was genau sie da kaufen wollte, aber auf einem Markt war ja irgendwie alles gesund. Und sie hatte ein dringendes Bedürfnis, mit einem geflochtenen Einkaufskorb in der Armbeuge gesehen zu werden, aus dem bilderbuchmäßig büschelweise frisches Gemüse quoll. Egal, von wem. Daraus würde sie dann am Abend irgendetwas zu essen zaubern und sich wie eine echt gute Mutter mit vorbildlichen Hausfrauenqualitäten fühlen.

Der Plan ging leider allein deshalb schon nicht auf, weil sie keinen solchen Einkaufskorb besaß. Nicht mal einen ollen Jutebeutel hatte sie eingesteckt in der Hektik des Morgens. Nun trug sie an jeder Hand zwei Plastiktüten mit Grünzeug, deren Griffe ihr schmerzhaft in die Haut schnitten. Als sie gerade am Bio-Brotstand den Schock verdaute, den der Preis für einen dieser mickrigen, nicht einmal besonders knusprig aussehenden Teigklumpen bei ihr ausgelöst hatte, tippte ihr von hinten jemand auf die Schulter.

»Sehen meine müden Augen das richtig?«

Helen drehte sich um. »Hallo, Flora! Wie geht es dir?«

»Gut geht es mir. Aber wie geht es dir? Wir haben uns ja eine Ewigkeit nicht gesehen.«

Helen wunderte sich. Ja, es war einige Tage her, dass sie bei Flora gewesen war. Aber von einer Ewigkeit konnte nun wirklich nicht die Rede sein. Schon gar nicht aus dem Munde einer über Siebzigjährigen. Es hieß doch immer, je älter man wurde, umso schneller verging die Zeit. Im Grundschulalter fühlten sich Sommerferien an, als würden sie nie zu Ende gehen. Aber was waren sechs Wochen für einen Erwachsenen? Nichts. Ein Augenblick. Ein Wimpernschlag.

»Kommt doch mal wieder zum Essen«, schlug die alte Dame vor. »Jetzt muss ich leider weiter. Tschüss, Luise!«

»Äh …, ja. Tschüss, Flora!« Helen sah der kleinen Gestalt, die sich leicht gebückt, aber erstaunlich flink entfernte, nach. Was war das denn? Wer war Luise? Hatte Flora ihren Namen vergessen? Oder hatte Helen sich verhört?

Ihre klingelnde Jackentasche unterbrach die Überlegungen. Umständlich und zunehmend hektisch versuchte Helen, die Tüten loszuwerden. Aber die Tragegriffe umschlossen ihre Handgelenke wie Fesseln. Schließlich fummelte sie mit den schweren Einkäufen an beiden Armen das ungeduldig nach Aufmerksamkeit schreiende Telefon hervor und sah auf das Display. Es war Steffi. Gleichzeitig genervt und mit schlechtem Gewissen stellte sie den Ton auf stumm. Bestimmt wieder Gejammer über Arno oder Makler oder beide. Helen hatte dafür jetzt keine Zeit. Sie beeilte sich, nach Hause zu kommen, und wurde auf ihrem Weg durch ein hartnäckig vibrierendes Telefon in der Tasche begleitet.

In der Küche googelte sie nach Möglichkeiten, die Erträge ihres Wochenmarkt-Kaufrausches in etwas zu verwandeln, das Kinder aßen. Was hatte sie nur geritten, diese Berge an Grünzeug anzuschleppen? Die Hälfte davon würde sie selbst nur mit vorgehaltener Waffe in den Mund nehmen. Mit skeptischer Miene las sie Rezepte, die allesamt nur daraus bestanden, Gemüse in lustige Formen zu schnippeln. Ella ließ sich sicher nicht zum Essen dieser allzu offensichtlich gesunden Nahrung überreden, selbst wenn es ihrer Mutter gelang, daraus ein glitzerndes Einhornfohlen zu schnitzen. Welches Kind ließ sich so einfach austricksen? Während Helen sich das mit zunehmender Verwunderung fragte, vermeldete ihr Telefon im Flur den Eingang einer Nachricht. Mit klopfendem

Herzen wischte sie sich die Hände trocken und ging hinüber. War es Erik, der sich meldete?

Nach ihrem ersten Treffen zum Mittagessen in Berlin, das sich bis in den Nachmittag hingezogen hatte, hatten sie sich nur kurz getrennt. Er hatte einen Termin, und sie war schließlich zum Bahnhof gefahren, um in den nächsten Zug nach Hamburg zu springen. Doch kaum hatte sie den Bahnsteig betreten, klingelte ihr Handy. Es war Erik, der ganz plötzlich geschäftlich nach Hamburg musste und ihr anbot, sie in seinem Wagen mitzunehmen. Helen kümmerte nicht, ob er den Termin nur erfunden hatte, um sie wiederzusehen. Auch dass die Strecke Berlin – Hamburg über die Autobahn mindestens eine Stunde länger dauerte als mit dem ICE, war ihr egal gewesen. Je länger die Fahrt, desto besser. Sie wollte diesen Mann in ihrer Nähe haben. Also hatte sie das Angebot angenommen und nur eine Viertelstunde später neben ihm im Auto gesessen. Und nachdem Ella unbedingt noch eine Nacht bei Steffi übernachten wollte, hatte Helen den Abend frei und Erik nach seinen Plänen gefragt. Er hatte keine – abgesehen von seinem Termin –, und so kam es, dass sie sich wieder nur kurz getrennt und später einen wunderbaren Abend miteinander verbracht hatten, dessen logische Konsequenz nur eine gemeinsame Nacht sein konnte.

Und ganz entgegen allem, was sie kannte, hatte Helen am nächsten Morgen nicht das Bedürfnis verspürt, so schnell wie möglich abzuhauen. Sie war neben Erik liegen geblieben, fasziniert davon, wie mühelos ihre Atemgeschwindigkeit sich seiner anpasste. Als wären sie nicht zwei einzelne Menschen, sondern zwei Lungenflügel, die ein und dasselbe

Wesen mit dem lebensnotwendigen Sauerstoff versorgten. Als sie sich nach dem Frühstück trennten, weil jeder in sein Leben zurückkehren musste, war es für Helen, als hätten sie bereits Jahre miteinander verbracht.

Seitdem konnte sie an kaum etwas anderes denken als daran, ihn wiedersehen zu wollen. Wiederriechen. Wiederspüren. Was war nur mit ihr los? Helen Winter emotional abhängig von einem Mann? Das hatte es doch noch nie gegeben! Ihre ungewohnt große Zuneigung zu Erik beglückte und beunruhigte sie gleichermaßen. Sie wollte mehr von diesem Mann, was jedoch die ihr sonst so heilige Autonomie in Gefahr brachte. Einerseits sehnte sie jeden Kontakt mit ihm herbei – sei es ein Anruf oder ein Wiedersehen. Andererseits gab es kaum etwas, das ihr mehr Angst machte. Helen spülte ihre vom Marktgemüse sandigen Hände unter kaltem Wasser ab, trocknete sie mit einem Küchenhandtuch und öffnete die neue Nachricht, die nicht von Erik war.

Er hat JA gesagt!!!!!!!! Wo steckst du? Wir müssen feiern! Die Nachricht war garniert mit einer Sektflasche.

Das musste Helen zugeben: Was Hartnäckigkeit anging, war Steffi erfolgreich bei den Kindern ins Training gegangen. Wenn die etwas wollten, ließen sie ihr Ziel auch nicht aus den Augen. Steffi wollte mit ihr reden. Und versuchte, das nun zu erreichen, indem sie Alkohol in Aussicht stellte. Sie kannte Helen nur allzu gut. Aber wer hatte wozu Ja gesagt? Grinsend schrieb sie zurück: *Guten Morgen, du Nervensäge! Komm her, ich bin zu Hause.*

Im nächsten Moment klackte ein Schlüssel in ihrem Wohnungstürschloss, und ihre Freundin wirbelte, in der Hand eine Flasche Prosecco schwenkend, herein. »Ich wäre sowieso hergekommen. Hab mir schon Sorgen gemacht, dass dir was passiert ist und du bewusstlos im Badezimmer liegst oder so! Warum meldest du dich denn nicht?!« Steffi plapperte auf sie ein, entkorkte dabei die Flasche und hielt Helen schließlich ein volles Glas hin: »Los, trink!«

»Worauf denn überhaupt?«

»Arno hat *Ja* gesagt!«

»Aber ihr seid doch schon verheiratet.« Helen stand auf der Leitung.

Steffi rollte belustigt mit den Augen und erklärte: »Arno ist einverstanden! Wir kaufen Flora das Haus ab und bauen um! Er hat es endlich eingesehen, dass es die einzige Chance ist, mich von meinem Wohntrauma zu heilen, und ich ihn nur dann endlich in Frieden lasse.« Sie strahlte Helen so glücklich an, dass die sofort ein schlechtes Gewissen bekam, so genervt gewesen zu sein. Dieses Hausding war wirklich wichtig für Steffi. Es stand Helen nicht zu, das anders zu beurteilen.

Etwas widerwillig hob Helen ihr Glas. Nicht, weil sie nicht mit Steffi anstoßen wollten. Doch es war selbst für jemanden aus einer so alkoholaffinen Branche wie ihrer noch ziemlich früh für einen Rausch. Allerdings wartete nichts auf ihrem Schreibtisch außer ihrer Steuererklärung. Und der konnte man durchaus mit Verstärkung begegnen. Sollte man sogar! Also verkündete sie feierlich: »Auf Arnos Ruhestand!«

Eine halbe Stunde und eine ganze Flasche später war Helen auf aktuellstem Häusle-Umbauer-Stand. Und erstaunt darüber, wie gerissen ihre sonst so zurückhaltende und manchmal ziemlich naive Freundin sein konnte, wenn es darum ging, ihr Ziel zu erreichen. Sie hatte sie unterschätzt: Arnos prognostizierten Einwand, man könne nicht dem erstbesten Angebot zustimmen, wenn es um derartig aufwendige Umbauarbeiten ging, hatte seine Frau einfach damit aus dem Weg geräumt, indem sie zwei Firmen dafür bezahlt hatte, ein überteuertes Fantasieangebot zu erstellen. Die feine Art war das nicht. Doch Helen befand sich moralisch nicht in der Lage, sie zu tadeln. Vielleicht überkam sie deshalb das dringende Bedürfnis, Steffi die ganze Wahrheit über ihren Aufenthalt in Berlin zu erzählen. Der für die Uhrzeit ganz ordentliche Alkoholpegel versorgte sie mit dem nötigen Mut. »Ich habe jemanden getroffen in Berlin.«

»Das nehme ich doch stark an!«, kicherte Steffi. »Weil ich davon ausgehe, dass du deine Interviews nicht fakst – so wie ich Kostenvoranschläge.«

»Darüber sprechen wir noch!«, drohte Helen mit scherzhaft erhobenem Zeigefinger. Und erklärte: »Ich habe jemanden getroffen außer meiner Interviewpartnerin, meine ich.«

»Ach so? Wen denn?« Steffi hob ihr Glas zum Mund und legte den Kopf zurück, um zu trinken. Dann hielt sie aber plötzlich mitten in der Schluckbewegung inne. Mit Schwung spuckte sie den Prosecco, der schon in ihrem Mund war, zurück ins Glas. »Etwa einen Typen?« In dieser Frage lag die ganze Tragik ihrer Situation. Unter normalen Umständen wäre das die Neuigkeit gewesen. Doch in dem, was Helen

Steffi eigentlich erzählen wollte, nahm diese Tatsache nur Platz zwei in der Rangliste ein. Sie holte tief Luft und sagte so schnell, damit sie es sich nicht anders überlegen konnte: »Ja. Ich habe einen Mann getroffen …« Nach einer kurzen Pause, die sie benötigte, um Schwung für die restliche Wahrheit zu holen, fuhr sie fort: »… den Sohn von Barbara Steinmetz.«

»Wer ist Barbara Steinmetz?«, war Steffis berechtigte Frage.

»So heißt die Frau auf dem Foto, das du in Floras Unterlagen gefunden hast. Oder besser gesagt: hieß. Sie ist tot.«

»Wirklich?« Steffis Gesicht hellte sich auf – zu Helens Entsetzen.

»Das freut dich?«

»Was heißt *freut*?«, lenkte Steffi ein. »Ich kannte die Frau ja gar nicht. Aber wenn sie tot ist, ist das gut für uns! Vorbei und vergessen. Unsere hübschen Köpfe müssen wir uns darüber nicht mehr zerbrechen.« Sichtlich erleichtert hob sie ihr Glas und hielt es Helen zum Anstoßen hin. Dann verdunkelte sich ihre Miene. »Warte! Wie alt ist der Typ?«

»Äh, so ungefähr wie wir, schätze ich. Hab ihn noch nicht gefragt. Hätte ich das tun sollen?«

»Sicher?«, hakte Steffi nach. »Nicht älter? Oder viel, viel jünger als wir?«

Dann kapierte Helen, worauf Steffi hinauswollte: »Du hast immer noch Angst, dass jemand dir das Haus abjagt? Ein uneheliches Kind oder so? Was Erik angeht, kann ich dich beruhigen: Sein Vater ist Franzose. Oder war. Genaues weiß er nicht. Aber er verdankt ihm einen Akzent auf dem E in seinem Taufnamen. Er mag ihn nicht und spricht ihn selbst daher deutsch aus. Nur seine Mutter hat ihn Éric gerufen.«

»Und du glaubst ihm?« Steffi blieb misstrauisch.

»Warum sollte er das erfinden? Er weiß ja gar nichts von dem Haus und all dem. Außerdem sieht er mir nicht aus, als hätte er eine Erbschaft nötig.« Helen geriet der Satz etwas trotziger, als sie es beabsichtigt hatte.

»Du bist ja total verknallt!«, rief Steffi plötzlich und grinste. Wissend, dass Helen das nicht mal vor sich selbst gern zugab. Und sie hatte recht.

»Nein!«, protestierte Helen.

»Doch«, insistierte Steffi.

»Okay, ja, wenn du so willst. Muss wohl so sein.«

»Ist doch toll! Wann lerne ich ihn kennen?«

»Jetzt warte doch mal! So schnell geht das nicht … Ich weiß ja nicht einmal …«

»Er ist verheiratet!«, fiel Steffi ihr entsetzt ins Wort. Das war auch so ein Reizthema zwischen den beiden. Für Helen war der Beziehungsstatus ihrer Lebensaugenblickspartner deren Privatsache und etwas, das sie als Bettbekanntschaft oder potenzielle Geliebte überhaupt nichts anging. Als gebundener Mann war es schließlich genauso seine freie Entscheidung, etwas mit ihr anzufangen, wie als Single. Sie zwang niemanden zu nichts! Steffi dagegen betrachtete die Sache eher aus Sicht der potenziell Betrogenen. Liierte Männer waren tabu in ihren Augen. Verheiratete durfte man höchstens noch zum Händeschütteln berühren. Oft hatten die Freundinnen darüber heiß diskutiert – ohne Einigkeit zu erzielen.

»Verheiratet? Nein!!«, rief Helen erschrocken. Und fragte sich im selben Moment, ob er es vielleicht doch war. Er hätte ihr alles erzählen können. Sicher wusste sie nur, dass er wahnsinnig schöne Augen hatte, viel und guten Humor, ein mitreißendes Lachen, kluge Gedanken, Hände, die auf sehr unanständige Weise schön waren, einen Körper, der nach Nach-Hause-Kommen roch, eine tote Mutter und einen Akzent auf dem E. Ob er eine Frau hatte, eine Freundin, vielleicht einen Freund oder alles zusammen, wusste sie nicht. Wollte sie an dem Nachmittag und der darauffolgenden Nacht, die sie so einvernehmlich und selbstverständlich zusammen verbracht hatten, auch nicht wissen. Aber jetzt interessierte es sie plötzlich brennend. Zum ersten Mal überhaupt in ihrem Leben war ihr der Gedanke, dass jemand, dem sie so nah gewesen war, sich danach anzog und vielleicht zu einer anderen Frau ging, nicht egal. Schlimmer noch: Er verursachte ihr Schmerzen.

Steffi riss Helen aus ihren Gedanken: »Dann erheben wir unsere Gläser und trinken die letzte Pfütze von diesem vorzüglichen Tropfen auf dich und den akzentfreien Erik. Und darauf, dass er weiß, worauf er sich einlässt!«

»Was soll denn das heißen?«, rief Helen halb scherzhaft, halb ernsthaft entrüstet.

»Na ja, dass er aus der Sache wahrscheinlich nicht heil herauskommen wird. Du wirst sein Herz brechen! Wie allen anderen vor ihm auch«, prophezeite Steffi.

Wenn die wüsste, was in Helen los war! Aber das konnte sie gar nicht wissen. Genauso wenig, wie Helen selbst verstand, dass sie verliebt war. So richtig mit Schwindeligwerden und Sehnsucht und all diesem Kram, von dem sie gedacht hatte, er wäre eine Erfindung von Kitsch-Autoren, die mit derartigen emotionalen Ausuferungen ihre Seiten füllten oder einen Film mit null Handlung auf Spielfilmlänge hochblasen wollten.

»Oh, ich muss los!« Vom Blick auf die Uhr aufgeschreckt, sprang Steffi vom Stuhl. »Was willst du eigentlich mit dem ganzen Gemüse?«

So schnell, wie sie gekommen war, war sie auch wieder weg. Und ließ eine ziemlich angetrunkene Helen zurück. Sie hatte ja noch nicht einmal gefrühstückt! Anstelle des ganzen Grünzeugs hätte sie sich lieber eine Portion Currywurst mit Pommes vom Markt mitbringen sollen. Der Imbisswagen stand immer ganz am Anfang des Marktgeländes und war Helen ohnehin viel sympathischer als diese ganzen Vitaminfreaks.

Unter Einsatz des ganzen Armes fegte sie das halb fertig geschnittene Gemüse von der Arbeitsplatte zurück in die Tüte. Sie würde mit Ella nach der Schule zu den Kaninchen auf dem Bauspielplatz gehen und sie mit dem Grünzeug füttern. Und danach etwas Anständiges essen gehen. Ella sollte bestimmen, was.

Kulinarisch gesehen war der Abend wie vorherzusehen verlaufen. Es gab Burger mit Pommes im Hatari gleich um die Ecke. Unverhofft war Ellas Offenbarung, sie sei verliebt in einen Jungen aus der Dritten. Helen war so gerührt über diese ersten Anwandlungen in Sachen Liebe, dass sie fast mit ihren Prinzipien gebrochen und Ella von Erik erzählt hätte.

Sie ließ es dann doch und hielt sich an die Regel, dass ein neuer Mann sich mindestens drei Monate an ihrer Seite halten musste, bevor sie ihre Tochter einweihte.

Tage später lief Helen rastlos durch ihre Wohnung und fing in jedem Zimmer und an jeder Ecke etwas Neues an. Sie räumte hier, putzte dort – und brachte nichts von alldem zu Ende. Sie schob ihre Unruhe darauf, dass immer noch kein Auftrag in Sicht war. Dazu kam, dass sie Lutz weiterhin nicht erreichte. Das war komisch. Selbst wenn er ernsthaft sauer auf sie sein sollte, war es nicht seine Art, ihr das nicht in aller Deutlichkeit an den Kopf zu werfen. Sie hatten immer eine sehr offene Freundschaft gelebt, dazu gehörte auch eine heftige Streitkultur. Vor Konfrontation hatten beide keine Angst. War ihm etwas passiert? In der Redaktion hielt man sich auch bedeckt. Bei jedem ihrer Anrufe wurde gesagt, er melde sich zurück. Tat er aber nie. So ehrlich ihre Sorge um Lutz war, sie war nicht der Hauptgrund für ihre Unruhe. Was sie eigentlich dazu antrieb, rastlos durch die Wohnung zu irren wie ein Teenager auf der Suche nach seinem Handy, waren ihre Gefühle für Erik. Seit ihrem ersten Zusammentreffen waren ihre Gedanken bei ihm. Zum Glück schien es ihm ähnlich zu gehen, denn es verging kein Abend, an dem sie nicht miteinander telefonierten. Und nun war er wieder auf dem Weg nach Hamburg. In erster Linie geschäftlich, wie sich Helen immer in Erinnerung rief, um ihre Erwartungen nicht allzu hoch aufzuhängen. Doch am Abend hatten sie ein Date, daran gab es nichts zu rütteln. Helen hatte das Eisenstein dafür ausgesucht. Das Restaurant mit der unbestritten besten Pizza der Stadt – sorry, Tito – hatte schon den derzeit angesagten Fabrikloft-Style ausgestrahlt, als es vor mehr als dreißig Jahren eröffnet wurde. Dort konnte man sich sehr gut ungestört unterhalten, und es gab genug zu gucken, wenn es gerade mal nichts zu sagen gab. Helen hatte keine Sorge, dass sie sich mit Erik anschweigen würde. Eher kam da ein für Hamburger typisches Bedürfnis zum Tragen, Berlinern immer beweisen zu müssen, dass es an der Elbe auch coole Läden gab.

Am Abend war sie zu früh dran. Das war nicht besonders ladylike, aber sie konnte nicht anders. Wie zu jedem Termin war sie mit einem ordentlichen Zeitpuffer aufgebrochen. Aber weder Gegenwind noch Platzregen hatten sie beim Radeln aufgehalten, und so war sie zehn Minuten vor der verabredeten Zeit eingetroffen. Sich nun unnötig vor dem Restaurant rumzudrücken fand sie albern. Also ging sie hinein – und stieß, als sie sich durch den schweren Wollvorhang in den Innenraum schob, mit Erik zusammen. Der stand bereits an dem kleinen Stehpult, wo das Buch mit den Reservierungen lag, und wurde von der Kellnerin angelacht. Ein weiteres bisher unbekanntes Gefühl überkam Helen. War das Eifersucht? Lächerlich! Statt sich von derartig Armseligem und Abstraktem die Laune verderben zu lassen, konzentrierte sie sich lieber schnell auf das Schöne an diesem Moment. Seinen Blick nämlich, der ihren erwiderte und in dem sich all das spiegelte, was sie die ganze unendlich lange Zeit seit Berlin empfunden hatte. Verlangen, Sehnsucht, Glück. Aber auch Überraschung darüber, überhaupt zu so etwas fähig zu sein. Und ein kleines bisschen Unsicherheit, ob man diese neuen Gefühle richtig investierte. Dann flogen sie sich in die Arme, und Helen sog wie ein Junkie diesen unfassbaren Duft ein, der sie bei ihrer ersten Begegnung süchtig gemacht hatte. Seine Umarmung fühlte sich an wie ein *Willkommen zu Hause,* nachdem man ein Jahr lang ohne Bargeld und festen Schlafplatz durch die Welt geirrt war. Fast hätte Helen »Danke!« gesagt, doch die Wiedersehensfeier wurde unterbrochen von der Kellnerin, die ihnen mit den großen Speisekarten im Arm den Weg zu ihrem Tisch wies.

»War etwas nicht in Ordnung?«, wollte diese wissen, als sie eine gute Stunde später die kaum berührten Teller mit kalter Pizza abräumte. Das Restaurant war so gut wie leer, nur noch ein einziger Tisch war besetzt, und die Servicekräfte und Köche saßen gemeinsam an der Theke und tranken ihr Feierabendbier.

»Wie? Oh! Doch, doch, alles bestens!«, beeilten sich Erik und Helen synchron zu versichern, nachdem sie einen Augenblick gebraucht hatten, um aus ihrem fernen Universum wieder zurück in die Realität zu reisen.

Mit einem wissenden Lächeln auf den Lippen räumte die Kellnerin die Teller ab, um wenig später mit der Rechnung zurückzukehren. Sie hatte die beiden Pizzas zum Mitnehmen in Kartons gepackt, oben auf den Schachteln thronte außerdem eine Plastikschale. »Vielleicht bekommt ihr nachher noch Hunger«, erklärte sie grinsend, als sie den Stapel mit den eingepackten Speisen auf dem Tisch ablegte. »Das Tiramisu geht aufs Haus. Und hier ist der Korken für die Weinflasche. Wäre ja zu schade drum.«

In der folgenden Zeit kam Erik zunächst einmal die Woche geschäftlich nach Hamburg. Irgendwann wurde es zwei- bis dreimal und immer weniger geschäftlich. Bis er schließlich nicht mehr im Hotel übernachtete, sondern bei Helen.

»Oh, dein Lover kommt heute?! Aber ich dachte, Jerry ist unterwegs? Soll Ella dann bei uns schlafen?«, wollte Steffi wissen, als sie eines Morgens telefonierten. Bisher hatten sie es immer so organisiert. Weil Helen ihre Liebhaber ja grundsätzlich nicht auf ihre Tochter losließ. Aber auch das war nun anders. Also überraschte Helen nicht nur sich selbst, sondern auch die Freundin mit der Ankündigung, Erik werde am Abend zu ihnen kommen und Ella kennenlernen.

»Waaaas? Sag das noch mal! Unglaublich! Dass wir das noch erleben dürfen!« In ihrer Begeisterung hielt Steffi kurz inne und wurde eine Nuance ernster: »Du musst dir sehr sicher sein mit ihm.«

»Sicher? Keine Ahnung«, entgegnete Helen. »Es fühlt sich irgendwie richtig an. Vielleicht falle ich auf die Nase damit. Vielleicht auch nicht. Aber Ella wird nach sechs Jahren mal einen Mann verkraften können. Auch wenn er sich nicht halten kann.«

»Du hast recht«, bekräftigte die Freundin sie. »Wenn es sich gut anfühlt, ist es auch richtig. Ich bin allerdings echt beleidigt, dass Ella ihn vor mir kennenlernen darf.«

»Wie gesagt: Diesmal ist alles anders«, lachte Helen. »Und du bist als Nächste dran. Versprochen.«

Aufgeregt wie eine Vierzehnjährige vor dem ersten Date, verwirrte Helen ihre Tochter mit einem Überangebot an Süßigkeiten, Aufmerksamkeit und albernen Scherzen.

»Alles okay, Mama?«, wollte Ella wissen, als Helen ihr nach einem Teller mit Keksen auch noch einen riesigen Becher Kakao mit Marshmallows ins Zimmer brachte und vorsichtig auf ihrem Nachttisch abstellte.

»Ja, alles prima!«, flötete Helen, woraufhin sie ein paar skeptisch zusammengezogene Augenbrauen im Gesicht ihrer Tochter erntete. »Wir bekommen ja später Besuch …«, begann sie, wobei sie das Mädchen aufmerksam und ein wenig ängstlich beobachtete.

»… von Erik«, beendete Ella unbeeindruckt den Satz.

»Richtig.«

»Ja, und?«

»Nichts. Wollte ich dir nur sagen. Es gibt Spaghetti Carbonara, die magst du doch.«

»Ja. Kann ich jetzt weiterhören, Mama?«, fragte Ella und zeigte demonstrativ auf ihren CD-Player, aus dem das Geplapper eines ihrer Hörbücher schallte.

Ebenso unaufgeregt fiel auch Ellas Begrüßung aus, als Erik später tatsächlich in ihrem Wohnzimmer stand. Sie sagte fröhlich Hallo, erzählte beim Essen von einem Theaterstück, das sie für das Schulfest einübten, und fragte, sobald der Teller leer war, ob sie fernsehen dürfe. Schlaues Mädchen, dachte Helen. Sie weiß, wann die Gelegenheit günstig ist. Erik hielt genau die richtige Balance zwischen Entgegenkommen und Distanz, wofür Helen ihm sehr dankbar war. Nichts war beängstigender für Kinder als überenthusiasmierte Erwachsene, die sich affektiert kumpelhaft bei ihnen anbiederten. In den meisten Fällen erreichten sie damit das Gegenteil. Erik jedoch hörte Ella aufmerksam zu, stellte ihr Fragen und behandelte sie wie einen Menschen, nicht wie ein gehirnamputiertes und noch dazu taubes Wesen. Er sprach nicht übertrieben laut und deutlich mit ihr wie viele Kinderlose, die es offenbar wörtlich nahmen, dass Eltern oft über ihre *schlecht hörenden* Kinder klagten.

Später, als Ella längst schlief und auch Helen und Erik im Bett lagen, fragte er sie vorsichtig: »Vielleicht geht es dir zu schnell … Aber was würdest du davon halten, wenn ich ganz nach Hamburg ziehe?«

Helen war so damit beschäftigt, sich darüber zu wundern, wo die in solchen Fällen üblicherweise aufkommende Panik blieb, dass sie das Antworten vergaß. Dafür machte sich ein seliges Lächeln in ihrem Gesicht breit, was Erik jedoch in dem nur von einem einzigen Teelicht erhellten Zimmer verborgen blieb. Daher beeilte er sich, eine rationale Erklärung für seinen Vorschlag zu liefern: »Ich habe inzwischen genauso viele Kunden in Hamburg wie in Berlin. Darum überlege ich, hier einen zweiten Standort aufzumachen. Dazu bräuchte man natürlich auch entsprechend Leute, und es würde eine ganze Weile dauern, bis …«

»Ich finde die Idee großartig!«, unterbrach Helen die Präsentation seines Businessplans, warf sich übermütig auf ihn und küsste ihn aufs Auge. »Oh, Entschuldigung!«, kicherte sie. »Falsch gezielt. Wo bist du denn?« Suchend küsste sie sich über sein Gesicht vor bis zu ihrem eigentlichen Ziel.

Nachdem sie beide ausreichend ihre Freude über die neuen Aussichten geteilt hatten, kam Erik auf die Umsetzung des Planes zurück: »Vor dem Umzug muss ich den Nachlass meiner Mutter geregelt haben. Viel ist es ja nicht, was sie hinterlassen hat. Aber seit der ganze Kram aus ihrer Wohnung eingelagert wurde, habe ich mich noch nicht wieder damit beschäftigt.«

Einen Moment lang schien es, als hätte eine Welle der Trauer Erik zum Schweigen gebracht. Helen wagte nicht, etwas zu sagen, und strich mit der Hand still über seine nackte Brust. Schließlich sprach er seine Gedanken laut aus: »Schade, dass ihr euch nicht kennenlernen konntet. Ihr hättet euch gemocht.« Und nach einer weiteren Pause: »Eigentlich habe ich es meiner Mutter zu verdanken, dass ich dich getroffen habe. Sieht ihr ähnlich, dass sie sich, selbst wenn sie tot ist, noch in mein Leben einmischt.« Er sagte das ohne Bitterkeit. Eher belustigt.

Helen lachte: »Hat was von einer arrangierten Ehe!«

»Das ist überhaupt eine gute Idee, findest du nicht auch, wir sollten heiraten?«

»Niemals!«, rief Helen. »Dafür habe ich dich viel zu gern!«

Nach Eriks Besuchen in Hamburg fiel es Helen immer schwer, wieder zurück in den Alltag zu finden. Wie zuvor durch ihre Arbeit war sie nun vollkommen von den Gefühlen für diesen Mann erfüllt. Helen wusste nicht, ob sie sich darüber freuen oder ärgern sollte. Sich emotional nicht zu binden hatte durchaus Vorteile: Man lief nicht Gefahr, sich in Abwesenheit des anderen zu fühlen wie ein Formel-1-Fahrer ohne Wagen. Oder noch schlimmer: ein Fallschirmspringer ohne Fallschirm. Was bisher vollkommen in Ordnung gewesen war, nämlich dass Helen ganz allein als Helen funktionierte, war plötzlich unmöglich.

Immerhin schien es Erik ebenso erwischt zu haben wie sie. Anfangs war sie skeptisch gewesen. Er war ein paar Jahre jünger als sie, wie sie irgendwann nicht ohne Schrecken erfahren hatte, und vielleicht noch in einer wilden Probierphase. War sie die *reife, ältere Frau,* die auf seiner Bucket-List stand? Allerdings, so beruhigte sie sich selbst, war sie dazu wiederum nicht alt und reif genug. Erik war dafür alt genug, um zu wissen, was er tat. Nämlich alles, um Helens Verdacht, von dem er keine Ahnung hatte, auszuräumen. Mit Anrufen, Nachrichten, kleinen Aufmerksamkeiten und einfach

Eriksein. Helen fühlte sich wie eine Prinzessin und konnte es zum ersten Mal in ihrem Leben genießen, anstatt sich eingeengt und kontrolliert zu fühlen.

Um sich abzulenken, tippte Helen an einem Artikel über Gründerinnen in der Tech-Branche herum, den sie initiativ einem Frauenmagazin anbieten wollte. Denn im Gegensatz zu ihrem Liebesleben herrschte beruflich weiterhin Flaute.

Grund für Eriks vorübergehende Hamburg-Abstinenz waren Notartermine und andere Dinge, die er wegen des Todes seiner Mutter in Berlin zu regeln hatte. Darunter auch sein Vorhaben, die eingelagerten Sachen von Barbara auszusortieren. Als hätten Gedanken telepathische Wirkung, vibrierte ihr Telefon und präsentierte eine Nachricht von ihm: »Wenn der Erik nicht zur Helen kommt, muss die Helen zum Erik.«

Sie musste lachen. Wer war jetzt der Berg und wer der Prophet? Unwichtig! Warum eigentlich nicht? Jerry hatte Urlaub und wollte Ella sowieso gerne mehr als die übliche halbe Woche bei sich haben. Zum Ausgleich für die Zeiten, in denen er in der Weltgeschichte herumflog. Warum sollte sie ihm den Wunsch nicht erfüllen? Ella würde es auch guttun, wieder einmal mehr Zeit mit ihrem Vater zu verbringen. Arbeitstechnisch hielt sie auch nichts in der Stadt. Und Steffi hockte die ganze Zeit mit Flora in deren Wohnzimmer herum und wälzte begeistert Farbpaletten und Badarmaturen-Kataloge. Helen war einmal dabei gewesen, fand es aber so unfassbar langweilig, dass sie über einem Karton mit Fliesenmustern eingeschlafen war. Schnell googelte sie Zugverbindungen und schrieb Erik zurück, wann sie am Abend ankommen würde.

Wie es das Klischee eines Design-Agentur-Inhabers verlangte, lebte Erik in einer verschwenderisch großen Altbauwohnung in Berlin Mitte. Darin sah es aus wie in einem Vitra-Museum, und selbst Helen, die sich nicht viel aus Möbeln machte, war beeindruckt.

»Aber am meisten beneide ich dich um den Saugroboter«, erklärte sie, als Erik sie durch die Wohnung geführt hatte. Besonders die Küche bedurfte einiges an Erklärung, und auch das Bad verfügte über das eine oder andere technische Gimmick, das Helen und wahrscheinlich dem Großteil der Weltbevölkerung noch nie unter die Augen gekommen war.

»Bist du sicher, dass du das alles aufgeben willst, um zu uns nach Hamburg zu kommen?«

»Vollkommen. Überteuerte Altbauwohnungen gibt es da sicher auch«, gab Erik zurück, »ansonsten hänge ich hier an nichts.«

Helen fragte sich, warum sie nicht schon viel eher mal zu ihm nach Berlin gefahren war. Es fühlte sich gut an. Ein bisschen wie Urlaub. Und gleichzeitig wie nach Hause kommen. Als sie am nächsten Vormittag die Wohnung verließen, schlenderten sie durch die Straßen und suchten sich in aller Ruhe ein Café, um zu frühstücken. Erst als sie sich einmal durch die Karte gefuttert und sämtliche Tageszeitungen durchgelesen hatten, brachen sie auf. Sie wollten zu dem Lager fahren, in dem Erik die Sachen seiner Mutter untergebracht hatte.

In den Habseligkeiten einer Fremden herumzuwühlen fühlte sich seltsam an, aber Helen gab sich Mühe, Erik so gut wie möglich zu unterstützen. Der war merklich angeschlagen, gab sich aber tapfer.

»Die Möbel holt später ein Entrümplungsunternehmen ab. Es sei denn, du möchtest etwas behalten?«

»Ich?«

»Ja, wer sonst?«

»Äh, danke. Aber was ist mit dir?«

Erik holte tief Luft, dann sagte er: »Von den Möbeln möchte ich nichts. Meine Mutter hatte da einen etwas anderen Geschmack als ich.«

»Offensichtlich«, bestätigte Helen. Gab dann aber zu bedenken: »Vielleicht als Erinnerung?«

»Da reichen mir die Bücher und Alben. Und ein Schrank ist voll mit Schachteln und kleinen Kartons, die nehmen wir ebenfalls mit und schauen sie in Ruhe durch.«

Und so machten sie es. Der geräumige Kofferraum von Eriks Wagen stieß an seine Grenzen, als sie Ordner, Alben, Kartons und eine Kiste mit Geschirr, das Erik gerne behalten wollte, auf der Rückbank stapelten.

»Schon komisch, dass ein Mensch am Ende nicht mehr hinterlässt als eine Wagenladung Papierkram und ein paar Kubikmeter Sperrmüll.«

Helen wollte sagen, dass die Möbel ja nicht zwingend auf den Müll gebracht wurden und sich vielleicht noch jemand fand, der sie gebrauchen konnte. Aber ihr war klar, dass das nicht der Grund für Eriks Wehmut war.

Was sie stattdessen sagte, war mehr eine Feststellung als eine Frage: »Ihr wart euch sehr nah?«

»Wir hatten nur uns.« Erik klang nicht verbittert, als er das sagte. Nur unendlich traurig. Er startete den Wagen und fuhr los. Helen schwieg. Ihr Gehirn führte sich dafür wieder einmal auf wie eine sechste Klasse auf dem Weg zur Fridays-for-Future-Demo. Es wurde wild durcheinandergeschrien, und jeder Gedanke forderte etwas anderes. Helen begriff, dass der Tod seiner Mutter nicht der einzige Grund war für diese Aura der Verlorenheit, die Erik umgab wie eine Wolke Parfum. Sie gehörte zu seiner Persönlichkeit. Wie bei vielen Menschen, die nicht genau wussten, wo ihre Wurzeln lagen.

War das der Grund, warum Helen sich so zu ihm hingezogen fühlte: das berühmte Helfersyndrom? Hatte ihr Unterbewusstsein lange vor ihrem dösigen Bewusstsein erkannt, dass er eine verlorene Seele war? Nein!, schalt Helen sich stumm. Erik hätte, wenn er nicht so auf den Verkehr konzentriert gewesen wäre, ein leichtes, trotziges Kopfschütteln bemerkt. Es waren seine Eloquenz, sein Charme, sein Humor, die Ausstrahlung eines erfolgreichen Menschen, seine Art, zu-

zuhören und sich für andere zu interessieren, die ihn in Helens Herz gespült hatten.

Jetzt musste sie es aushalten, dass er auch von anderen Gefühlen erfüllt war außer denen, die er für sie empfand.

War sie dazu in der Lage? Wenn sie ehrlich war, war ihr das bei noch keinem Partner gelungen. Sie erwartete, dass ein Mann mit seinen Befindlichkeiten alleine klarkam und sie möglichst nicht nach außen trug. Zwar warf sich Erik ihr nicht heulend in den Schoß, doch auch seine zurückhaltende Trauer bewirkte, dass sie, ohne es zu wollen, auf Abstand ging. Der war mikroskopisch klein, aber nicht zu ignorieren.

Während der restlichen Fahrt sprachen beide nicht. Jeder war mit seinen Gedanken beschäftigt. Als sie die Sachen hoch in Eriks Arbeitszimmer trugen, fielen nur praktische Anweisungen wie »Eins, zwei, drei , hopp!« oder »Achtung, Stufe!«.

Um einen Moment für sich zu bekommen, gab Helen vor, noch arbeiten zu müssen. Sie setzte sich mit ihrem Laptop in das Café gegenüber, wo sie ohne große Ambitionen an ihrem Artikel herumtippte. Sie gehörte zu den Menschen, die nur unter Zeitdruck wirklich konzentriert waren. Allerdings war die fehlende Deadline nicht der Grund dafür, dass sie sich nicht konzentrieren konnte. Mit einem resignierten Seufzer klappte sie ihren Rechner schon nach kurzer Zeit wieder zu, zahlte ihren Kaffee und ging hoch in Eriks Wohnung.

Sie fand ihn vertieft in den Nachlass seiner Mutter. Ohne dass er etwas sagte, wusste Helen, wonach er suchte. Es war die Journalistin in ihr, die versprach: »Wenn deine Mutter irgendwo einen Hinweis auf deinen Vater hinterlassen hat, finden wir ihn.«

»Woher weißt du …?« Erik sah sie an und verzichtete darauf, seine Frage zu vollenden. »Danke.«

Helen wich seinem Blick aus und krempelte sich übertrieben unternehmungslustig die Ärmel hoch. »Dann mal los!«

Die folgenden Stunden verbrachten sie damit, sich durch alles Mögliche zu wühlen. Als Helen einen Schuhkarton mit kleinen Zetteln fand, auf denen mit kindlicher Handschrift Mitteilungen geschrieben waren, reichte sie ihn Erik.

»Sie hat sie alle aufgehoben?«, fragte er, ohne eine Antwort von Helen zu erwarten. »Wir haben uns manchmal tagelang über diese Zettel unterhalten, weil ihr Tagesrhythmus nicht dem eines Schülers entsprach. Ich war ein Schlüsselkind, dessen Mittagessen oft aus den Resten vom nicht abgeräumten Frühstück bestand.« Er lachte bei der Erinnerung.

»Klingt irgendwie cool nach Anarchie«, meinte Helen.

»Findest du?«

»Nein, nicht wirklich.«

Während des restlichen Abends verliefen die Unterhaltungen ähnlich. Helen ging irgendwann schlafen und war insgeheim erleichtert, als Erik ihr nur eine gute Nacht wünschte und sich wieder dem Inhalt einer Kiste widmete. Sie hatte Angst vor der körperlichen Nähe, die unweigerlich entstanden wäre, wenn sie nebeneinander im Bett gelegen hätten. Aber vielleicht wäre diese auch gerade heilsam gewesen, um den Graben zu überwinden, der plötzlich zwischen ihnen entstanden war. Helen überlegte noch, ob sie aufstehen und ihn zu sich ins Bett holen sollte, fiel darüber aber in einen unruhigen Schlaf.

Am nächsten Morgen war er vor ihr aufgestanden. Oder war er gar nicht ins Bett gekommen? Mit hölzernen Bewegungen und einer albernen Höflichkeit, über die ihre Beziehung eigentlich schon hinausgewachsen war, absolvierten sie das Frühstück. Danach brach Helen unter einem Vorwand früher als eigentlich geplant zum Bahnhof auf. Erik hielt sie nicht auf, ließ es sich aber nicht nehmen, sie zum Hauptbahnhof zu fahren und schließlich bis zum Gleis zu begleiten.

Als der Zug anfuhr, meinte sie, durch die schmutzigen Scheiben des ICE Tränen in seinen Augen zu erkennen. Was aber auch nur der Schleier ihrer eigenen Tränen gewesen sein konnte, durch den sie seine immer kleiner werdende Gestalt gesehen hatte. Weinte er um sie? Um seine Mutter? Seinen Vater? Helen wusste es nicht. Sie wusste ja nicht einmal, warum sie selbst trauerte! Etwa schon um das Ende dieser Geschichte? Hatten die Ereignisse der vergangenen nicht mal vierundzwanzig Stunden, die Helen im Nachhinein wie eine Ewigkeit vorkamen, ihrer Liebe einen so gravierenden Schaden zugefügt, dass sie nicht mehr zu retten war?

KAPITEL XII

Es kam der Tag, an dem sie die Unterschrift unter den Kaufvertrag für die Villa setzten. Der Kauf war gebunden an eine Vereinbarung, die Flora zur lebenslangen Mieterin der einen Haushälfte machte. Auf die Mietzahlung hatte Flora bestanden. Zu tief steckte der Stachel, den das Gespräch mit dem Makler Herrn Ehrlicher, der ihr Haus mit ihr selbst als Inhalt verkaufen wollte, hinterlassen hatte. Auf keinen Fall wollte sie geduldete Altlast sein, die wohl oder übel mit übernommen werden musste. Steffi und Arno hatten protestiert, bis sie sich schließlich darauf einigen konnten, dass die Miete auf ein Konto ging, das Lina und Oskar gehörte. Nach dem Termin feierten Arno, Steffi und Flora den nun besiegelten neuen Lebensabschnitt gebührlich mit einem Glas Champagner im Café Paris, das gleich neben dem Notariat lag. Nach dem obligatorischen Anstoßen und dem ersten Schluck verabschiedete sich Arno ins Büro, Steffi und Flora weiteten ihre Bestellung auf ein komplettes Frühstück aus und verbrachten den restlichen Vormittag mit genüsslichem Schlemmen und Planen.

Leider lag Steffi falsch, als sie annahm, mit Arnos Zusage, dem Hauskauf und der Bewilligung des riesenhaften Kredites für den Umbau seien die schwierigsten Hürden genommen. Aus aktueller Sicht betrachtet, waren das winzige Kiesel auf dem steinigen Weg, der noch vor ihr lag. Niemals hätte sie vermutet, dass es derart nervenaufreibend war, ein Haus ein bisschen umzubauen. Doch mit dem Bauen verhielt es sich wie mit der Geburt eines Kindes: Wenn eine Frau wüsste, was da genau auf sie zukam, wäre die Menschheit am Ende.

Na ja, sie und viele andere hatten trotz traumatischer Erlebnisse weiter Kinder bekommen. Ein Haus sanieren würde sie definitiv nur dieses einzige Mal. Und sie sprach, was dieses Thema betraf, ganz bewusst von sich in der Einzahl. Arno glänzte, seit der Entschluss gefasst und die Finanzierung geklärt waren, wieder überwiegend durch Abwesenheit.

Abgesehen von Entscheidungen, die zementeimerweise getroffen werden mussten, geschahen selbstverständlich auch jede Menge unvorhergesehene Dinge und Pannen. Steffi musste mehr als ein Mal an Eileens Nachbarn denken, die der Bau ihres Hauses offensichtlich ihre Ehe gekostet hatte. Ähnliches würde Arno und ihr wohl auch drohen, weshalb sie ganz froh war über seine Zurückhaltung. Sie verkniff sich jegliches Gejammer, verschwieg ihm ihre Erschöpfung und behielt ihre Verzweiflung für sich, wenn es einmal wieder Katastrophenmeldungen gab. Die waren das Einzige, worauf man sich in diesem Projekt verlassen konnte. Egal, wie schlimm es war, Steffi tat alles, um es allein aus der Welt zu schaffen. Um Arno auf keinen Fall die Gelegenheit für ein *Siehst du! Ich hab es dir ja gesagt* oder *Du hast es doch selbst so gewollt*! zu geben. Inklusive des passenden Oberlehrer-Blickes. Stattdessen vermeldete sie Erfolge, wenn sie denn vorkamen, in epischer Breite und schwärmte vom Garten, der sich in Wahrheit mehr und mehr in eine verwüstete Mondlandschaft verwandelte. Das schwere Baugerät riss tiefe Furchen in den Rasen und walzte Beete platt. Auch das wilde Blumenbeet der Kinder fiel den Rädern des Krans zum Opfer, der kommen musste, um die marode Dachkonstruktion zu retten. Oskar und Lina nahmen den Tod ihrer Blumen einigermaßen gelassen. Es war Flora, der die Bauarbeiten zusetzten. Steffi konnte täglich beobachten, wie sie litt. Als eines Tages besonders laute Arbeiten angekündigt waren, fasste Steffi den Plan, Flora aus dem Haus zu locken und sie mit dem Aussuchen neuer Pflanzen von der derzeitigen Verwüstung ihres Gartens abzulenken.

Sobald sie den Motor ihres Wagens vor der Villa abgestellt hatte, dröhnte kreischender Lärm zu ihr herüber. Steffi öffnete die Autotür und lief zum Haus, wobei sie sich mit beiden Händen die Ohren zuhielt. Keine Sekunde länger sollte Flora diesem furchtbaren Geräuschpegel ausgeliefert sein! Mit ihrem Schlüssel, den sie inzwischen besaß, öffnete sie die Haustür. Allerdings fühlte sie sich in der Rolle der Hausherrin noch nicht so ganz wohl – schließlich war das immer noch Floras Zuhause und nicht ihres –, weshalb sie wie bei jedem ihrer Besuche im Flur stehen blieb. Mit aller Kraft schrie sie gegen die Kreissägen, Vorschlaghämmer, Bohrmaschinen und was dort oben sonst noch alles wütete an.

»Flora! Ich bin's!« Nach dem vierten Versuch und bevor sie heiser wurde, sah sie ihre Chancenlosigkeit schließlich ein. Niemand würde sie hören. Genauso gut konnte sie vom Strand aus Fische zum Mittagessen rufen. Sie holte tief Luft, hielt dann den Atem an, als müsse sie auf Tauchgang gehen, und machte sich auf die Suche durchs Haus. Zu ihrer Verwunderung fand sie Flora gleich nebenan im Wohnzimmer, in ihrem Lieblingssessel sitzend.

Die alte Dame bemerkte Steffi erst, als sie direkt vor ihr stand. Erstaunt sah sie mit geröteten Augen zu ihr auf. Der sonst so klare Blick war verschwunden.

»Flora?« Steffi streckte die Hand nach ihr aus und legte sie ihr auf den Arm. Erst jetzt schien der flackernde Blick Halt zu finden.

»Oh, Steffi! Du bist es!«

»Ist alles in Ordnung?«, fragte Steffi besorgt. Dabei wusste sie schon, dass es das definitiv nicht war. Die Haut auf Floras Wangen schien dünn wie Pergament, und ihr Körper glühte, das spürte Steffi durch den Ärmel ihrer dicken Strickjacke hindurch.

»Wollen wir los?«, fragte sie trotzdem. Mehr, um sich einen weiteren Überblick über Floras Zustand zu verschaffen, als wirklich aufzubrechen.

»Ja, sicher! Auf geht's!«, antwortete Flora fröhlich, doch es wirkte irgendwie bemüht. Und dann wollte sie noch wissen: »Ist Luise schon da?«

Steffi stutzte.

»Luise?«, versicherte sie sich, ob sie richtig verstanden hatte.

»Ja, Luise! Wo bleibt sie denn? Immer muss ich auf sie warten!« Ärgerlich erhob sich Flora und lief zum Fenster, um auf die Straße zu sehen. Jetzt war es eindeutig: Mit Flora stimmte etwas ganz und gar nicht. Irritiert sah Steffi ihr zu und überlegte, was sie tun sollte. Unwillkürlich musste sie an Linas imaginären Freund Fred denken, den sie ihren Eltern vorgestellt hatte, als sie etwa vier gewesen war. Fred blieb ungefähr eineinhalb Jahre, und Steffi hatte damals den Rat von einer Kinderpsychologin erhalten, sie solle ihn auf keinen Fall verleugnen. Also sprach sie mit ihm, servierte ihm Essen und schenkte ihm Süßigkeiten, wann immer Lina behauptete, er sei anwesend.

»Ich ruf sie mal an«, erklärte Steffi und zückte ihr Telefon.

»O ja, das ist nett. Sag ihr, sie soll sich beeilen.«

Steffi tippte auf ihr Handy ein. Allerdings rief sie mangels Kenntnis deren himmlischer Nummer nicht Luise an, sondern Helen. In der Hoffnung, sie konnte ihr sagen, was zu tun war. Doch Helen ging nicht ran, und Steffi machte sich noch mehr Sorgen als ohnehin schon. Seit sie von ihrem spontanen Liebesbesuch aus Berlin zurück war, wirkte Helen bedrückt. Von der Euphorie ihrer neuen Liebe war nicht mehr viel zu spüren. War das Feuer Helen-like schon wieder erloschen? Selbst wenn, war das normalerweise kein Grund für sie, Trübsal zu blasen. Helen war wie eine Biene, die von einer Blüte zur nächsten flog, ohne der jeweilig letzten hinterherzuweinen. Was war also los mit ihr? Seufzend beendete Steffi ihren Kontaktversuch. Noch so eine Baustelle, um die sie sich kümmern musste. Nur wann? Solange auf dieser hier alles drunter und drüber ging, blieb ihr keine Zeit. Prüfend sah sie rüber zu Flora, die offenbar schon wieder vergessen hatte, dass noch jemand im Raum war.

Auch den ohrenbetäubenden Lärm der Bauarbeiten schien sie nicht wahrzunehmen. Irgendetwas vor sich hinmurmelnd, ging sie aus dem Wohnzimmer in den Flur, kramte in einem Stapel Papier, der neben dem Telefon lag, kam kopfschüttelnd wieder zurück und blieb unvermittelt vor Steffi stehen.

»Steffi! Gut, dass du da bist. Ich suche meinen Ladenschlüssel.«

Okay. Die gute Nachricht war, sie erkannte Steffi. Die schlechte war: Flora war in einem komplett falschen Film unterwegs. Ohne weiter darüber nachzudenken, wählte Steffi 112. Nachdem sie alle nötigen Informationen an die Notrufzentrale durchgegeben hatte, erklärte sie Flora vorsichtig, was als Nächstes geschehen würde.

»Einen Notarzt? Wer braucht den denn? Ich nicht!« Flora lachte. Dann sah sie Steffi verschwörerisch an, als würde sie ihr einen gewieften, streng geheimen Trick verraten. »Mein Mann ist Arzt. Dr. Blum. Der weiß, was zu tun ist.«

Spätestens jetzt war Steffi sicher, genau richtig gehandelt zu haben. Zwar hatte sie keine Idee, was Flora fehlte, aber dass ihr was fehlte, war so offensichtlich wie eine Platzwunde auf einer Glatze.

»Ja, bestimmt weiß er das«, pflichtete sie Flora bei. »Aber er ist ja …«, sie überlegte kurz und umfuhr die schmerzliche Wahrheit mit einem kleinen Ausweichmanöver, »… nicht hier.«

Im nächsten Moment schwankte Flora leicht und hielt sich an Steffi fest.

»Oh, mir ist schwindelig.«

Steffi beeilte sich, mit Flora rüber zum Sessel zu gehen, und half ihr vorsichtig, sich zu setzen. Dann ging alles sehr schnell. Einer der Bauarbeiter kam herein, hinter ihm ein Mann in Sanitäter-Uniform.

»Haben Sie 'n Arzt gerufen?«, fragte der Mann mit dem Baustellenhelm in breitem Hamburger Platt. »Der stand vorm Haus rum, und keiner hat ihm die Tür aufgemacht.

»Ja, vielen Dank!«, rief Steffi, aber er war schon wieder weg.

Der Sanitäter hielt Floras Arm und maß den Blutdruck. Mit schnellen Handgriffen checkte er sie durch, leuchtete mit der Taschenlampe in ihre Augen und stellte Fragen. Flora ließ alles mit sich geschehen, antwortete jedoch nur sporadisch. Steffi sprang ein, und am Ende kam man zu dem Schluss, dass es besser war, Flora mit ins Krankenhaus zu nehmen.

»Einen Schlaganfall kann ich so gut wie ausschließen. Aber sie ist ziemlich dehydriert. Sind Sie die Tochter?«

»Nein, leider nicht.«

Der Sanitäter guckte Steffi leicht irritiert an.

»Ich meine: Nein, bin ich nicht. Ich bin eine … äh … Freundin?« Wie auf eine Bestätigung wartend, sah sie zum Sanitäter.

»Fragen Sie mich das?« Jetzt wirkte der Mann belustigt.

»Nein, natürlich nicht«, gab Steffi zurück. »Ich bin nur auch etwas aufgeregt. Entschuldigung. Wie lange muss sie dort bleiben?«

»Das kann ich Ihnen nicht sagen, gute Frau. Wie gesagt, sie ist stark dehydriert. Aber man wird noch weitere Untersuchungen benötigen, um etwas Genaues sagen zu können.«

»Ach so, natürlich. Klar. Na, dann packe ich ein paar Sachen für sie ein und komme nach. Wo bringen Sie sie hin?«

Erst nachdem Steffi überzeugt war, dass sie nichts mehr für Flora tun konnte und sie gut versorgt wusste, verließ sie das Altonaer Krankenhaus. Ohne Flora machte es keinen Sinn, in das Gartencenter zu fahren. Also beschloss sie, das Thema Helen anzugehen.

Noch während sie einen Parkplatz suchte, rief Helen endlich zurück.

»Oh, Miss Unerreichbar gibt sich die Ehre!« Es war als Scherz gemeint, aber Steffi merkte selbst ihren gekränkten Tonfall. Darum schob sie schnell und drei Oktaven heiterer hinterher: »Das muss Telepathie sein: Ich steh direkt vor deiner Tür.«

»Und ich vor deiner«, lachte Helen, doch es klang müde.

»Ich komm zu dir«, schlugen beide gleichzeitig vor und lachten.

Steffi sah auf die Uhr. »Was hältst du von *Tito?* Dann können wir hinterher gleich die Mädchen abholen.«

Als sie vor ihrer Pizza saßen, bereute sie ihre Ortswahl. Ihr hätte klar sein müssen, dass Helen in aller Öffentlichkeit noch weniger bereit war zu erzählen, was in ihr vorging, als es bei einer von ihnen zu Hause der Fall gewesen wäre. Statt

Steffi ihr Herz auszuschütten, steigerte Helen sich in eine Wutrede gegen Autofahrer hinein. Offenbar hatte sie wieder einmal jemand fast vom Rad geholt. Dass Steffi überzeugt war, Helen trüge mit ihrem rasanten Fahrstil mit zu den Kurz-vor-Karambolage-Situationen bei, behielt sie für sich.

Dann aber kamen sie dem Kernthema doch näher. Steffi fragte, wie es in Berlin gewesen sei, und Helen berichtete knapp, dass Erik um seine Mutter trauere und sie wegen eines Auftrages nicht länger bei ihm habe bleiben können.

»Und warum siehst du dann aus wie ein Dackel, dem man seinen Hausschuh weggenommen hat?«

»Toller Vergleich!«

»Mir fiel nichts Besseres ein. Jetzt sag schon! Ich sehe doch, dass dich etwas bedrückt.«

Steffi war kein Dackel. Eher ein Terrier, der nicht lockerließ, wenn er sich einmal in etwas verbissen hatte.

Helen knickte ein und fing endlich an zu reden.

»Ach, ich weiß auch nicht. Mir ist das alles zu schwer. Der Mann hat gerade andere Themen, als sich mit einer älteren Frau mit Kind einzulassen. Und ich hab keine Kraft, neben meiner eigenen verkorksten Seele auch noch an der von anderen herumzuklempnern. Außerdem habe ich ihm etwas versprochen, das ich nicht halten kann.«

»Jetzt bin ich gespannt.« Steffi legte das Besteck weg und sah Helen an.

»Ich habe gesagt, wir finden seinen Vater.«

»Den Franzosen? Ist doch kein Problem für dich, Inspektor Winter! Du hast seine Mutter gefunden, da wirst du auch das schaffen.«

»Das waren ganz andere Voraussetzungen. Niemanden hätte es gejuckt, hätte ich sie nicht gefunden. Außer mich vielleicht. Und das auch nicht wirklich. Ich war ja bloß neugierig. Jetzt habe ich das Gefühl, verantwortlich für das Lebensglück eines Menschen zu sein.«

»Sagt er das?« Mit ungläubig geweiteten Augen schluckte Steffi ein großes Stück Pizza Napoli runter.

»Nein, aber ich spüre es«, erklärte Helen bestimmt.

»Dann spürst du vielleicht falsch. Was sagt er denn dazu?«

»Nichts, es herrscht Funkstille, seit ich zurück bin.«

»Hm«, machte Steffi und überlegte. »Und wie habt ihr euch verabschiedet?«

»Er hat mich zum Bahnhof gefahren, und ich bin abgereist.«

»Oh, Helen! Meine Güte! Was habt ihr gesagt? Habt ihr gestritten? Euch umarmt? Für eine aussagekräftige Analyse benötige ich Informationen!«

Helen verdrehte die Augen und leierte, die Worte gelangweilt in die Länge gezogen: »Wir haben uns umarmt, er hat mir eine gute Fahrt gewünscht. Wir haben uns auf die Wange geküsst. Ich habe *bis dann* gesagt.«

»Ging der Wangenkuss von dir oder von ihm aus?«

»Was weiß denn ich? Ist das wichtig?« Helen sah widerwillig auf ihren Teller. Es war offensichtlich, dass sie keine Lust auf die Unterhaltung hatte.

»Ja, sehr wichtig. Ich glaube nämlich, da hat Miss Unnahbar Winter wieder ihren Anfall von Nähe-Phobie erlitten. Kaum wird es ernst, rennst du weg. Das war doch schon immer so.«

»Ach, und du weißt das, weil du zweihundert Semester Psychologie studiert hast?«

»Brauch ich gar nicht. Selbst ein Maulwurf erkennt auf hundert Kilometer Entfernung, dass du ein Bindungsproblem hast.«

Es herrschte einige Augenblicke Stille, in denen beide sich auf ihr Essen konzentrierten.

»Warum hast du mich vorhin überhaupt angerufen?«

Steffi entging nicht, dass Helens Frage ein Ablenkungsmanöver war. Und sie war froh darum. Deshalb erzählte sie von Floras seltsamem Verhalten und dass sie sich schuldig fühlte, die alte Dame in diese Situation gebracht zu haben.

»Das ist doch nicht deine Schuld! Was hätte sie denn für Alternativen gehabt?« Helens Frage war rein rhetorisch gemeint.

Doch Steffi hatte eine Antwort parat: »Das Haus verkaufen und sich ein schönes Leben machen mit den Millionen zum Beispiel?«

»Genau das wollte sie nicht. Sie wollte in ihrem Haus bleiben. Und das ermöglichst du ihr.«

»Schon, aber ich fürchte, wir haben die Sache unterschätzt. Du weißt ja nicht, wie es gerade in der Villa aussieht! Und von Floras geliebtem Garten ist so gut wie nichts übrig. Ein einziges Matschloch! Der wahr gewordene Traum für Oskar, aber Flora hat es offenbar um den Verstand gebracht.«

Verzweifelt sah sie Helen an. Die beruhigte sie: »Jetzt warte doch erst einmal ab. Morgen früh wissen wir mehr. Sie ist über siebzig! In ihrem Leben hat sie gewiss schon Schlimmeres gesehen als ein paar umgeknickte Blumen.«

»Mag sein. Aber zurück auf die Baustelle kann sie auf keinen Fall. Ich werde sie mit zu uns nehmen. Allerdings weiß ich nicht, wie ich das Arno beibringen soll. Das würde bedeuten, dass die Kinder zu uns ins Schlafzimmer ziehen. Da sind schlaflose Nächte vorprogrammiert. Und das, obwohl er seit Monaten überhaupt nur dafür nach Hause kommt.«

»Dann bringen wir sie zu mir!«, schlug Helen vor.

»Zu dir?« Steffi sah Helen an, als hätte sie vorgeschlagen, der alten Dame unter der Kennedy-Brücke ein Lager zu errichten.

»Ja, warum denn nicht? Oder meinst du, es ist bei mir genauso chaotisch?« Helen tat entrüstet.

»Nein!«, beeilte sich Steffi zu sagen. »Aber du hast doch auch … ich meine, wenn Erik hier ist, könnt ihr doch keinen Anstandswauwau gebrauchen.«

Ohne es zu wissen, hatte Steffi Amors Pfeil, der abgebrochen in Helens Herz steckte, noch ein Stück tiefer hineingebohrt und dabei langsam umgedreht. So ungefähr musste es sich anfühlen, Helens gequältem Gesichtsausdruck nach zu urteilen.

»Da brauchen wir uns so bald keine Sorgen zu machen, glaub mir.« Und nach einer Weile, mehr zu sich selbst, murmelte sie: »Ich weiß nicht. Vielleicht habe ich meine Begabung als Schicksalsengel überschätzt. Es ist einfach alles zu einem riesigen Haufen Mist geworden. Warum habe ich nicht von Anfang an auf dich gehört und das Foto Foto sein lassen?«

Da musste Steffi ihr recht geben. Sie war schon ein bisschen sauer gewesen, als Helen ihr zuerst nicht die Wahrheit über ihre Fahrt nach Berlin erzählt hatte. Die beiden waren immer ehrlich zueinander gewesen. Das war manchmal schmerzhaft. Für einige sogar buchstäblich. Oft erinnerten sie sich lachend daran, als sie mit dreizehn gleichzeitig in Martin – oder hieß er Matthias? – verknallt gewesen waren und er, seine Chance witternd, erst die eine, dann die andere zum Knutschen hinter die Scheune seines Vaters geschleppt hatte. Der Arme hatte nicht damit gerechnet, dass sie es sich gegenseitig sofort berichten würden, und am Ende bekam er von jeder eine saftige Backpfeife für seinen ersten Feldversuch als Dorf-Gigolo.

Helen blickte so geknickt drein, dass Steffi nicht weiter auf der kleinen Flunkerei rumreiten wollte. Lieber tröstete sie die Freundin.

»Also, eigentlich ist bisher doch gar nichts Schlimmes passiert. Du hast über das Foto einer Fremden einen Mann gefunden und dich verliebt. Jetzt wird es ernst, und damit kommen die ersten Holpereien. Du musst dir nur die Frage stellen, ob er es dir wert ist, sich davon durchschütteln zu lassen. Oder ob du eure gemeinsame Reise beendest. Ihr habt beide ein Vorleben, ab einem gewissen Alter bringt jeder sein Päckchen mit, wenn man eine neue Beziehung startet. Du hast eine Tochter und eine ganze Menge Psychosen, er hat sicher auch seine Fehler. Und dazu seine noch sehr frische Trauer um seine Mutter.«

»Amen«, schloss Helen und gelobte feierlich, darüber nachzudenken.

Als Steffi am nächsten Morgen Floras Krankenzimmer betrat, war sie augenblicklich erleichtert. Die alte Dame sah wieder aus, wie sie sie kennengelernt hatte. Mit fröhlichen Augen blickte sie ihrer Besucherin entgegen und meinte mit einem Zwinkern: »Wenn ich mich anstrenge und ordentlich rumjammere, kann ich vielleicht noch ein bisschen länger bleiben. Es ist gar nicht so schlecht hier. Die Schwestern sind so nett, richtige Schätze. Außerdem ist es herrlich ruhig. Und viel billiger als im Hotel! Meinst du, sie behalten mich, bis das Haus fertig ist?«

»Keine schlechte Idee!«, lachte Steffi. »Aber hättest du mir nicht einfach sagen können, dass dir der ganze Trubel zu viel war? Stattdessen jagst du mir solch einen Schrecken ein! Was war denn überhaupt los?«

»Ihre Mutter war komplett dehydriert!«, vermeldete die Schwester vorwurfsvoll. Sie war gerade hereingekommen, um das Frühstück abzuräumen. »Sehen Sie, es geht doch!«, lobte sie Flora ungleich freundlich, als sie die leere Mineralwasserflasche vom Nachttisch nahm. »Ich bringe Ihnen gleich eine neue.«

Steffi wollte sie darüber aufklären, dass Flora gar nicht ihre Mutter war, entschied sich aber schließlich doch dafür, sich zurückzuhalten. So würde sie vielleicht etwas mehr über den Gesundheitszustand ihrer Freundin erfahren. »Dehydriert? Woher kommt denn das?«

»Indem man nichts trinkt«, erklärte die Schwester so, dass Steffi sich dämlich vorkam. Ebenso hätte sie jemanden, der neben einer laufenden Kreissäge stand, fragen können, warum er nur noch neun Finger habe.

»Ja, sicher«, beeilte sie sich mit leichter Schamröte auf den Wangen zu erklären. »Aber ...« Damit richtete sie sich an Flora, die vergnügt in ihrem Bett saß und zwischen den beiden Frauen hin- und hersah. Wie bei einem Tennismatch. »... warum trinkst du nicht genug?«

Jetzt war es Flora, die leicht rot wurde. »Weil ich dieses Dixi-Dings nicht mag.« Steffi musste kurz überlegen. Dixi-Dings? Und dann begriff sie. Flora konnte seit einer knappen Woche weder das Bad oben noch das Gäste-WC benutzen. Das war natürlich anders geplant gewesen, doch leider hatten die Handwerker beide WCs bereits ausgebaut und entsorgt, bevor die Nachricht über die verspätete Lieferung der neuen sie erreicht hatte. Flora war nichts anderes übrig geblieben, als vorübergehend die aufgestellte Baustellen-Toilette mit den Handwerkern zu teilen. Steffi war vollkommen erschüttert. Sie hätte sich doch denken können, dass der alten Dame das unangenehm war. Stattdessen hatte sie ihr geglaubt, als sie erklärte, es würde ihr nichts ausmachen.

»Wir hatten früher auch nur ein stilles Örtchen für acht Leute und mussten bei Wind und Wetter über den Hof«, hatte sie Steffis Bedenken vom Tisch gewischt.

Und es ließ sich ja auch nicht ändern, sie konnten die Toiletten ja schlecht herzaubern. Doch jetzt war Schluss damit! Egal, ob die Keramikschüsseln da waren oder nicht, Flora würde erst wieder ins Haus zurückkehren, wenn alles fertig war. Das erklärte Steffi ihr jetzt und machte unmissverständlich klar, dass sie keine Widerrede akzeptierte.

»Helen hat schon alles vorbereitet, und Ella freut sich wie verrückt, dass sie dir ihr Zimmer leihen darf. Es wäre eine große Enttäuschung, wenn du ablehnst«, dramatisierte Steffi ein bisschen. Allerdings nur ein ganz kleines bisschen. Ella war tatsächlich stolz gewesen, ihrer geliebten Flora diesen Gefallen tun zu dürfen. Steffi hatte schon ein paarmal beobachtet, wie sie mit Lina um die Gunst ihrer Ersatz-Omi eiferte. Da hatte Lina natürlich das dickere Pfund auf ihrem Konto. Und es war nur gerecht, wenn Ella Floras Aufmerksamkeit eine Weile exklusiv genießen durfte. Lina musste das wohl ein wenig schonend beigebracht werden. Am Ende, da war Steffi sich sicher, würde sie es verstehen.

Zwei Tage später war es so weit. Steffi hatte Flora aus dem Krankenhaus abgeholt und war mit ihr zur Villa gefahren, um ihren kleinen Umzug zu Helen zu vollziehen. Erleichtert atmeten die beiden Frauen auf, als sie schließlich die Autotür hinter sich zuschlugen und sich der ohrenbetäubende Lärm, der aus der Villa drang, dadurch auf ein einigermaßen erträgliches Maß reduzierte.

»Die armen Nachbarn!«, bemerkte Flora, und ihr Gesicht zeugte davon, dass es ihr wirklich leidtat, sie derart zu belästigen. »Aber es ist ja zu einem guten Zweck.« Beruhigend tätschelte sie Steffis Hand, als sie deren zerknirschte Miene sah. »Und in ein paar Tagen ist ja alles vorbei.«

»Hoffentlich!« Steffi klopfte mit ihren Fingerknöcheln an ihren Kopf. »Herr Hansen sagt, wenn nichts dazwischenkommt, sind sie Ende der Woche mit den lauten Umbauarbeiten fertig. Danach kommen die Maler. Die sind leiser, nehme ich an.«

»Ganz bestimmt. Und wenn alles fertig ist, feiern wir ein schönes Gartenfest und laden die Nachbarn ein. Als Wiedergutmachung!«

»Eine großartige Idee! Das müssen wir unbedingt den Kindern erzählen! Jetzt bringen wir dich erst einmal in dein neues Zuhause auf Zeit. Danach hole ich die Kinder ab, und wir machen es dir bei Helen so richtig gemütlich. Du wirst dich wohlfühlen bei ihr.«

Helens Wohnung war geräumig – für zwei Personen. Mit Steffi, Flora, Ella, Lina und Oskar darin war es ein einziges großes Getümmel. Die Kinder waren aufgeregt und zerrten Flora von einer Ecke in die nächste, um ihr etwas *ganz Wichtiges* zu zeigen. Und die alte Dame machte geduldig und tapfer mit. Steffi beäugte die Sache besorgt. Bereits im Treppenhaus hatte Flora erschöpfter gewirkt, als sie zugeben wollte. Innerlich beglückwünschte sich Steffi zu der Entscheidung, Floras Reich im Erdgeschoss zu planen.

Helen war unterwegs auf Recherche-Tour für ihre Immobilien-Story, an die sie weiterhin glaubte. Darum hatte sie beschlossen, sie ohne Beauftragung durch einen Verlag auszuarbeiten und sich im Nachhinein jemanden zu suchen, der die Sache veröffentlichte. Damit hatte sie so viel zu tun, dass ihr der Inhouse-Babysitter Flora mehr als recht kam. Und Flora freute sich darauf, sich in den nächsten Tagen um die Kinder kümmern zu dürfen. Sie bestand sogar darauf, dass auch Lina und Oskar die Nachmittage bei ihr verbrachten, damit Steffi Zeit hatte, sich voll und ganz auf den Umbau zu konzentrieren. Auch musste der anstehende Umzug organisiert werden. Arno machte sie weiterhin zur Alleinerziehenden mit Mann und glänzte daheim mit den Qualitäten eines vorbildlichen Pensionsgastes. Er kam, wenn alle schliefen, schlief, wenn alle aufstanden, und war verschwunden, wenn Steffi nach Hause kam, nachdem sie die Kinder zur Schule und in den Kindergarten gebracht hatte. Von seiner Anwesenheit zeugten nur das zerwühlte Bett, die nasse Dusche, die Schmutzwäsche auf dem Boden und die Krümel in der Küche. Sein Glück war, dass er bei Steffi seit der Hausübernahme einen ganzen Haufen Steine im Brett hatte und sie ihm keine wütenden Szenen machte. Wann auch, wenn er nie da war?

Auch an diesem Abend würde niemand außer den Kindern und ihr zu Hause am Abendbrottisch sitzen. Darum hatte sie geplant, Floras Einzug bei Helen mit einem gemeinsamen Abendessen zu feiern. Als sie zum gefühlt hundertsten Mal die Tür des Kühlschranks schwungvoll öffnete, um irgendetwas aus seinen Tiefen hervorzupulen, segelte ein Post-it vor ihr auf den Boden. Darauf stand eine Telefonnummer und darunter *Erik*. Ein zarter Wink mit dem Zaunpfahl, der sie an ihre Pflicht als Freundin erinnerte. Schnell hob sie den

Zettel auf und stopfte ihn in die Hosentasche. Wenn Helen es nicht schaffte, über ihren Schatten zu springen und ihn anzurufen, würde sie eben ohne ihr Wissen ein bisschen Amor spielen.

Nach dem Abendessen war Helen immer noch nicht zu Hause. Es wurde langsam spät, und Oskar wurde quengelig. Flora dankte Steffi für das Abendessen und schickte sie mit den Kindern nach Hause. Nachdem sie sich mehrmals versichern lassen hatte, dass Flora und Ella allein klarkämen, machte sie sich auf den Heimweg. Ella winkte ihnen von der Wohnungstür aus hinterher, glücklich, *Oma Flora,* wie die Kinder sie seit diesem Nachmittag offiziell nannten, ganz für sich allein zu haben.

KAPITEL XIII

Bei Helen ging es seit Tagen zu wie in einer Postfiliale vor den Weihnachtsfeiertagen. Faktisch war zwar nur eine weitere Person eingezogen, doch die verursachte einen Wirbel in ihrer Wohnung, neben dem jeder Whirlpool wie ein zugefrorener Ententeich wirkte. Für Helen war das phasenweise viel zu viel Mensch auf zu wenigen Quadratmetern. Sie legte sehr viel Wert auf die Momente, in denen sie dem Wahnsinn der Welt da draußen die Tür vor der Nase zuschlagen konnte. Nun wohnte der Wahnsinn bei ihr! Sie nutzte ihre Arbeit als Vorwand, um hin und wieder zu fliehen. Ella dagegen war überaus glücklich mit der sprunghaft angestiegenen Bewohnerzahl ihres Heims. Es war immer jemand da, wenn Helen unterwegs war, um ihre Interviews zu führen mit all denen, die nur darauf brannten, ihre Erfahrungen mit dem heimischen Immobilienmarkt der Öffentlichkeit mitzuteilen. Darunter gab es ziemlich lustige Geschichten, sogar einige schöne, ähnlich wie die von Flora und Steffi. Doch die meisten überboten sich an Unglaublichkeiten. Beschwerden über völlig überzogene Preise waren an der Tagesordnung, aber Helen erfuhr auch, dass Steffis und ihre Erfahrung, die sie mit einer Sorte Makler gemacht hatten, keine Ausnahme darstellten. Auch von umgekehrten Fällen wurde ihr berichtet. Zunächst wollte Helen den Maklern keinen Glauben schenken, als sie von unmoralischen Angeboten berichteten, die sie während der Besichtigungen bekamen. Doch natürlich war sie als Journalistin zu einer objektiven Darstellung der Tatsachen verpflichtet. Und so hörte sie mit Staunen Geschichten von Damen, die zusammen mit der geforderten Selbstauskunft BHs, Höschen, Telefonnummern oder gleich alles zusammen überreichten. Auch von teuren Uhren und sogar Autoschlüsseln, die mit einem verschwörerischen Zwinkern zwischen die Unterlagen geschoben wurden, war die Rede.

»Dort draußen ist die Hölle ausgebrochen. Wir zwei sind gerade noch mal mit angesengten Haaren entkommen damals!«, erklärte sie, als sie eines Abends dicht gedrängt mit Steffi und dem Rest der Bande an ihrem winzigen Küchentisch saß, an dem sie alle mit großem Appetit Floras geschmierte Stullen verdrückten. Wie durch Zauberei aßen die Kinder plötzlich alles, was man – Korrektur: Flora – ihnen auftischte. Gemüse, das sie üblicherweise als eklig betitelten und links liegen ließen, wurde diskussions- und widerstandslos zerkaut. Ohne dass es vorher in lustige Schmetterlinge oder Traktoren gekunstschnitzt werden musste.

»Das ist wirklich ungeheuerlich«, entrüstete sich Flora, als Helen von den Interviews erzählte. »Stellt euch vor, ich hätte getan, was dieser Herr Ehrlicher oder wie der hieß – dieser

Lump! – mir schönreden wollte: mein Haus verkaufen an jemanden, der nur darauf wartet, dass ich ins Gras beiße!«

»Und wir hätten uns nie kennengelernt! Wir müssen etwas gegen diese Umstände da draußen tun!«, erklärte Steffi, und es fehlte nicht viel, dass sie mit der Faust auf den Tisch schlug wie ein alter weißer Mann am Stammtisch.

»Ich bin doch schon dabei!«, stellte Helen mit gespielter Entrüstung fest. »Alle Welt wird erfahren, was hier los ist.«

»*Berichten* ist ja schön und gut«, wandte Steffi ein. »Aber es reicht nicht! Wir müssen mehr dazu beitragen, damit es sich ändert.«

»Das kann nur die Politik. Und um die zu bewegen, müssen wir die Menschen informieren.«

»Du klingst wie Bernhard Berhardin«, lachte Steffi in Erinnerung an ihren ehemaligen Lieblingsprofessor an der Uni, dem sie diesen Spitznamen aufgrund seiner grenzenlosen Gutmütigkeit gegeben hatten.

»Weil es stimmt!«, verteidigte Helen sich etwas heftiger als nötig.

»Du hast recht. Aber ich überlege, ob es darüber hinaus noch etwas gibt, was wir tun können«, beharrte Steffi. »Das, was uns mit Flora gelungen ist, müsste doch bei anderen genauso funktionieren. Es muss ja nicht gleich ein ganzes Haus auf den Kopf gestellt werden. Aber sicher gibt es in der Stadt jede Menge Menschen, die sehr viele Räume haben und darin sehr einsam sind. Und ebenso viele, die Platz benötigen. Wir müssen sie nur irgendwie zusammenbringen!«

»Was willst du denn noch alles machen?«, fragte Helen gereizt. Sie mochte es nicht, wenn jemand die Wirkung, die

die Presse auf die Menschen und Politik in einer Gesellschaft hatte, nicht würdigte. Schon gar nicht Steffi! Helen hatte es nie verstanden, warum sie ihr Studium geschmissen und sich für so etwas Profanes wie Werbetexten entschieden hatte. In Helens Augen war das genau das Gegenteil von dem, was sie im Studium eingetrichtert bekommen hatten. Ihrem heiligen Gut, der Pressefreiheit, stand das manipulative Schaffen der *Werber* gegenüber. Eine in den Augen der meisten Journalisten höchst verachtenswerte Mutation der schreibenden Zunft. Steffis Argument, die von der *bösen Industrie* in Auftrag gegebenen und von Werbern geschaffenen Anzeigen würden den Großteil der Medien immerhin mitfinanzieren, ließ Helen nur zähneknirschend gelten. Viele Nächte hatten sie sich über das Thema schon die Köpfe heißdiskutiert. Bis sie irgendwann lernten, es zu meiden. Hilfreich dabei war natürlich auch, dass Steffi seit Linas Geburt nicht mehr arbeitete und daher von Helen insgeheim als Aussteigerin angesehen wurde.

»Eine ganz wunderbare Idee«, pflichtete Flora Steffis Vorschlag bei. »Ich bin mir sicher, uns fällt etwas sein.«

»Mir ist da schon etwas eingefallen«, erklärte Steffi mit verheißungsvoller Miene.

»Na, spuck's schon aus«, drängte Helen mit vollem Mund.

»Erinnert ihr euch noch an die Mitwohnzentralen, die es vor Jahren überall gab?«

»Nein«, sagte Flora.

»Ja, und?«, fragte Helen.

»Wo sind die hin?«, machte es Steffi weiterhin spannend.

»Die heißen jetzt Airbnb.«

»Eben nicht!«, korrigierte Steffi sie. »Airbnb lässt den einen ausziehen und den anderen ein. Für kurz oder lang, egal. Oder jemand ist für eine bestimmte Zeit Gastgeber des anderen. Aber wir gründen eine Plattform, auf der sich die Floras und Steffis dieser Stadt treffen, um dauerhaft miteinander zu leben. Und wir nennen das« – sie blickte strahlend zu Flora – »*Villa Flora*!«

»Großartig!«, jubelte Flora. »Und wo ist diese Plattform?«

Helen stellte amüsiert fest, dass Flora einen realen Ort vor Augen hatte. »Im Internet«, erklärte sie darum lächelnd. »Keine schlechte Idee, Steffi. Klingt aber nach viel Arbeit. Du musst die Seite bauen, die Texte schreiben …«

»Das kann ich zufällig«, warf Steffi mit ungebremstem Enthusiasmus ein.

Helen fuhr fort: »Aber das kostet eben Zeit. Die du gerade nicht hast, wenn ich das richtig sehe.«

»Danke für die Bedenken, *Arno*«, maulte Steffi mit beleidigt vorgeschobener Unterlippe.

»Also, ich finde, das klingt toll!«, meldete sich Flora wieder zu Wort. »Nur sollten wir die Dinge der Reihe nach angehen. Wir ziehen erst einmal ein in unser neu geschaffenes Mehrgenerationen-Haus, und dann sehen wir weiter.«

Wie immer, wenn sie spürte, dass Uneinigkeiten zwischen den beiden jungen Frauen aufflammten, beeilte sich Flora, ihr diplomatisches Geschick spielen zu lassen, und schuf eine Umleitung, die alle Beteiligte elegant an einem drohenden Streit vorbeiführte. Sie wusste nicht, dass das bei Steffi und Helen kaum nötig war. Ihre Freundschaft war gefestigt und hatte schon viele Grundsatzdiskussionen überlebt. Eine

Einigung gab es so gut wie nie. Helen und Steffi waren verschieden. Und das war gut so. Trotzdem mochte es Helen, wenn Flora mit ihrer verbindlichen Art für Harmonie sorgte.

Auch am folgenden Morgen machte Flora von ihrer Gabe Gebrauch, anderen in den Kopf zu gucken und dabei Gedanken zu finden, die sie bisher selbst übersehen hatten. Ella war in der Schule, der Frühstückstisch abgeräumt, und Helen hatte sich ins Wohnzimmer gesetzt, um zu arbeiten. Doch es hielt sie nicht lange an ihrem übervollen Schreibtisch, auf dem die Steuerklärung inzwischen unter einer weiteren Schicht Papiere verschwunden war. Helen klickte sich rastlos durch Nachrichtenportale und Netzwerke, auf der Suche nach etwas, das ihre Konzentration länger als zwei Sekunden auf sich zu ziehen vermochte. Ihr Scheitern erkannte man daran, dass sie alle paar Minuten aufsprang, um sich irgendwo anders in der Wohnung unnützlich zu machen. Gegen halb zehn konnte Flora ihre Rastlosigkeit nicht mehr mit ansehen und fragte sie, was denn los sei.

»Nichts!«, antwortete Helen und erntete dafür einen Blick, der nicht deutlicher hätte sagen können: *Erzähl mir keine Märchen, Mädchen.*

Helen seufzte. Und überlegte, was von dem ganzen Kram, der sie beschäftigte, sie ihrer betagten Mitbewohnerin zumuten konnte. Und wollte. Denn am liebsten machte

Helen Probleme traditionell immer noch mit sich alleine aus. Unbequemerweise gab es neben Steffi nun offensichtlich noch jemanden, den das nicht interessierte. Sie entschied sich für den beruflich bedingten Frust und erzählte von Lutz' Entscheidung, dem Artikel, der sie alle zusammengebracht hatte, keine Fortsetzung folgen zu lassen. Sie berichtete von dem daraus resultierenden Streit mit ihrem langjährigen Begleiter und der Tatsache, dass sie ihn seitdem nicht erreichen konnte.

»Dann fahr zu ihm nach Hause«, schlug Flora vor. Und aus ihrem Mund klang das so selbstverständlich und logisch, dass Helen sich wunderte, warum sie nicht selbst längst auf diese simple Idee gekommen war.

»Ihr seid immer so beschäftigt mit euren E-Mails und Nachrichten, dass ihr vergesst, euch zu begegnen«, stellte Flora fest.

»Na ja, ich war ja bei ihm. Allerdings immer nur in seinem Büro. Darauf, zu ihm nach Hause zu fahren, bin ich wirklich noch nicht gekommen«, gab Helen zu. Dabei war das gar nicht so abwegig. Sie war schon oft in seinem Haus zu Besuch gewesen. Einige Male als Gast eines der feierlichen Dinner-Abende oder Charity-Lunches, die seine Frau Ursula veranstaltete, aber meistens, um mit Lutz in seinem Arbeitszimmer über Büchern und Publikationen aus aller Welt zu hocken und über Themen zu diskutieren, die sie beide bewegten. Gerne begleitet von einer bis vielen Flaschen Rotwein.

Ja, sie würde zu ihm fahren. Das war allerdings erst am Abend sinnvoll, da sie davon ausging, dass er tagsüber in der

Redaktion saß und sich vor ihr verleugnen ließ. Also musste sie sich irgendwie den Tag über beschäftigen. Sie biss in den sauren Apfel und nahm sich der Steuer an.

Zu ihrem Erstaunen hielt sie diese ungeliebte Tätigkeit erfolgreich davon ab, über Erik nachzudenken. Und so konnte sie, als Ella am Nachmittag aus der Schule kam, stolz auf einen dicken braunen Umschlag mit der fertigen Steuererklärung schauen. Entgegen allen Ratschlägen erledigte sie diese immer noch analog. Sie legte das Päckchen auf das Sideboard neben der Wohnungstür, wo es weitere sieben Tage darauf warten würde, endlich zur Post gebracht zu werden.

Als Flora Ella und sie schließlich zum Abendessen rief – sie hatte zu Ellas großer Freude Pizza bolognese gemacht, was ihre beiden Lieblingsessen bestmöglich vereinte –, entschuldigte Helen sich und machte sich auf den Weg zu Lutz. Die Zeit auf dem Rad nutzte sie, um sich einen geeigneten Gesprächseinstieg zu überlegen. Bevor sie sich allerdings für eine der Optionen entscheiden konnte, überrumpelte sie sich selbst und klingelte an der herrschaftlichen Haustür. Sie würde einfach das sagen, was ihr in dem Moment, in dem sie sich gegenüberstanden, in den Kopf kam; eine Methode, die sie schon öfter erfolgreich angewendet hatte. Nicht so dieses Mal. Jemand, der Lutz entfernt ähnlich sah, öffnete ihr. Er hatte die Statur und das Gesicht ihres alten Freundes. Allerdings befand sich dort, wo sonst sein glatt rasiertes Kinn war, ein Bart. Und nicht nur dort. Ein amtlicher Mehr-Tage-Bart, dunkelblond und durchzogen von einer Menge grauer Haare, verwischte das sonst so Vertraute in seinen Zügen.

»Lutz?«, versicherte sie sich.

»Helen!« Es war Lutz. Und er war erstaunt, sie zu sehen. Freute er sich? Sie konnte es nicht sagen. Immerhin bat er sie hinein. Im Flur, der in dem großen Haus, das Lutz und seine Frau bewohnten, eher ein Eingangsportal war, lag eine halb fertig gepackte Reisetasche. Um die Tasche herum verteilten sich jede Menge Sachen, die er offenbar ebenfalls mitnehmen wollte.

»Du verreist?« Helen ließ wie eine Frage klingen, was eigentlich eine Feststellung war.

»Mein Flug geht in drei Stunden.«

»Wohin?«, wollte Helen wissen. Es sah nicht nach einer Geschäftsreise aus. Zumindest keine, die man als Chefredakteur der größten Tageszeitung der Stadt machte. Die herumliegenden Sachen passten eher zu einem Abenteuertrip in unwegsames Gebiet. Helen sah Trekkingsandalen, einen Leatherman, eine Erste-Hilfe-Tasche, einen dieser ultraleichten Schlafsäcke … Von Lutz kam keine Antwort, daher schob sie noch eine weitere Frage nach: »Allein?«

Lutz kniete inzwischen neben der Tasche und packte sie konzentriert. Helen beobachtete ihn bei seiner fast schon meditativen Tätigkeit. Sie war fasziniert von der Art, wie er die Dinge mal rollte, mal faltete und für jedes den offenbar perfekten Platz fand. Sie hätte gewettet, selbst bloß höchstens die Hälfte der Sachen in die Tasche zu bekommen. Über ihr Staunen hatte sie schon vergessen, dass sie ihm Fragen gestellt hatte. Erst seine Stimme erinnerte sie daran.

»Ich habe gekündigt.«

»Wie bitte?! Warum?!«

Lutz hob die Hand und bedeutete ihr, seine Erklärung abzuwarten, bevor sie sich weiter aufregte. Ruhig fuhr er fort, ohne dabei seine Tätigkeit zu unterbrechen: »Seit unserem letzten Gespräch habe ich viel mit Ursula diskutiert.«

Worüber?, wollte Helen fragen, ließ es aber, da er von selbst weiterreden würde. Sie durfte ihn nur nicht unterbrechen. Und so war es auch.

Lutz setzte sich auf seine Fersen. »Du hattest recht, als du sagtest, ich verrate meine Werte.«

Wieder unterdrückte Helen den Impuls, zu rufen *Das war doch nicht so gemeint*. Obwohl es das natürlich war. Doch wieso hatte er seine Meinung geändert? Bei ihrem Streit hatte er es noch vehement bestritten. Was irgendwie auch verständlich war. Wer gab so etwas schon gerne zu?

»Mit ein bisschen Abstand war mir klar geworden, dass aus Ursula und mir die Menschen geworden sind, die wir nie sein wollten. Wir haben uns den Umständen gefügt und das, wofür wir unsere Jugend lang eingestanden waren, nur noch oberflächlich gelebt. Ursula mit ihren Wohltätigkeitsveranstaltungen, ich mit meinem Posten in der vermeintlich unabhängigen Presse. Erst hat Ursula es nicht wahrhaben wollen. Wir haben uns furchtbar gestritten und hätten uns beinahe getrennt. Aber mit ein bisschen Bedenkzeit ist auch sie zu dem Schluss gekommen, dass wir nicht ehrlich zu uns sind, wenn wir so weiterleben wie bisher.«

»Und was bedeutet das nun?«, wagte Helen schließlich zu fragen. »Geht ihr beide weg? Und wohin? Ist sie da?« Helen sah die breite Treppe hinauf, die in das obere Stockwerk führte. Doch es war niemand zu sehen oder zu hören.

»Nein, wir sind allein«, erklärte Lutz. »Für Ursula ist es ungleich schwerer, etwas zu ändern. Sie ist die einzige Erbin, und für ihre Eltern wäre es ein Schlag mit der Faust ins Gesicht, würde sie – noch einmal – alles aufgeben. Sie können nicht verstehen, wie man für ein derartig privilegiertes Leben, wie wir es führen, nicht dankbar sein kann. Sie nehmen unseren Wunsch, anders zu leben, sehr persönlich. Ursula muss es behutsam angehen. Darum bleibt sie hier. Für mich geht's *Back to the roots*. Ich plane eine Reportage über das in Schutt und Asche gelegte Damaskus. Ein Fotograf begleitet mich. Wir werden drei Monate unterwegs sein, danach biete ich die Geschichte verschiedenen Magazinen an. So solltest du es auch mit deiner Immobilienstory machen.«

Helen grinste ein wenig verlegen und gab zu: »Hab ich schon. Und überall bin ich auf ähnliche Reaktionen gestoßen. Offenbar stecken sämtliche leitende Redakteure dieser Stadt mit der Immobilienbranche unter einer Decke. Da will sich niemand zu weit aus dem Panoramafenster seines Chefbüros lehnen. Aber ich hab längst einen anderen Plan: Ich mach ein Buch daraus!«

Helen redete sich ein wenig in Rage. Mit leuchtenden Augen fuhr sie fort: »Ein Buch zu schreiben ist mein Traum, seit ich denken kann. Ich wusste nur nie, worüber. Bis jetzt. Und es gibt sogar einen Verlag, der Interesse angemeldet hat. Den Titel hab ich auch schon! Wie findest du *Schlüsselerlebnisse*?«

Lutz war während Helens Ansprache weiterhin auf dem Boden kniend mit seinem Gepäck beschäftigt gewesen. Als sie endete, dauerte es einen kurzen Moment, bis er reagierte. »Klingt gut. Es freut mich, dass du Pläne hast«, antwortete er halb abwesend, ohne von dem Reißverschluss aufzusehen, den er nur mit größter Kraftanstrengung zuziehen konnte.

Er stand auf und sah auf die Uhr. »Mein Taxi kommt in zehn Minuten. Möchtest du solange bleiben?«

Er hatte ihr nicht wirklich zugehört. Aber statt es ihm übel zu nehmen, lächelte Helen nur. In seinem Blick las sie, dass er es gut finden würde, die letzten Minuten bis zur Abfahrt nicht alleine zu verbringen. Bei allem Mut, sich in einem Alter, in dem sich die meisten in den Ruhestand verabschiedeten, so einem Abenteuer zu stellen, war ihm wohl doch etwas mulmig zumute.

»Und Ursula?«, fragte Helen.

»Wir haben uns bereits verabschiedet. Sie ist bei einem Empfang, den ihr Vater heute gibt. Obwohl sie weiß, dass es das Richtige für mich – für uns – ist zu gehen, fällt es ihr schwer, es zu akzeptieren.«

»Sie wird sterben vor Angst um dich! Und ich auch!«, brach es plötzlich aus Helen heraus, und sie bereute es umgehend. Das war sicher nicht das, was Lutz jetzt hören sollte. »Entschuldige!«, sagte sie daher schnell. »Du wirst heil und mit neuer Energie wieder nach Hause kommen.«

»Lieb von dir.« Er lächelte ein wenig gequält. »Glaub mir, seit ich das Ticket gekauft habe, hab ich die Reise schon hundertmal im Geiste abgesagt. Aber ich muss das tun, und ich bin sicher, dass es das Richtige ist. Ich erwarte so viel davon. Nicht nur für mich. Ich möchte einen Weg finden, die Werte, die ich mit Ursula im Grunde teile, mit ihrer Herkunft und der Wirklichkeit, in der wir zusammenleben, in Einklang zu bringen. Es hilft ja nichts, jetzt alles in den Wind zu schießen. Wir lieben uns, und ich möchte nicht, dass Ursula an den beiden Schwergewichten, die an zwei Enden auf sie wirken, zerbricht.«

Helen nickte stumm.

»Ursulas Eltern haben kein Verständnis, sie können nichts Verwerfliches daran finden, wie sie ihr Geld verdient haben und es bis heute tun. Geld, das uns allen ein schönes Leben beschert. Für sie sind wir quengelnde Kinder. Wobei unsere Pubertät eher die Midlife-Crisis ist.«

Trotz der Tragik der ganzen Situation mussten sie beide lachen. »Obwohl das auch nicht richtig passt. In dieser Phase kaufen sich die meisten Männer einen Porsche, statt ihn gegen einen R4 zu tauschen. Außerdem bin ich selbst für eine vorschriftsmäßige Midlife-Crisis zwanzig Jahre zu alt.«

»R4?« Helen sah durch die große Scheibe neben der Eingangstür auf die imposante Auffahrt vor dem Haus. Dort stand tatsächlich ein alter weißer Renault, wie sie ihn sich früher immer gewünscht hatte. »Das ist deiner?«

»Ja, aber er fährt schon nicht mehr«, grinste Lutz.

In dem Moment kam das Taxi vorgefahren. Helen sah etwas beklommen zu, wie Lutz mit schnellen, gezielten Griffen die restlichen Sachen einpackte, den Inhalt einer zweiten, kleineren Tasche prüfte und schließlich sein gesamtes Gepäck schulterte. Sie hielt ihm die Tür auf und schloss sie auf sein Kopfnicken hin hinter sich. Dann standen beide vor dem Taxi, das darauf wartete, dass Lutz einstieg.

»Also dann …« Helen wusste nicht, was sie sagen sollte. Sie mochte Abschiede noch weniger als Steuererklärungen.

Hoffentlich machte Lutz jetzt nicht auf emotional und zwang ihnen beiden eine peinliche Szene auf.

Machte er nicht. Allerdings merkte man seiner hoch konzentrierten Miene an, dass er auch nicht recht wusste, wie er mit der Situation umgehen sollte.

»Wir sehen uns in ein paar Wochen. Mach's gut, Helen!«

»Mach's besser, Lutz!«, gab Helen zurück. Dann umarmten sich die beiden doch. Kurz und schmerzlos, bevor Lutz sich in den Fond des Taxis fallen ließ und, ohne Helen noch einmal anzublicken, die Tür hinter sich zuzog. Im nächsten Moment gab der Fahrer Gas, und der beige Mercedes Diesel knirschte über die mit Kies ausgelegte Zufahrt davon.

Ein wenig verloren stand Helen vor dem riesigen Haus, das in der Dämmerung verlassen und fast ein wenig bedrohlich in ihrem Rücken lag. Sie beeilte sich, ihr Rad aufzuschließen, und blickte sich dabei nach links und rechts um. Die Nachbarhäuser waren kaum zu sehen, riesige Hecken, fast schon kleine Wälder, trennten die Grundstücke voneinander. Helen konnte sich nicht vorstellen, in so einer Gegend zu wohnen. Auch wenn das eigene Leben mit dem der Nachbarn in den hellhörigen Altbauten manchmal zu sehr auf Konfrontationskurs ging, war es doch ein beruhigendes Gefühl, dass jemand unter, über oder neben einem war, der einen bei Bedarf hörte. Aber die Welt träumte von Häusern wie diesen hier. Es war seltsam.

Helen schwang sich auf ihr Rad und wurde misstrauisch von einer älteren Dame beäugt, die auf der menschenleeren Straße ihren Hund ausführte. Vielleicht wurde hier doch mehr aufeinander geachtet, als es für einen Außenstehenden den Anschein hatte. Trotzdem war Helen froh, als Verkehr und

Häuserdichte nach ein paar überquerten Kreuzungen wieder langsam zunahmen und sie sich der Innenstadt näherte.

Die Wahrscheinlichkeit, Ella noch im wachen Zustand anzutreffen, war gleich null. Das war auch nicht der Grund, aus dem Helen wie verrückt in die Pedale trat. Durch die körperliche Anstrengung versuchte sie, Ordnung in ihre Gedanken zu bringen. In ihrem Kopf herrschte eher Pippi Langstrumpf als Mari Kondo, alles wirbelte wie wild durcheinander. Lutz nahm sich eine Auszeit, um sich selbst zu finden und seine Liebe zu Ursula zu retten. Wie romantisch!

Unweigerlich dachte sie an Erik. Seit zwei Wochen hatten sie nun schon nicht mehr miteinander gesprochen. Abgesehen von ein oder zwei Nachrichten herrschte absolute Funkstille zwischen ihnen beiden. Zu lange für ihre so junge Beziehung? Was war es nur, das sie jedes Mal bei dem kleinsten Gefühl des Unwohlseins die Flucht antreten ließ? Wenn sie ehrlich war, gingen alle ihre gescheiterten Beziehungen auf das gleiche Konto: Helen konnte nicht damit umgehen, wenn Männer ihre Verletzbarkeit zeigten. Bei Jerry hatte die Geburt ihrer gemeinsamen Tochter seine weiche Seite geweckt – und Helen hatte das Weite gesucht. So war es mit jedem ihrer Männer gewesen. Vielleicht weil sie selbst so auf ihre Unabhängigkeit pochte, ertrug sie es nicht, wenn sich der Mann an ihrer Seite nicht ebenfalls pausenlos als der unantastbare Superheld mit Teflon-Seele präsentierte.

Helen traf diese Erkenntnis mit voller Wucht. Wie beknackt war sie eigentlich? Das Schicksal spülte ihr so einen wunderbaren Menschen vor die Füße, und sie ließ ihn wieder davontreiben. Nur weil er ein Mensch war. »Du dagegen bist emotional gesehen ein Krüppel, Helen Winter!« Wütend trat sie noch fester in die Pedale, wie um vor sich selbst davonzurasen. Ging natürlich nicht. Als Strafe gab sie ihrem wunden Herzen den Rest und ließ über Kopfhörer die Erik-&-Helen-Playlist laufen.

Nach ein paar Metern wurde die Musik vom Klingelton ihres Handys unterbrochen. Helen hielt an. Da das Handy tief in ihrer Jackentasche vergraben war, nahm sie das Gespräch an, ohne zu wissen, wer anrief. Und schaffte es in dem kurzen Augenblick, den es dauerte, bis der Anrufer sich meldete, einen riesigen Schreck zu bekommen. Was, wenn es Erik war? Sie war doch gar nicht vorbereitet! Was sollte sie sagen? Ihr Puls beschleunigte auf die Frequenz eines Kolibri-Flügelschlags und beruhigte sich nur langsam, als es doch nur Steffis Stimme war, die durch den Hörer drang.

»Wo bist du?«

»Gleich zu Hause, Frau Stasi-Generalin.« Helen wollte witzig sein, aber es gelang ihr nicht. Merkte sie selbst. Darum fragte sie schnell: »Oder ist was passiert?«

»Nein, alles in Ordnung. Ich wollte nur ein Lebenszeichen. Von allein meldest du dich ja nicht mehr.« Jetzt war es Steffi, der spontan das komische Talent abhandengekommen war. »Es ist schon spät, ich will dich nicht länger aufhalten. Schönen Feierabend, wir sehen uns morgen!«, verabschiedete sie sich mit einem Mal sehr schnell.

»Tust du n…«, konnte Helen gerade noch sagen, aber da hatte Steffi schon aufgelegt und ließ sie mit der Erik-Musik, die im nächsten Moment wieder an ihr Ohr drang, allein.

Seltsam war Steffis Verhalten schon. Aber mehr, als sich kurz darüber zu wundern, schaffte Helen an diesem Abend nicht mehr. Sie war zu matschig im Kopf. Den Blick stur auf den Asphalt gerichtet, strampelte sie durch die letzten Straßen bis nach Hause.

Als sie um die Ecke bog, sah sie jemanden vor ihrem Haus stehen. O nein! Bitte kein Nachbar, der sich wieder über irgendwelche Schuhe im Treppenhaus beschwert, dachte Helen, an die unangenehmen Auswirkungen direkter Nachbarn erinnert, und wurde auf der Stelle noch müder. Sie verlangsamte ihr Tempo in der Hoffnung, der Mensch würde sich vor ihrem Eintreffen in Luft auflösen. Doch auch er, inzwischen erkannte sie, dass es ein Mann war, schien auf etwas zu warten und machte keine Anstalten zu verschwinden. Helen verlor die Geduld. Sie wollte einfach nur nach Hause. Also fuhr sie auf den Hauseingang zu, fest entschlossen, die Person zu ignorieren. Als sie direkt vor der Tür scharf bremste und vom Rad sprang, drehte sich der Mann, der gerade in der anderen Richtung nach was auch immer Ausschau hielt, um. Mit einem Schlag war Helen hellwach. »Erik!«

»Helen!«

Für einen Moment standen die beiden sich stumm gegenüber, zwischen ihnen ein Fahrrad, an das Helen sich wie an einen Rollator klammerte. Dann begannen sie gleichzeitig zu sprechen.

»Was tust du …?«

»Ich bin …«

Sie verstummten ebenfalls beide gleichzeitig, um sich dann synchron zum Weiterreden zu ermuntern: »Sag du zuerst!«

Wieder folgte eine Pause, in der jeder verlegen wartete, dass der andere wieder das Wort ergriff.

Es war Erik, der einen Schritt auf Helen zuging, sodass er unmittelbar vor ihr stand. »Du hast mir gefehlt.« Er legte eine Hand an ihre Wange.

»Du mir auch«, gab Helen zu. Dann sprudelte es aus ihr heraus: »Wie lange wartest du schon? Warum hast du nicht angerufen? Was hättest du gemacht, wenn ich nicht gekommen wäre? Oder erst mitten in der Nacht?«

»Stopp!«, rief Erik lachend und antwortete schulterzuckend. »Ich hätte einfach so lange gewartet, bis du aufkreuzt. Irgendwann musstest du ja nach Hause kommen. Für alle Fälle habe ich meinen Schlafsack mitgebracht.«

»Echt?« Helen sah sich auf dem Boden neben Erik um.

»Nein«, lachte er. Und gab dann zu: »Ich habe da so meine Verbindungen.«

»Steffi!«, rief Helen von der Erkenntnis getroffen. »Natürlich! Das erklärt ihren komischen Anruf vor wenigen Minuten. Aber woher hast du ihre Nummer?«

»Hab ich nicht. Sie hat mich angerufen. «

»Dann eben: Woher hat sie deine Nummer?«

»Keine Ahnung!«, gab Erik zurück. »Ist auch ganz egal. Es war gut, dass sie sich gemeldet hat. Manchmal braucht man einen kleinen Schubs von außen, damit man wieder klar denkt.«

»Was hat sie dir gesagt?«, wollte Helen etwas bang wissen. Aus einer alten Gewohnheit heraus erschrak sie sofort bei dem Gedanken, dass jemand Erik von ihren Gefühlen für ihn erzählt haben könnte. Was selbstverständlich Blödsinn war.

Aber so war es zeit ihres Lebens gewesen. Bloß niemandem zeigen, dass er ihr wichtig war. Abgesehen von Ella natürlich – und vielleicht Steffi.

»Nicht viel. Nur, dass sie sich vorstellen kann, dass du dich über einen Besuch freust.«

»Aha. Hat sie dir auch erzählt, dass ich bereits Besuch habe?« Jetzt war es Erik, der erschrak. Als Helen das bemerkte, fügte sie schnell hinzu: »Nicht, was du denkst! Flora, du weißt schon, die alte Dame aus der Villa, die Steffi und ihr Mann renovieren, wohnt gerade bei mir. Sie sitzt da oben und passt auf Ella auf. Deshalb kann ich mich um diese Zeit hier draußen rumtreiben.«

Tito war etwas erstaunt über die späten Gäste, dann aber hocherfreut, Helen in Begleitung eines Mannes zu sehen. Außer Jerry war bisher keinem die Ehre zuteilgeworden, sie zu *ihrem Italiener* begleiten zu dürfen. Was Tito zu der Annahme brachte, sie habe seit der Trennung von Ellas Vater keinen Partner mehr gehabt. Sein Bedauern darüber äußerte er nahezu bei jedem ihrer Besuche lautstark und ausgiebig. Gefolgt von der Anpreisung heiratswilliger Verwandter aus seiner sizilianischen Heimat.

Als der Patron sich genug über Helens wider Erwarten intaktes Liebesleben gefreut hatte, rauschte er ab, um bei seinem Koch ein Spezialmenü für die späten Gäste in Auftrag zu geben.

Helen rief ihm lachend hinterher, er solle sich beruhigen. »Antipasti und Brot genügen!«

Aber Tito wedelte nur abwehrend mit den Händen und verschwand in der Küche. Amüsiert schüttelte Helen den Kopf und wandte sich zu Erik, der ihre Hand, die er seit ihrem Zusammentreffen kaum losgelassen hatte, noch fester umfasste. Den Blick auf ihre ineinander verschlungenen Finger gerichtet, begann er leise zu sprechen: »Ich habe viel nachgedacht über das, was in Berlin passiert ist. Und ich möchte mich entschuldigen. Es hat mich an dem Tag total umgehauen. Mir ist klar geworden, was für ein armseliger Rest eines Lebens übrig bleibt, wenn jemand stirbt. Du hast meine Mutter nicht gekannt!« Seine Augen leuchteten. »Sie war eine starke Frau. Umschwärmt, beliebt ...!« Er machte eine kleine Pause. »Und dann kratzt man ein paar Kartons zusammen und lässt den Entrümplungstrupp kommen, fegt einmal durch … Und das war's dann?«

Fast ein bisschen kampflustig sah er Helen an, die auf diese Frage allerdings auch keine Antwort wusste. Wer wusste sie schon? Was blieb von einem, wenn man die Erde verließ? Und was hatte man davon, wenn man tot war? Half es zu wissen, dass man zu Lebzeiten die Welt verändert hatte, wenn man nicht mehr an ihr teilhaben durfte? Helen glaubte, nein. Dafür musste man an ein Leben – oder was auch immer – nach dem Tod glauben. Das tat sie nicht. Was zählte, war, dass man die Menschen, die einen überlebten, nicht mit einem Problem sitzen ließ, das sie ohne einen nicht mehr lösen konnten. Das war fies. Als wäre Erik in der Lage, ihre Gedanken zu lesen – woran Helen ebenso wenig glaubte wie an ein Leben nach dem Tod –, fuhr er fort.

»Meine Mutter hat alles für mich getan. Außer mir zu sagen, wer mein Vater war. Oder ist. Mit ihrem Tod musste ich die Hoffnung aufgeben, das jemals zu erfahren. Am Tag deiner Abreise habe ich mich so wahnsinnig allein gefühlt. Vollkommen unfair, weiß ich! Du warst ja da. Aber ich konnte einfach nicht aus meiner Haut. Entschuldige!« Flehend sah er Helen an, die während seines letzten Satzes begonnen hatte, heftig den Kopf zu schütteln.

»*Ich* muss mich entschuldigen. Ich fühlte mich schlicht nicht in der Lage, dich in deiner Trauer zu erreichen. Stattdessen habe ich mich zurückgezogen. Weil ich nicht wusste, wie ich mit der Situation umgehen sollte. *Mein Beileid* sagt sich immer so leicht. Dabei ist es wahnsinnig schwer, mit jemandem zu trauern. Ich habe mich einfach nur außen vor gefühlt, als ich merkte, wie traurig du inmitten der Sachen deiner Mutter warst. Ein bisschen so wie damals auf dem Schulhof, wenn die beste Freundin auf einmal pausenlos mit einer anderen tuschelt und man nur danebensteht. Ich war mehr damit beschäftigt, mich ausgeschlossen zu fühlen, als darüber nachzudenken, wie ich dir beistehen könnte. Das war egoistisch und dumm und tut mir wahnsinnig leid!«

Da saßen sie nun, niedergeschlagen durch ihre Schuldgefühle und erleichtert, dass die Liebe und Zuneigung, die sie füreinander empfanden, keinen Schaden genommen hatten. Wie in einem Kitschfilm guckten sie sich verliebt in die Augen, und es war Tito, der sie aus dieser wahnsinnig romantischen, aber leider auch fürchterlich abgedroschenen Szene befreite.

»Antipasti della casa, signora e signore! Attenzione!« Er stellte eine riesige Platte vor ihnen ab. »Danache, secondi piatti, spaghetti vongole. Buon appetito!«

Helen merkte erst jetzt, als sie dieses Überangebot an Nahrung vor sich sah, wie hungrig sie war. Erik schien ebenfalls seit Wochen nichts mehr in den Magen bekommen zu haben. Die beiden waren die nächsten Minuten ausschließlich damit beschäftigt, sich etwas in den Mund zu schieben, zu kauen, zu schlucken und sich anzugrinsen.

Als sie endlich genug hatten, gähnte Helen mehrmals. Erik musste fast fürchten, auch noch von ihr verschluckt zu werden.

»Ich muss ins Bett«, erklärte sie das Offensichtliche. Sie bezahlte bei Tito, was der nur unter lautem Protest akzeptierte, und das auch erst, als Helen lachend einwilligte, ihn später einmal das Hochzeitsmenü für die beiden kochen zu lassen.

Draußen sogen sie die frische Nachtluft ein. Helen war ein wenig benommen von dem Rotwein, den Tito großzügig ausgeschenkt hatte. Und natürlich hatte er sie auch nicht ohne Grappa gehen lassen. Dann fiel ihr die derzeitige Situation in ihrer Wohnung wieder ein. In Ellas Zimmer schnarchte Flora, weshalb sich in ihrem Bett eine Siebenjährige durch den Schlaf propellerte. »Hast du ein Hotel gebucht?«, fragte sie vorsichtig.

Erik machte ein bedauerndes Gesicht. »Ich habe noch nicht einmal eine Zahnbürste dabei. Als deine Freundin anrief, war ich gerade in Hannover. Nach dem Termin bin ich direkt hergefahren.« Kurz standen beide ratlos vor dem Restaurant, in dem gerade die Lichter ausgeknipst wurden.

Schließlich schlug Erik vor: »Kein Problem, ich kann mich irgendwo auf der Reeperbahn einquartieren.«

»Kommt nicht infrage!«, protestierte Helen. »Du kommst mit zu mir. Wir finden ein Plätzchen für dich.«

Wenig später schlichen die beiden sich ins Schlafzimmer, wo Ella quer im Bett lag und tief und fest schlief. Durch die geschlossene Tür des Kinderzimmers drang Floras Schnarchen. Helen kicherte, als Erik anerkennend mit dem Kopf nickte.

»Sprich sie bloß nicht darauf an!«, warnte sie ihn flüsternd.

»Niemals. Ein Gentleman schweigt …«, flüsterte er zurück, »… auch ohne zu genießen.«

Sie bauten Ella mit einer Kindermatratze ein gemütliches Lager auf dem Boden neben Helen und legten das schlafende Mädchen darauf. Wahrscheinlich wäre Ella auch nicht aufgewacht, wenn sie sie laut johlend von der Matratze geschubst hätten. Trotzdem zogen sie es vor, sich leise ins Bad und wieder zurück zu schleichen und sich mit übervorsichtigen Bewegungen möglichst geräuschlos ins Bett zu legen. »Genauso stellt man sich den berühmten Versöhnungssex vor.«

»Wo kein Streit war, braucht es auch keine Versöhnung«, fand Erik. »Und was den zweiten Teil angeht: Der wird nachgeholt. Wir haben ja noch ein paar Jahrzehnte Zeit dazu.«

Helen verstand. Und sie wurde nicht wie sonst von einem Fluchtreflex gepackt. Stattdessen machte es irgendwo in ihr *klick*, als wenn ein fehlendes Teil genau an der richtigen Stelle eingerastet wäre und sie endlich, endlich ganz gemacht hätte. Dieses Gefühl ließ sie lächeln und in der nächsten Sekunde wohlig einschlafen.

Am nächsten Morgen saß Ella mit einer bilderbuchmäßigen Schlaffrisur vor Erik, der ans Kopfende gelehnt mit dem Zeigefinger konzentriert auf dem Rücken des Mädchens Buchstaben schrieb, die es dann, weil es so kitzelte, lachend erriet. Überflüssig also die Sorge, wie sie auf den plötzlichen Mann im Schlafzimmer reagieren würde.

»Guten Morgen, Mama«, rief sie, als sie die offenen Augen ihrer Mutter bemerkte. »Erik ist da!«

»Tatsächlich!?«, lachte Helen und gab erst ihr, dann dem vermeintlichen Überraschungsbesuch einen Gutenmorgenkuss. »Wie spät ist es?«, wollte sie wissen und kratzte sich gähnend am Hinterkopf.

»Sieben!«, krähte Ella gut gelaunt. Und an Erik gerichtet: »Noch einen!«

»Nee. Jetzt male ich etwas anderes als einen Buchstaben. Du musst raten, was es ist.«

Höchst andächtig, als könnte sie es dort ablesen, sah Ella an die Decke. Dann klatschte sie begeistert in die Hände und jubelte: »Ein Herz!«

»Richtig!«, feierte Erik sie und hielt ihr die Hand zum Abklatschen hin.

»Ich unterbreche euch ungern, aber ich glaube, wir müssen jetzt mal langsam Frühstück machen.«

»Das macht doch Flora, Mama!«

»Dann helfen wir ihr«, erklärte Helen bestimmt und schob ihre Tochter, die sich ja nicht an diesen fürsorglichen Rund-um-Service gewöhnen sollte, sanft aus dem Bett. Als Erik auch die Beine über die Kante schwang, hielt sie ihn zurück. »Am besten gehe ich mit Ella vor und erkläre Flora, dass noch jemand da ist. Ich glaube, sie sieht das gelassen. Aber man weiß ja nie bei alten Damen. Vielleicht möchte sie sich noch die Frisur richten oder so.«

»Aye, aye, Sir. Stillgesessen bis zum Signal«, gab Erik mit der Hand zum militärischen Gruß erhoben zurück. Dabei zwinkerte er Ella zu, die sich vergeblich damit abmühte, es ihm gleichzutun. Es gelang ihr einfach nicht, nur ein Auge zuzukneifen. Egal, dann drückte sie sich eben das eine mit der Hand zu.

Flora reagierte wie erwartet gelassen auf den nächtlichen Zuwachs. »Ich hab mir schon so was gedacht, als ich die Schuhe im Flur sah«, erklärte sie mit kindlichem Stolz in der Stimme. Sich freudig die Hände reibend, sagte sie: »Wie schön, ein Esser mehr! Und ich bin wahnsinnig gespannt auf den Mann, der es so weit in dein Herz geschafft hat, dass er diese Wohnung betreten darf.«

»Mir war nicht bewusst, wie neugierig ihr alle seid!«, stellte Helen belustigt fest. »Steffi ist auch schon leicht angesäuert, dass sie Erik noch nie zu Gesicht bekommen hat. Darum habe ich sie auch gestern Nacht noch per WhatsApp herbestellt – zur großen Erik-Show. Sie kommt nachher vorbei.«

Es war eine Szene wie in einem Rosamunde-Pilcher-Film. Glückselig lächelnd schenkte sich Helen den ersten Kaffee des

Tages ein, der wie von Zauberhand gebrüht in ihrer geliebten Bialetti-Kanne auf dem Herd dampfte, machte es sich mit angezogenen Beinen am sonnenbeschienenen und von Flora bereits reichlich gedeckten Frühstückstisch gemütlich und wartete entspannt auf das Erscheinen ihres Liebsten. Flora holte ihr frisches Backwerk aus dem Ofen, was Helen an die Notwendigkeit erinnerte, Ella in aller Deutlichkeit klarzumachen, dass dieses Schlaraffenland ein wunderbarer Ausnahmezustand war und sie sich auf gar keinen Fall daran gewöhnen sollte. Warme Zimtschnecken am Morgen! Sie selbst genoss es selbstverständlich auch und sah dem Tag von Floras Auszug schon jetzt mit Wehmut entgegen.

»Guten Morgen!«, wünschte Erik, als er die Küche betrat und auf Flora zuging, die mit dem Rücken zu ihnen immer noch am heißen Ofen hantierte. Helen stand auf, um die beiden einander vorzustellen. Doch im gleichen Moment fiel ihr mit einem lauten Scheppern das Backblech vor die Füße. Erschrocken sah sie auf die herumfliegenden Zimtschnecken. Und als sie den Kopf wieder hob, erblickte sie eine bleiche Flora, die mit ungläubig geweiteten Augen und vollkommen regungslos dastand. Es vergingen einige Sekunden, in denen die alte Dame Erik wie einen Geist anstarrte und ihre zitternde Hand vor den Mund hielt. Erik wirkte zunehmend irritiert und sah an sich herab, wie um sicherzugehen, dass er eine Hose trug. Doch Flora fixierte eindeutig sein Gesicht und fand schließlich ihre Sprache wieder. Als hätte sie auf ihn gewartet und er wäre nach langer Zeit endlich eingetroffen, stieß sie gleichermaßen verwundert wie erfreut hervor: »Heino!«

Fragend sah Erik zu Helen rüber, in deren Kopf die Gedanken Salto sprangen. War Flora wieder in die Vergangenheit abgetaucht wie neulich bei ihrer Begegnung auf dem Markt? Und war das vielleicht ihre Schuld? Statt sich von vorne bis hinten bedienen zu lassen und sich zu freuen, dass Flora sie umsorgte, hätte sie sich besser mal um ihren Gast gekümmert. Es gab schließlich einen Grund, warum Flora bei ihr war. Doch Helen hatte angenommen, dass mit dem nun sichergestellten Zugang zu sanitären Anlagen das Problem behoben war. Flora wirkte vital und fit, es gab keinen Anlass zur Sorge. Allerdings war Helen kaum zu Hause gewesen. Wie konnte sie so sicher sein, dass es ihr gut ging? Und eine Ärztin war sie schon mal gar nicht!

So sanft, als wäre sie aus Glas, dirigierte Helen Flora am Arm auf einen der Küchenstühle und bat Ella, ein Glas Wasser zu bringen. Auch wenn das jetzt sicher nichts mehr retten würde. Sollte sie direkt den Notarzt rufen? Oder erst einmal Steffi?

Während Helen stumm vor sich hin grübelte, hatte sich Erik inzwischen so weit erholt, dass er in der Lage war, Flora die Hand zu reichen und sich vorzustellen.

»Freut mich, Sie endlich persönlich kennenzulernen, liebe Frau Blum. Erik ist mein Name, Erik Steinmetz.« Unverwandt sah Flora Erik an, der hochgewachsen vor ihr stand und sie unsicher, aber freundlich anlächelte. Als sie nicht reagierte, sondern ihn weiterhin nur ansah mit einem durchdringenden Blick, in dem eine gute Portion Staunen lag, fragte er vorsichtig: »Frau Blum? Ist alles in Ordnung? Geht es Ihnen gut?« Flora blieb ihm die Antwort schuldig. Stattdessen wiederholte sie leise und wie um sich selbst zu versichern, dass sie richtig gehört hatte: »Steinmetz …« Dabei bekamen ihre Augen einen Glanz, der sowohl Glück als auch Traurigkeit verheißen konnte. Doch schließlich griff sie nach seiner Hand, umschloss sie wie einen kostbaren Schatz und strahlte ihn an. »Du siehst aus wie er!«

Es war Ella, die die drei Erwachsenen zurück in die Wirklichkeit holte.

»Ich muss zur Schule!«, stellte sie aufgeregt und mit einem leisen Vorwurf in der Stimme fest. Sie hätte ebenso gut mit einer Nadel in Helens Hintern piken können, so schnell war diese aufgesprungen.

»Wie spät ist es?«, fragte sie in die Runde und war im selben Moment schon ins Schlafzimmer gerannt, um sich anzuziehen. Zwei Minuten später stand sie im Flur und half Ella dabei, den wie immer tonnenschweren Ranzen auf den Rücken zu hieven, bevor sie sie zur Tür hinausschob. »Bin in fünf Minuten zurück. Bleibt, wo ihr seid!«, rief sie den beiden in der Küche über die Schulter zu.

Glücklicherweise lief Ella seit einiger Zeit zusammen mit einem Kind aus dem Nachbarhaus zur Schule. Helen brauchte sie nur bis zur nächsten großen Kreuzung begleiten, von dort aus gingen die beiden Mädchen stolz alleine weiter. So war sie tatsächlich nach noch nicht einmal fünf Minuten zurück in der Wohnung. Atemlos von ihrem Sprint um drei

Ecken und die drei Stockwerke hoch, schloss sie die Tür auf. Eigentlich wollte sie laut *Hallo!* rufen, doch die Worte blieben ihr im Hals stecken. Die Wohnung war erfüllt von einer Atmosphäre, die Helen zwar mit den Händen greifen, aber nicht einordnen konnte. War es feierlich? Geheimnisvoll? Wo waren die beiden? Vom Flur aus sah sie in die Küche; dort, wo vorher noch Flora vor dem stehenden Erik gesessen hatte, war niemand mehr.

Weit konnten die zwei nicht sein. Sie fand sie im Wohnzimmer, wo die alte Dame auf dem Sofa saß und Erik neben ihr. Jetzt war er es, der ihre Hände in seinen hielt. Sein Blick ruhte auf Flora, die mit leiser Stimme sprach. Als Helen näher kam, nahm sie die leichte Atemlosigkeit in Floras Worten wahr, die davon zeugte, wie bewegt sie war. Erst jetzt bemerkte Erik Helens Rückkehr. Er sah kurz auf und deutete ihr mit den Augen an, sich zu ihnen zu setzen. Also ließ sie sich behutsam, um Floras Erzählfluss nicht zu stören, auf dem Schaffell in der Mitte des Raumes nieder und lauschte, wie Ella allabendlich auf ihr Kinderprogramm im Fernsehen. Flora war weit weg, irgendwo in der Vergangenheit, und schien erfüllt von den Emotionen aus der Zeit, von der sie berichtete:

»Wir, also Heino und ich, konnten unser Glück kaum fassen, als wir das Haus entdeckten und erfuhren, dass es zu verkaufen war. Wir wussten sofort: Dort wollten wir die Familie gründen, von der wir beide geträumt hatten, seit wir klein waren. Er war ohne Mutter aufgewachsen, ich ohne Vater. Wir konnten es nicht erwarten, endlich Kinder zu haben und ihnen das zu geben, was wir selbst nie erfahren durften.

Die Villa konnten wir uns nur leisten, weil sie ziemlich heruntergekommen war. Die Renovierung kostete uns all unsere Kraft. Wir hatten ja kein Geld und mussten vieles selbst machen. Aber das machte uns nichts. Heino kannte sich ein wenig aus, er hatte sein Medizinstudium mit Arbeiten auf dem Bau finanziert. Wir strengten uns wahnsinnig an, unser Zuhause sollte das schönste der Welt werden! Doch es war wohl zu viel, ich verlor unser erstes Kind, und Heino stürzte sich in seiner Trauer in die anstrengende Arbeit als Assistenzarzt im Krankenhaus. Je länger wir erfolglos versuchten, Eltern zu werden, desto weniger war er zu Hause. Er übernahm zusätzliche Nachtdienste, machte Überstunden und zog sich immer mehr in sich zurück. Um der Leere zu entkommen, die mich in dem viel zu großen Haus umgab, habe ich mir ebenfalls Ablenkung gesucht, in die ich mich flüchten konnte. Ich habe meinen Blumenladen eröffnet, dort Lesekreise veranstaltet und mich mehr um andere Menschen gekümmert als um uns. Das war eine sehr schwierige Zeit.«

Flora machte eine Pause, und Helen versuchte, einen Zusammenhang zwischen Eriks Existenz und der Renovierung der Villa herzustellen, und scheiterte. Sie wagte kaum zu atmen, geschweige denn, eine Frage zu stellen. Gespannt darauf, was kommen mochte, sah sie hoch zu den beiden Menschen auf dem Sofa. Auch Erik schwieg und wartete geduldig, bis Flora weitersprach:

»In einer Nacht kam Heino nach Hause und weckte mich. Er hatte getrunken, was sonst nicht seine Art war. Ohne Vorwarnung brach er neben unserem Bett zusammen und weinte wie ein Kind. Nie wieder habe ich jemanden in solch einer

Verzweiflung erlebt! Es verwirrte und verängstigte mich unvorstellbar. Bis Heino sich endlich verständlich artikulieren konnte, verging eine endlose Zeit. Was dann folgte, war ein Schock.«

Erik und Helen sogen synchron und hörbar Luft ein, während ihre Blicke weiterhin auf Flora geheftet waren. Die holte ebenfalls einmal tief Luft, bevor sie wieder hinabtauchte in die Tiefen ihrer Erinnerung.

»Mit einem befreundeten Kollegen war er häufig nach Dienstende in die besetzten Häuser der Hafenstraße gefahren, um dort Verletzten zu helfen, die sich nicht im Krankenhaus blicken lassen konnten oder keine Krankenversicherung hatten …«

Bei dem Wort *Hafenstraße* zuckte Helen zusammen. Langsam begann sie zu ahnen, worauf die Erzählung von Flora hinauslief.

»… dort war er ihr begegnet. Einer Bewohnerin der besetzten Häuser, die ihn faszinierte. Bei der er die Unbeschwertheit fand, die unser Leben seit so langer Zeit verloren hatte. So hat er es mir erzählt. Sie begannen eine Affäre.«

Erschöpft schloss Flora die Augen, es musste sie eine ungemeine Kraft kosten, die Vergangenheit erneut zu durchleben. Die Emotionen jener Nacht waren auf ihrem Gesicht abzulesen wie auf einem Plakat. Und beide, Helen und Erik, verfolgten jeden ihrer Sätze atemlos wie ein Drama von Stanley Kubrick. Nach einigen Minuten, in denen sie still abgewartet hatten, dass sie sich sammelte, fuhr Flora fort: »In jener Nacht hatte Heino erfahren, dass sie ein Kind erwartete. Sie wollte mit ihm fortgehen, da hat er es mit der Angst zu tun bekommen. Das ungeborene Kind hat ihm die Augen geöffnet. Und ihm klargemacht, dass er sich verrannt hatte.«

Ohne es zu wollen, schnaubte Helen entrüstet, wofür sie von Erik einen tadelnden Blick erntete. Aber es stimmte doch, dachte sie. Es war ungeheuerlich, dass dieser Mann seine Frau betrog und sie ihm dafür Verständnis entgegenbrachte!

»Ich weiß, was du jetzt denkst, meine liebe Helen.« Flora schenkte ihr ein Lächeln, in dem mehr Weisheit lag als in allen Beziehungsratgebern dieser Welt. »Natürlich war ich unfassbar verletzt. Traurig und wütend! Mein erster Gedanke war, ihn auf der Stelle rauszuwerfen. Aus dem Haus und aus meinem Leben. Aber es war ja mitten in der Nacht! Also schickte ich ihn in sein Arbeitszimmer. Dort hatte er ein kleines Sofa, das so unbequem war, dass es mir als eine gerechte Strafe erschien. Ich tat ebenfalls kein Auge zu, habe gegrübelt, was ich tun sollte. Im Morgengrauen wusste ich es!«

Wieder entstand eine Pause. Dieses Mal eher aus dramaturgischen Gründen, wie Helen festzustellen glaubte. Und sie zeigte Wirkung. Erik und sie richteten sich auf und rutschten unruhig auf ihren Hintern herum, bis Flora sie erlöste: »Ich kochte einen extra starken Kaffee und ging zu Heino, um ihn zu wecken. Was gar nicht nötig war! Er saß mit roten Augen da, rauchte und schien erleichtert, dass ich nicht gekommen war, um ihm den heißen Kaffee ins Gesicht zu schütten.« Flora schien auch so viele Jahre später noch amüsiert von diesem Gedanken. Sie kicherte leise. »Dann informierte ich ihn über meinen Plan …« Helen und Erik zerriss es beinahe vor Spannung.

»Das Haus war groß, und wir wollten nichts lieber, als es mit Kinderlachen füllen. Und jetzt war eines unterwegs!

Noch dazu ohne sicheres Zuhause! Diese Frau sollte bei uns in der Villa leben und das Kind bei seinem Vater aufwachsen.«

»Nein!«, entfuhr es Helen.

Flora sah zu ihr hinunter und nickte verständnisvoll.

»Genau das hat Heino auch gesagt. Und geguckt hat er ebenso entsetzt. Aber ich blieb dabei. So sollte es sein – oder ich würde gehen. Das habe ich Heino unmissverständlich klargemacht.«

»Und was ist dann passiert?«, wollte Erik wissen, der inzwischen ahnte, dass dieses Kind, um das es ging, er selbst war. Oder? Sein Blick verriet nicht, was in ihm vorging, außer dass er gespannt war wie die Saiten eines Tennisschlägers.

»Ich habe Heino losgeschickt, um sie zu holen«, erklärte Flora mit einer Selbstverständlichkeit, als hätte sie ihren Mann zum Milchkaufen geschickt. »Ich wollte sie kennenlernen, ihr von meiner Idee erzählen. Sie hatte eine Verpflichtung dem Kind gegenüber. Die Hafenstraße war damals kein Ort für einen Säugling! Als Mutter musste sie genauso denken, da war ich mir sicher. Sie würde dankbar sein, davon ging ich fest aus.«

Jetzt hielt es Helen nicht mehr aus.

»Sie war die Geliebte deines Mannes! Wie wolltest du mit ihr unter einem Dach leben?«

»Ich war mir sicher, dass wir das schaffen würden. Es ging ja nicht um uns, sondern um das Kind. Es sollte es gut haben.

Und dafür konnten nicht genug Erwachsene um es herum sein.«

Aber es war offensichtlich anders gekommen. Flora hob die Schultern und ließ sie schwer wieder sinken. »Sie war verschwunden. Heino kam ohne sie zurück und berichtete, sie nicht gefunden zu haben. Ich habe ihm geglaubt, doch er bestand darauf, noch einmal gemeinsam mit mir hinzufahren, damit ich mich selbst überzeugte. Wir fragten jeden, den wir trafen, doch es blieb dabei: Sie war weg, und niemand konnte sagen, wohin sie gegangen war.«

»Und ihr habt nie mehr versucht, sie zu finden?« Eriks Stimme klang anklagend. Er selbst erschrak darüber am meisten und entschuldigte sich im selben Moment.

»Doch, natürlich haben wir das! Alles, was uns möglich war, haben wir getan. Offenbar waren wir keine guten Detektive. Nicht so gute wie du.« Das war an Helen gerichtet, die nun fragend zwischen den beiden hin und her blickte.

»Ich habe erzählt, wie du mich gefunden hast, und Flora das Bild beschrieben. Sie hat es wiedererkannt.«

Helen merkte, wie sie rot wurde. Dass ihr das noch mal passieren würde! Sie setzte zu einer Erklärung an, aber Flora winkte ab.

»Lass gut sein. Ich bin dir nicht böse. Nur dankbar!« Sie strahlte Erik an und drückte seine Hände. Dann schloss sie ihre Erzählung.

»Barbara blieb verschwunden.« Zum ersten Mal hatte Flora den Namen ausgesprochen. »Doch immer hoffte ich, sie würde irgendwann zur Vernunft kommen und sich bei Heino melden …«

»Hat sie aber nie«, beendete Erik den Satz. »Genauso wenig, wie sie mir erzählt hat, wer mein Vater war. *Er wollte dich nicht, also soll er dich auch nicht bekommen.* Das war der Satz, den sie jedes Mal sagte, wenn das Thema aufkam. Und weil es einfacher war, habe ich nicht sie für ihr Schweigen, sondern ihn für seine Abwesenheit gehasst.« Erst jetzt sah Helen, dass Flora weinte. Ihr tränennasser Blick war auf Erik gerichtet.

»Das ist nicht wahr. Er wollte dich. *Wir* wollten dich! Es bricht mir das Herz, dass du in diesem Glauben leben musstest. Bitte verzeih!« Die beiden hielten einander nun im Arm, was Helen so rührte, dass sie fast mitweinte.

Mitten in diese Szene platzte Steffi. Sie öffnete die Tür wie gewohnt mit ihrem Schlüssel und polterte laut *Hallo!* rufend herein. Doch angesichts des Szenarios verstummte sie sofort. Helen erhob sich umständlich vom Boden, ihre Beine waren in der Zeit, die sie regungslos Floras Vergangenheit gelauscht hatte, eingeschlafen. Den Zeigefinger auf die Lippen gelegt, bewegte sie sich in einer Mischung aus Humpeln und Schleichen aus dem Raum und schloss behutsam die Tür des Wohnzimmers hinter sich.

»Was ist denn hier los?«, wollte Steffi in dem von Helen angeordneten Flüsterton wissen.

»Familienzusammenführung«, antwortete Helen und zog ihre Freundin hinter sich her in die Küche, um ihr die unglaubliche Geschichte zu erzählen.

»Sie hat es immer gewusst!«, stieß Steffi fassungslos hervor. »Während wir sie vor einer drohenden Katastrophe schützen wollten, hat sie jeden Tag ihres Lebens mit ihr gelebt!«

»Ich komme mir so spießig vor. Da kommt eine, die fast doppelt so alt ist wie wir, und zeigt uns allen so ganz nebenbei, wie moderne Familie eigentlich geht. Oder gehen sollte. So großzügig in der Liebe ist unsere ach so offene Generation nicht.«

»Großzügig? Es ist ja wohl mehr als das! Ich habe kein Wort dafür! Wenn Arno mit einem Baby um die Ecke kommen würde, ich würde ihm die Augen auskratzen!«

»Würdest du nicht.«

»Würde ich doch!«

»Vielleicht würdest du es wollen. Aber dann lassen. Deinen Kindern zuliebe. Weil du ihnen nicht den Vater kaputt machen willst.«

»Mag sein. Zum Glück muss ich mir darüber keine Gedanken machen.«

»Weiß man's?« Helen ging in Deckung, aber Steffis spaßhafter Faustschlag traf sie an der Schulter. »Aua!«

»Selbst schuld. Nein, mal im Ernst: Kannst du dir vorstellen, jemanden dermaßen zu lieben, dass du ihm *so etwas* verzeihst? Ein *Kind* mit 'ner *anderen*?« Steffis Gesicht war verzerrt vor Empörung und dem Schmerz, den sie nur beim Gedanken daran empfand.

»Nee. Doch … Keine Ahnung! Hat sie es nicht auch für sich getan?« Helen wollte mit der Frage provozieren und legte noch nach: »Sie wollte unbedingt ein Kind. Und da war eins. Barbara war so etwas wie eine Leihmutter. Ist doch verständlich, wenn man da zugreift.«

Steffi nahm ihr den Wind direkt wieder aus den Segeln: »Eine Leihmutter lässt man nicht bei sich einziehen!«

»Vielleicht hätte sie sie direkt nach der Geburt wieder rausgeschmissen!«

»Flora? Das glaube ich nicht! So ist sie nicht! Und wäre es ihr nur um das Kind gegangen, hätte sie Heino dann nicht verlassen, nachdem Barbara unauffindbar blieb?«

»Auch wahr«, gab Helen zu. Und resümierte: »Wir müssen der Wahrheit ins Gesicht sehen: Unsere liebe Flora ist uns nicht nur altersmäßig um Jahre voraus. Sie hat auch einen amtlichen Vorsprung, wenn es um Herzensbildung geht. Da kann sich so manche Patchworkfamilie der Gegenwart eine dicke Scheibe abschneiden.«

EPILOG

»Hände weg von dem Kuchen!« Lachend gibt Steffi Oskar einen Klaps auf seine schwarz verschmierten Finger. »Geh sie dir lieber waschen und hilf deiner Schwester!«

Lina und Ella tragen eifrig Saftkrüge, Gläser, Teller und Besteck aus der Küche nach draußen in den Garten. Dort steht eine lange Tafel unter Floras Lieblingsbaum, der die Umbauarbeiten der Villa wie durch ein Wunder unbeschadet überstanden hat.

Steffi war zu ungeduldig gewesen, um darauf zu warten, dass ausgesäte Grassamen zu einer Rasendecke wuchsen und hatte auf Rollrasen bestanden. Nun werden sie für diese Extraausgaben mit einem herrlichen Grasteppich belohnt, auf dem es sich wunderbar toben, rasen und schlafen lässt. So genießen sie den Hamburger Herbst, der in diesem Jahr gnädig ist und sie auch jetzt noch, nachdem der Oktober fast vorbei ist, mit goldenen Nachmittagen beschenkt. Seit ihrem Umzug verbringen sie die meiste Zeit des Tages im Freien.

»Wann kommt Papa?«, will Lina wissen, als sie in die Küche stürmt, gejagt von Oskar mit der Wasserpistole.

»Nicht hier drinnen!«, ruft Steffi und bekommt dafür eine ordentliche Dusche verpasst. Kreischend rennen die Kinder einmal um die Arbeitsinsel und wieder hinaus. Steffi hantiert weiter in ihrem neuen Reich. Die riesige Küche ist exakt so geworden, wie sie es sich immer gewünscht hat. Mit einem Gasherd, unendlich viel Arbeitsfläche zum Werkeln sowie einem großen Tisch, an dem die komplette Besetzung von Schneewittchen Platz finden würde. Sogar ein Sofa gibt es in ihrer Traumküche, auf dem Lina und Oskar abends rumlümmeln, wenn sie das Abendessen macht – zu dem auch Arno neuerdings regelmäßig erscheint. Wer hätte das je für möglich gehalten? Steffi am allerwenigsten!

Nach langer Leidenszeit hat Arno seinen Rund-um-die-Uhr-Job gekündigt. Erik hatte ihm angeboten, als Geschäftsführer in der nagelneuen Hamburger Dependance seiner Designagentur einzusteigen. Seitdem ist Arno wie ausgewechselt.

In einer stillen Minute bei einem Glas Rotwein hat er seiner Frau eines Abends offenbart, wie ihm ihr hysterisches Wohnungsgesuche und das ewige Gerede über Maklergemeinheiten auf die Nerven gegangen waren. Weshalb er manchmal sogar freiwillig länger gearbeitet hatte. Das war nun vorbei und vergessen!

»Der kommt gleich«, beantwortet Helen Linas Frage und drückt dem Mädchen eine Schale mit Schlagsahne in die Hand. »Die kann auch schon mal raus, wir fangen gleich an.« Gemeinsam haben Steffi und sie seit dem frühen Morgen Berge von Essen für das Gartenfest zubereitet, das sie heute feiern. Wie Flora es sich gewünscht hat, sind alle Nachbarn, die in Hörweite wohnen, eingeladen. Als kleine Wiedergutmachung für den Baulärm, dem sie wochenlang ausgesetzt waren.

Helen sieht auf die Uhr und wundert sich: »Wo bleiben die Männer denn nur? Sie wollten doch längst zurück sein. Armer Arno! Kaum hat er euren Umzug verdaut, quält Erik ihn mit Einrichtungsfragen für die neuen Agenturräume.«

»Ich glaube, er sieht das eher als Männerausflug. Jedenfalls war er heute Morgen richtig gut gelaunt. Jetzt können sie aber wirklich langsam mal kommen.« Steffi guckt aus dem Fenster. »Ah, da ist Jerry! Und die Nikolaisens von gegenüber sind auch schon da!« Sie winkt den Gästen fröhlich zu.

Als eine gute Stunde später alle im Schatten der Weide am Tisch sitzen und ihren ersten Kuchenhunger gestillt haben, steht Steffi auf und klopft mit dem Teelöffel an ihr Wasserglas. Das Gelächter und Gequassel wird zu Gemurmel und verstummt schließlich ganz. Steffi holt tief Luft und beginnt ihre Rede, die sie in den letzten Tagen bestimmt hundertmal geübt hat:

»Liebe Flora! Auch wenn ich es dir so oft gesagt habe und du es nie hören wolltest, sage ich es heute noch einmal und ganz offiziell: Danke! Danke für das alles!«

Sie breitet die Arme aus und dreht sich, so weit es geht, um die eigenen Achse, um ihren Worten Nachdruck zu verleihen.

»Danke, dass du uns in dein Leben geholt hast. Danke für deine Weisheit, deinen Mut und deinen unerschütterlichen Optimismus. Danke, dass du uns – ich glaube, ich darf für alle sprechen – ein leuchtendes Beispiel dafür bist, wie man als Mensch sein soll.

Bevor ich dich kennenlernen durfte, war ich verzweifelt, verbohrt und ...«

»... unausstehlich«, ergänzen Helen und Arno wie aus einem Mund. Aber sie lachen dabei. Und Steffi lacht mit ihnen. Nach einer kleinen Pause fährt sie fort:

»Die beiden haben recht. Ich hatte den Blick für das Wesentliche verloren. Bis du kamst und uns nicht nur das ersehnte Zuhause geschenkt, sondern auch daran erinnert hast, dass Ehrlichkeit der beste Dünger für ein erfülltes Leben ist. Dein Glaube an das Gute ist eine Inspiration. *Du* bist eine Inspiration! Dafür, dass man seine Träume festhalten muss, um sie wahr werden zu lassen. Auch wenn es manchmal Schmerz oder harte Arbeit bedeutet. Ohne dich wären wir nicht hier. Und ohne dich wäre auch die Idee nie entstanden, die vielen Menschen, die noch auf der Suche nach einem Zuhause sind, mit denen zusammenzubringen, die noch Platz in ihrem Leben haben. Jetzt hat unsere kleine Wohnraumvermittlung *Villa Flora* schon eine stolze Anzahl an Menschen glücklich gemacht. Und wir fragen weiter, in der ganzen Stadt und von mir aus dem ganzen Land: *Sucht ihr noch, oder wohnt ihr schon zusammen?*

Am glücklichsten über diesen schönen Erfolg meines kleinen Unternehmens ist wahrscheinlich meine Familie, die endlich ihre Ruhe vor mir hat. Die neue Beschäftigung hält mich die meiste Zeit davon ab, eine schlimme Glucke zu sein.«

Liebevoll streicht Steffi Oskar übers Haar, der völlig unbeeindruckt von ihrer Rede weiter seinen Schokoladenkuchen verdrückt.

Steffis Miene wird wieder ernst, und mit Blich auf Erik fährt sie fort: »Nach all dem, was du für uns getan hast, bin ich froh, dass wir auch dir einen Herzenswunsch erfüllen konnten. Du musstest im Leben schmerzlich erfahren, dass man manchmal nicht alles bekommt, was man will. Das Kind, das du dir so sehnlich gewünscht und auf das du mehr als ein halbes Leben gewartet hast, hat Helen für dich gefunden. Ohne es zu wollen zwar und mithilfe von Herrn Zufall, aber das Ergebnis zählt. Und am Ende durftest du Erik endlich in dein Herz schließen.«

Steffi ist nicht die Einzige, die inzwischen mit den Tränen kämpft. Tapfer spricht sie weiter: »Wir wissen nicht, warum du schon gehen musstest. Vielleicht hattest du alles erreicht, und es war Zeit für dich. Für uns alle war es viel zu früh. Du fehlst hier. Jeden Tag und in jedem Augenblick.«

Steffi gibt den Kampf gegen die Tränen schließlich auf und weint hemmungslos. Sie verlässt ihren Platz am Tisch und geht hinüber zu dem Blumenbeet, in dem Flora und die Kinder im Frühjahr ihre Saatbomben ausgeworfen hatten. Das scheint nun eine Ewigkeit her zu sein. Heute ist in dem Beet eine Grube, neben der ein kleiner Magnolienbaum liegt und darauf wartet, eingepflanzt zu werden. Erik ist neben Steffi getreten und hebt die Pflanze in die Vertiefung.

»Dieses Bäumchen wird uns immer daran erinnern, was du uns beigebracht hast: Der Schlüssel zum Glück liegt nicht irgendwo vergraben, sondern in uns selbst.«

Jeder der Anwesenden ist inzwischen zum Beet herübergekommen, und alle werfen der Reihe nach eine Schaufel voll Erde auf die Wurzeln der Magnolie, bis sie schließlich komplett bedeckt sind. Oskar, Lina und Ella treten die schwarze Erde mit ernsten Gesichtchen fest. Erst zögerlich, dann immer mutiger beginnen die Mädchen, ein Lied zu singen, das Flora ihnen beigebracht hat. Oskar fällt mit Indianergeheul in den Gesang mit ein, und im nächsten Moment springen und tanzen die drei Kinder um das Andenken an die alte Dame herum. Ihre Mütter schauen entsetzt. Ihr erster Impuls ist, die Kinder zu stoppen, damit der Moment seine Feierlichkeit nicht verliert. Als sie gerade auf die Kinder zustürzen wollen, treffen sich ihre Blicke. Sie halten inne und denken beide das Gleiche: Flora würde es lieben. Ganz. Genau. So.

DANKE

Danke an alle, die an diesem Buch mitgebaut haben.
An Sabine Langohr, die mich mit Geduld, Expertise und sicherem Mumpitz-Radar begleitet hat. Von der Idee bis zum Gin Tonic zur Vertragsunterzeichnung mit Heyne. Toll war's, wir machen weiter!
Danke an meine Lektorin Sarah Mainka, die mich so herzlich in die Heyne Familie aufgenommen hat, für den wertvollen Austausch.
Ein besonderer Dank geht an meine Familie. Meine Eltern und Schwiegereltern, meine Kinder und meinen Mann Gregor. Ihr seid das Fundament für alles, was ich bin und tue.